Christadler (Hrsg.)
Freiheit, Gleichheit, Weiblichkeit

Marieluise Christadler (Hrsg.)

Freiheit, Gleichheit, Weiblichkeit

Aufklärung, Revolution und die Frauen in Europa

Leske + Budrich GmbH, Opladen 1990

ISBN: 3-8100-0845-1

Satz: Leske + Budrich.
Druck und Verarbeitung: Druckpartner Rübelmann GmbH, Hemsbach.
Printed in Germany

Inhalt

Marieluise Christadler

Einleitung

Daß die Republikaner zur Legitimierung ihres Weiblichkeitsideals Luise Otto Peters gegen die „gleichmacherischen Emanzen" der neuen Frauenbewegung ausspielen, muß diese frühe Frauenrechtlerin, die sich ausdrücklich auf die Menschen- und Bürgerrechtserklärung der Französischen Revolution berief, nicht nachträglich in Verruf bringen.[1] Es zeigt aber, daß der Titel unseres Buches zu Mißdeutungen Anlaß geben könnte. Er konstruiert keinen Gegensatz zwischen dem *naturrechtlich* begründeten Anspruch auf Freiheit und Gleichheit für alle Menschen und einer *naturgegebenen* Weiblichkeit. Er stellt auch nicht den revolutionären Postulaten eine programmatische Weiblichkeit gegenüber, deren angebliche Tugenden — zu politischen Grundsätzen erhoben — das Abgleiten der Revolution in den Terror hätte verhindern können. Der Titel ist vielmehr der Versuch, über die Umformulierung der revolutionären Devise auf drei Dinge aufmerksam zu machen, die für das Thema „Frauen und Französische Revolution" von Bedeutung sind: den Ausschluß der Frauen von den Staatsbürgerrechten, die intellektuelle wie praktisch-politische Teilnahme von Frauen an der Revolution und die normative Etablierung eines bürgerlichen Weiblichkeitsideals.

Die Autorinnen des vorliegenden Bandes mögen unterschiedliche Auffassungen darüber haben, wie sich formale Anerkennung und materielle Durchsetzung der Gleichstellung von Männern und Frauen heute in Übereinstimmung bringen lassen. Sie teilen aber die Überzeugung, daß es sich, nicht zuletzt im Hinblick auf die Gegenwart, lohnt, das politische Gründungsereignis der bürgerlichen Gesellschaft sowohl auf sein emanzipatorisches wie auf sein fortschritthemmendes Potential für die Gestaltung der Geschlechterbeziehungen zu untersuchen.

Entsprechend ihren jeweiligen Forschungsinteressen als Literatur- und Gesellschaftswissenschaftlerinnen und von unterschiedlichen methodischen Ausgangspunkten befassen sie sich deshalb u.a. mit drei Fragen:

1. Wie reagierten Frauen in England, Frankreich und Deutschland auf die Revolution? Wie erlebten und „verarbeiteten" sie sie? Welchen Anteil nahmen sie an ihr, und welche Hoffnungen verbanden sie damit? Wie bewältigten sie die Widerstände und Konflikte, denen sie ausgesetzt waren? Wie sahen ihre Selbstdefinitionen als Frauen und Staatsbürgerinnen aus?
2. Unter welchen Bedingungen konnte es geschehen, daß die Frauen, deren Beteiligung an der Revolution ungeachtet ihres staatsbürgerlichen Minderstatus in den ersten Jahren, wo nicht gepriesen, so doch geduldet worden war, aus dem öffentlichen Leben ausgeschlossen und neugewonnener Freiheiten und Rechte wieder beraubt wurden?
3. Wie entwickelte sich die Lage der Frauen und die der Geschlechter in der bürgerlichen Industriegesellschaft; welche Folgen lassen sich daraus retrospektiv für die Bewertung der Revolution, prospektiv für die Materialisierung ihrer Postulate ziehen?

Der erste Aufsatz gibt einen Überblick über die theoretischen Ausgangspositionen und die wechselnden Kräfteverhältnisse, die den französischen Frauen erst die Beteiligung an der Revolution erlaubten und dann verboten. Annette Kuhn konzentriert ihre Untersuchung auf das staatsbürgerliche Selbstverständnis der Frauen, das sie aus deren Beschwerdeschriften an die Nationalversammlung wie aus der praktisch-politischen Initiative des Protestmarsches nach Versailles ableitet, und dessen revolutionäre Implikationen sowohl für eine gesellschaftliche Neuordnung als auch für eine radikale Umwälzung der Geschlechterbeziehungen sie hervorhebt.

Die folgenden Aufsätze sind Wirken und Werk von drei herausragenden Frauen der Revolutionszeit gewidmet. Ingrid von Rosenberg entwirft ein Lebensbild Mary Wollstonecrafts, das sie mit dem ihrer ebenfalls schriftstellernden Tochter Mary Shelley verknüpft und zu einem Generations- und Zeitportrait erweitert. Renate Haas stellt die Revolutionserfahrungen der Göttinger Professorentochter Therese Huber in den Mittelpunkt ihrer Darstellung, vermittelt aber gleichzeitig einen allgemeinen Eindruck von den widersprüchlichen Gefühlen, mit denen die jakobinisch gesinnte, deutsche Intelligenz auf die egalitäre Herausforderung reagierte. Die Spannung zwischen bürgerlichem Subjektivismus und revolutionärem Engagement beschreibt Clarissa Kucklich am Beispiel von Madame des Stael und dem 30 Jahre jüngeren Heinrich Heine, deren unterschiedliches Vorgehen bei dem Versuch, Lebenspraxis, Politik und Literatur in Einklang zu bringen, sich nicht allein mit den Kategorien von Generationen, Klasse und Nation erklären läßt, sondern auf geschlechtsspezifischen Wahrnehmungs- und Verarbeitungsweisen beruht.

Die letzten vier Beiträge beschäftigen sich mit den Folgen der Revolution bzw. der napoleonischen Ära für die Lage der Frauen und das Geschlechterverhältnis im 19. Jahrhundert. In einer komparativ angelegten Studie über die Prostitutionsreglementierung in Frankreich und den Niederlanden weist Frances Gouda nach, daß die Geschlechtsgebundenheit der bürgerlichen Gesellschaft, ungeachtet nationaler Eigentümlichkeiten, ein Rechtssystem hervorbrachte, das die Ungleichheit von Männern und Frauen kodifizierte. Daß die hierarchische Genus-Ordnung des Rechtswesens ihre Entsprechung im Alltag fand, belegt Elisabeth Meyer-Renschhausen mit ihrer weitgespannten Darstellung der Essenskultur vom Ancien Régime bis zur Gründerzeit: Während die vormaligen Revolutionäre die gastronomischen Etablissements monopolisierten und sich „fürstlich" bedienen ließen, blieben die Gefährtinnen entweder auf Tugend und Heim oder jene zweifelhafte Öffentlichkeit beschränkt, die man „demi-monde" nannte. Valentin Rothe lenkt demgegenüber die Aufmerksamkeit auf das emanzipatorische Erbe der Revolution, indem sie die Impulse verfolgt, die von der Menschen- und Bürgerrechtserklärung auf die deutsche Frauenrechtsbewegung ausgingen. Der letzte Beitrag schlägt einen Bogen von der Vergangenheit zur Gegenwart. Hanna Schisslers Interesse zielt letztlich auf die Frage, wie das „harmonische Ungleichgewicht" zwischen den Geschlechtern, das nach der politisch-industriellen Doppelrevolution im 19. Jahrhundert entstand, heute ohne tiefgreifende gesellschaftliche Umwälzung zugunsten einer vollen Gleichstellung von Männern und Frauen verändert werden könnte.

Ob sich aus der Vergangenheit Lehren für die Gegenwart gewinnen lassen, ist eine alte Debatte, an der sich auch Frauenforscherinnen beteiligen.[2] Sie gewinnt gegenwärtig neue Aktualität einerseits, weil die Revolutionen in Osteuropa — die mit den Ideen von 1789 Herrschaftssysteme bekämpfen, die ihre Legitimation genau daher abgeleitet hatten — ein Testfall für die Rolle der Frauen in revolutionären Bewegungen sind, andererseits, weil die restaurativen Tendenzen in der Bundesrepublik einmal mehr den prekären Charakter von Frauenrechten deutlich machen. Schon die Französische Revolution war janusköpfig, nicht nur, weil sie ihre eigenen Ideale verriet, sondern weil sie von allem Anfang an in der Ambivalenz von emanzipatorischem Anspruch und restriktiver Politik verharrte. Bereits 1792 hatten progressive Denker wie Antoine de Condorcet (und in Deutschland Theodor von Hippel) alle allein auf der Naturhaftigkeit der Geschlechterdifferenz beruhenden Begründungsversuche eines männlichen Herrschaftsmonopols als Ideologie entlarvt. Das hinderte den Jacobiner Amar wenig später nicht daran, sie wieder aufzutischen, um damit den Ausschluß der Frauen aus der Öffentlichkeit zu rechtfertigen. Auch in den folgenden zweihundert Jahren schwankt das Bild, je nach Zeitbedürfnissen und Machtverhältnissen, zwischen pro-feministischer Parteinahme und anti-feministischer Argumentation. Um so wichtiger ist es, sich die Historizität des Geschlechterkonstrukts vor Augen zu halten und an die spezifische Vergangenheit von Frauen zu erinnern. Von der etablierten Geschichtswissenschaft war dabei lange Zeit keine Hilfe zu erwarten.[3] Als ich in der zweiten Hälfte der 50er Jahre mein Geschichtsstudium absolvierte, kamen die Frauen weder in den Inhalten der Vorlesungen noch auf den Kathedern vor — was mich damals nicht beunruhigte, weil ich selbst Geschichte und Wissenschaft mit männlich gleichsetzte. Inzwischen wächst die Zahl der Forscherinnen in den Geistes- und Gesellschaftswissenschaften und damit auch die Zahl der Studien zur Frauen- und (neuerdings) Geschlechtergeschichte, mit erstaunlichen Folgen für die Ausweitung des Informationsstandes und die Konzeptualisierung der Forschung.[4] Gleichzeitig differenzieren sich die Urteile über die Rolle der Frauen. Sie werden nicht mehr nur als Opfer männlicher Unterdrückung gesehen, sondern als theorie- und handlungsfähige soziale Individuen, die im historischen Geschlechterkonflikt sowohl Anpassungs- wie Widerstandsstrategien entwickelt haben. Bezogen auf die Französische Revolution bedeutet das eine unterschiedliche Bewertung deren innovativer Kraft je nachdem, ob mehr die vorübergehenden Aktionsmöglichkeiten der Frauen oder ihre langfristige Ausgrenzung aus dem politischen Leben, mehr die Ausnahmefrauen oder die Mehrheit des „zweiten Geschlechts“ im Blickpunkt stehen.

Auf den ersten Blick ist die Bilanz der Revolutionsjahre trostlos: Die Vorkämpferinnen der weiblichen Gleichstellung hingerichtet, in den Wahnsinn getrieben oder zu Resignation verurteilt; ihr Wirken und ihre Texte erst lächerlich gemacht, dann totgeschwiegen; die Masse der Frauen schlechteren Lebensbedingungen ausgesetzt als vor 1789 und mit Polizeigewalt daran gehindert, für die Existenzsicherung ihrer Familien politisch zu kämpfen; die fortschrittlichen Gesetze wieder abgeschafft und die Rechtlosigkeit der Frauen im Code Napoléon für mehr als 100 Jahre festgeschrieben.

Für England stellt Ingrid von Rosenberg fest, daß sich „die Zeit der Reaktion wie ein Leichentuch“ auf die freiheitlichen Ideen von Mary Wollstonecraft und ihrer reformistischen Freunde legte. Annette Kuhn spricht angesichts des Scheiterns der weiblichen Gleichheitsidee von einem „Sieg des männlichen Bürgers über die Bürgerin“. Und am Beispiel der Prostitutionsreglementierung zeigt Frances Gouda, daß die sozialpflegerisch-diskriminierende Behandlung der „filles publiques“ nur eine der Folgen der Niederlage des Volkes und der Frauen in der Revolution war.

Die Debatte über die staatliche Prostitutionskontrolle kennzeichnet exemplarisch die Ambivalenz der Prämissen, unter denen sich die postrevolutionäre bürgerliche Gesellschaft etablierte. Der Widerspruch zwischen dem theoretischen Anspruch des gleichen Rechts auf Entfaltung für alle Individuen und der tatsächlichen Ausschließung der Frauen von diesem Recht machte argumentative Hilfskonstruktionen nötig. Solche wurden um 1800 von den médicins-philosophes geliefert, die aus der physiologisch-psychischen Organisation des Menschen Regeln für Erziehung, Moral, Recht und Politik ableiteten.[5] Zu den „wissenschaftlichen" Ergebnissen der sog. Ideologen gehörte neben der Behauptung von dem natur- wie vernunftgegebenen Unterschied der Geschlechter — der sich in der biologisch bedingten Andersartigkeit von männlichem Verstand und weiblichem Geist ausdrücke — auch ihre Zuordnung zu verschiedenen Räumen. Dem Mann war die Öffentlichkeit vorbehalten, der Frau die private Sphäre. Die Apartheidsregelung traf insbesondere drei Gruppen von Frauen, die ihr Beruf zwang, in der Öffentlichkeit „sichtbar" zu werden: die „femmes de lettres", die Arbeiterinnen und die Prostituierten. Sie standen unter dem permanenten Verdacht, die Geschlechterordnung zu untergraben und die öffentliche Moral zu gefährden und mußten deshalb unter Kontrolle gehalten werden — jedenfalls im öffentlichen Diskurs, weniger in den „chambres séparées" der Herren-Restaurants. Die weiblichen Intellektuellen wurden dadurch diskreditiert, daß man sie je nachdem für „vermännlicht" oder sittenlos erklärte, d.h. entweder der Lächerlichkeit preisgab oder einen Zusammenhang zwischen weiblichem Geltungsdrang und sexueller Libertinage unterstellte. So konnte das Verlangen der Frauen nach voller Staatsbürgerschaft als eine gefährliche Wiederauferstehung der Maitressenherrschaft des Ancien régime abgewiesen werden. Zur Unterdrückung der unverheirateten Unterschichtsfrauen, die als potentielle Prostituierte galten, diente ein Mittel, das schon während der Revolution den Ausschluß der Frauen aus der Armee legitimiert (und zur Diffamierung Théroigne de Méricourts hergehalten hatte) — das Menetekel der Syphilisübertragung. „Kurtisane und Citoyenne" schreibt Geneviève Fraisse, waren die Extremformen der Grenzüberschreitung, die die bürgerliche Geschlechterordnung nicht zulassen konnte, weil die Autonomie der Frauen sich in zwei Bereichen am ehesten zu verwirklichen drohte: durch die Anerkennung der Freiheit in der Liebe und das Hervortreten im öffentlichen Leben.[6]

Welche Konflikte die Zerrissenheit zwischen revolutionärem Engagement und privatem Glück, zwischen dem Anspruch auf öffentliches Wirken und der Hoffnung auf Selbstbestimmung für die exponierten Frauen zur Folge hatte, offenbaren die Biographien der Revolutionärinnen. Sie machen deutlich, warum die Frauen sich ohne (nach außen sichtbare) Rebellion aus der Öffentlichkeit zurückzogen, nachdem sie „eine Komponente der Revolution" gebildet und die Frauen des Pariser Volkes sogar „eine eigene politische Kultur" entwickelt hatten (Godineau).

Die Aufsätze des vorliegenden Bandes nennen (in unterschiedlicher Gewichtung) sechs Ursachen für die innere Emigration der Frauen.

Ein wesentlicher Grund, auf den sowohl Hanna Schissler wie Annette Kuhn verweisen, ist die Tatsache, daß „der Geschlechterkonflikt ungleich schwerer zu organisieren ist als der Klassenkonflikt, weil das

Geschlecht die Klassenspaltungen sowohl in sich trägt als auch gleichzeitig überlagert".[7] Daraus erklärt sich u.a. der von Olympe de Gouges mehrfach beklagte Mangel an weiblicher Solidarität. Nicht nur politische und generationsspezifische Gegensätze entzweiten die Frauen, sondern auch wirtschaftliche Interessen, wie der sog. Kokardenstreit zeigt. Das Entsetzen Mary Wollstonecrafts über das „ungezügelte Benehmen" der „Frauen des 5. Oktober" erklärt sich nicht nur aus puritanischer Prüderie, sondern aus einem bürgerlichen Betragenskodex, den sie mit anderen Frauen ihres „Standes", wie Manon Roland oder Olympe de Gouges, teilte.

Die klassen- und bildungsbedingten Unterschiede zwischen den Frauen verhinderten auch, daß sich ein von ihnen selbst bestimmtes Frauenideal entwickelte, das allen als Vorbild hätte dienen und sie solidarisieren können. Die sexuell freizügige, intellektuell emanzipierte Salonière war den Frauen des Bürgertums wie denen des Volkes suspekt; mit dem bürgerlichen Ideal der tugendhaften, im Stillen wirkenden Nur-Hausfrau konnten sich alle die Frauen nicht identifizieren, für die Erwerbsarbeit eine existentielle Notwendigkeit war; den Frauen der wohlhabenden Schichten hingegen erschien der ungehemmte, gelegentlich gewalttätige Durchsetzungsdrang der Frauen des Volkes unangemessen und vulgär.

Gleichgültig, ob man den Antifeminismus für eine von allem Anfang an vorhandene, oder eine sich durch die Aktivitäten der Frauen im Verlauf der Revolution verschärfende Einstellung hält — festzuhalten ist, daß der Minderheitsstatus derer, die sich für die Frauenrechte einsetzten, dazu beitrug, das Thema von der Tagesordnung abzusetzen. Angesichts der Häufung politischer und sozialer Probleme, die der revolutionäre Umbruch mit sich brachte, konnte das Ansinnen nach weiblicher Gleichberechtigung leicht als nachgeordnet oder konterrevolutionär abgewiesen werden.

Damit im Zusammenhang steht ein weiterer Grund für den Rückzug der Frauen aus der Politik: der Druck der öffentlichen Meinung. Wie sehr sie sich ihr ausgeliefert fühlten, beweisen die wiederholten Beteuerungen Mary Wollstonecrafts und Olympe de Gouges', ihren Standpunkt ungeachtet des Vorwurfs der Lächerlichkeit vertreten zu wollen, oder Therese Hubers Bemühen, die allfällige Beschuldigung, ihr Revolutionsroman verderbe die weiblichen Leser, bereits im Vorwort zurückzuweisen. Solange die Revolutionärinnen sich von einem gleichgesinnten Freundeskreis bestätigt wußten und Kerkerhaft und Guillotine nicht zu fürchten hatten, konnten sie mit der Verteufelung als „Monster" und „Hyänen" leben. Aber der durch Krieg und Terrorherrschaft eingeleitete Umschlag der Revolution, wie später die napoleonische Diktatur, machten selbstbewußtes Auftreten von Frauen in der Politik nahezu unmöglich. In ihrem Roman „Corinna", der von dem durch gesellschaftliche Vorurteile erzwungenen Verzicht einer berühmten Schauspielerin auf privates Glück handelt, resümiert Madame de Stael: „Die Ächtung durch die öffentliche Meinung schwächt die Frau, während sie den Mann anspornt. Es scheint, daß es den Männern, die die Gesetze gemacht haben, freisteht, sie auszulegen oder zu umgehen."[8]

Welchen Mut es die Frauen kostete, den antifeministischen Konsens der Gesellschaft zu durchbrechen wird deutlich, wenn man bedenkt, daß sie gleichzeitig auf zwei Ebenen kämpfen mußten: der privaten und der öffentlichen. Zwar war das Recht auf Glück von den Revolutionären genauso proklamiert worden wie das Recht auf Freiheit und Gleichheit, und die Auflösung feudaler wie religiöser Zwänge hatte theoretisch den Weg freigemacht für ein partnerschaftliches Verhältnis zwischen den Geschlechtern auf der Grundlage gegenseitiger Zuneigung und Achtung als autonomer Individuen. Aber angesichts des doppelten Widerstandes von seiten der geliebten Männer *und* der Gesellschaft schien die weibliche Version einer Synthese von Glück und Gleichheit ausgeschlossen, war der Rollen- und Identitätskonflikt für die Frauen vorprogrammiert.

Ihr Wunsch, geliebt zu werden und in Frieden mit ihrer Umwelt zu leben, ließ sich kaum mit dem Streben nach Unabhängigkeit oder gar politischem Wirken in Einklang bringen. Dabei handelte es sich keineswegs um ein Dilemma, das nur die Frauen der „gebildeten Stände" betraf. Die revolutionären Republikanerinnen, Pauline Léon und Claire Lacombe, die sich auf ihre persönlichen Interessen besannen, oder die Wäscherin, die dem Pariser Polizeikommissar gestand, daß „nichts auf der Welt ihr teurer sei als ihr Mann"[9] und Manon Roland, die noch aus dem Kerker glühende Liebesbriefe an ihren Geliebten schrieb, verband die gleiche Sehnsucht nach emotionaler Geborgenheit. Das Bedürfnis danach war umso stärker, je mehr politischer Terror und Denunziation zur Tagesordnung gehörten. Es ist deshalb nur zu verständlich, daß die Frauen sich in das Refugium der Privatheit und des Nur-Frau-seins flüchteten.

Diese Selbstbescheidung wurde ihnen dadurch erleichtert, daß die Männer die ganze Apparatur rhetorischer Galanterie in Bewegung setzten (inclusive wissenschaftlicher Beweisführung und philosophischer Ableitung), um die politische Niederlage der Frauen als moralischen Sieg zu (v)erklären. Das gelang, nachdem die jungfräulichen Amazonen aus der revolutionären Bildsymbolik verdrängt waren, vor allem durch die Aufwertung der republikanischen Mutterschaft und der bürgerlichen Häuslichkeit. Die reproduktive und regenerative Fähigkeit wie die Gefühlsmoral wurden zu Statussymbolen der Weiblichkeit hypostasiert. Die eine Qualität sollte der Bewahrung der bürgerlichen Demokratie dienen, die andere als Problemprophylaxe gegen die humanen Defizite einer auf Zweckrationalität und Kompetition gestellten, modernen Gesellschaft.[10]

Zweifellos war das Ganze keine systematisch ins Werk gesetzte Unterdrückungskampagne gegen das weibliche Geschlecht — die wenigsten Revolutionäre waren misogyn und die politischen Clubs keine männerbündischen Organisationen —, sondern entsprang der wohlmeinenden Absicht, das gesamtgesellschaftliche Wohl über die Aufteilung „objektiver" sozialer Funktionen zu sichern. Ob die Ausschließung der Frauen von der Staatsbürgerschaft zur Konsolidierung der revolutionären Errungenschaften der Männer notwendig war, zieht Hanna Schissler zu Recht in Zweifel. Die große Mehrheit der bürgerlichen Frauen hat die kompensatorische Honorierung als „mères patriotes" und „moralisches Geschlecht" offenbar akzeptiert. Ob aus Überzeugung, wirtschaftlicher Notwendigkeit, gesellschaftlicher Anpassung oder Revolutionsmüdigkeit, steht dahin. Nur ganz wenige Frauen hatten den Mut und die optimistische Hartnäckigkeit einer Constance de Salm, die noch 1801 unumwunden „Freiheit und staatsbürgerliche Gleichheit" für ihre Geschlechtsgenossinnen forderte.[11]

Die Revolution berührte die Europäerinnen in unterschiedlicher Weise. Nur in Frankreich nahmen Frauen aller Schichten und (fast) aller Regionen Anteil an ihr. In Deutschland und England faszinierte die revolutionäre Botschaft lediglich eine schmale Schicht des reformerisch gesinnten Bildungsbürgertums.

Die nationalen Frauenbewegungen haben sich entsprechend dem Klassenmuster und den politischen Konflikten ihrer Gesellschaften sehr verschieden entwickelt, ungeachtet eines gemeinsamen Fundus an Idealen und Erfahrungen, auf den bereits das 1901 von Helene Lange und Gertrud Bäumer herausgegebene „Handbuch der Frauenbewegung" hinweist. Daß den deutschen Frauenrechtlerinnen bürgerlicher wie sozialistischer Prägung die Menschenrechtserklärung von 1789 als Ansatz- und Bezugspunkt diente, belegt Valentine Rothe. Auch die Erinnerung an die vielfältigen Aktionsformen der Revolutionärinnen[12] lebte als Anstoß und Vorbild in der internationalen Frauenrechtsbewegung fort, wenngleich deren Sprecherinnen sich bei historischen Reminiszenzen eher auf die von der (männlichen) Geschichtsschreibung vermittelten allgemeinen Kenntnisse der Revolution bezogen. So schrieb Hubertine Auclert 1884 an die amerikanischen Feministinnen: „Wir bitten um Eure Hilfe, so wie vor hundert Jahren Eure Mitbürger die Hilfe Frankreichs gegen die englische Tyrannei erbeten haben".[13]

Die von uns vorgelegten Einzelstudien reichen nicht aus für einen umfassenden Vergleich des „effet 89" auf die Frauen Europas. Ein solcher Vergleich ist meines Wissens bisher nur von Jane Rendall unternommen worden, die „Die Ursprünge des modernen Feminismus in England, Frankreich und den Vereinigten Staaten" zwischen 1780 und 1860 untersucht, allerdings mehr beschreibend als systematisch vergleichend.[14] Es steht zu hoffen, daß die Publikation der Vorträge des internationalen Kongresses von Toulouse, „Die Frauen und die Französische Revolution", ausreichendes Material für eine komparative Studie liefern wird.[15] Inzwischen kann es nur darum gehen, einige Ansatzpunkte für den Vergleich zusammenzustellen.

Zu den auffälligen Übereinstimmungen gehört, daß in allen drei untersuchten Ländern das revolutionäre Programm von den gebildeten Frauen rasch als Chance einer persönlichen und politischen Emanzipation wahrgenommen wurde, aber in dem Maße an Glanz verlor, als die Diskrepanz zwischen Rhetorik und Realität sichtbar wurde und der gewalttätige Verlauf der Revolution die Identifikation mit ihren Idealen erschwerte. Übereinstimmung besteht auch in dem Rollen- und Identitätskonflikt der Frauen, der entweder die individuelle bzw. professionelle Befreiung zu Ungunsten des revolutionären Engagements oder den Verzicht auf beides zur Folge hatte, auf jeden Fall aber mit hohen psychischen und physischen Kosten verbunden war.

Der Parallelität der Reaktionen und Erfahrungen auf seiten der Frauen entspricht die der Männer. In allen drei Ländern gab es Intellektuelle, die sich über den allgemeinen Revolutionsenthusiasmus hinaus für die Gleichberechtigung der Geschlechter einsetzten, nicht ohne – wie Renate Haas am Beispiel Georg Forsters und Wilhelm von Humboldts darlegt – in ihrem privaten Leben Probleme mit der Umsetzung der universalistischen Postulate zu haben. Die Mehrheit aber sah Anliegen und Vorbildhaftigkeit der Revolution durch das emanzipatorische Ansinnen der Frauen und ihre Aktivitäten gefährdet. Aus der männlichen Angst vor einer radikalen gesellschaftlichen Neuordnung entwickelte sich eine stillschweigende Interessenkoalition zwischen Revolutionären und Gegenrevolutionären, deren Geschlechterkonzepte nur schwer zu unterscheiden sind.

Die Vorkämpferinnen der Frauenrechte bildeten in allen drei Ländern eine winzige Minderheit und waren uneinig über die Prioritäten und Mittel ihres Kampfes, wobei sich der exemplarische Gegensatz zwischen Olympe de Gouges, Manon Roland und den Revolutionären Republikanerinnen in den unterschiedlichen Strömungen der Frauenbewegung perpetuierte. Neben den Frauen, die nur dank ihrer literarischen oder sonstigen Bedeutung dem Ansehen des weiblichen Geschlechts dienten, ohne sich feministisch zu engagieren (Modell: Roland/Stael), gab es solche, die die weibliche Emanzipation allen anderen politischen Idealen voranstellten (Modell: Gouges) und solche, die die Befreiung der Frauen je nachdem der Nation oder dem Sozialismus nachordneten (Modell: Revol. Republikanerinnen).

Während die Französinnen im 19. Jahrhundert von der „Avant-Garde der Revolution" (Michelet) zum Schlußlicht der internationalen Frauenbewegung wurden, ungeachtet einiger herausragender Gestalten[16], nahm die Frauenrechtsbewegung in England und Deutschland von 1840 an einen Aufschwung. Er führte u.a. dazu, daß die Frauen in diesen Ländern fast drei Jahrzehnte vor den Französinnen das Wahlrecht erhielten. Das organisatorische Defizit der französischen Frauenbewegung[17] scheint vor allem zwei Gründe zu haben. Einerseits erklärt es sich aus dem langen Festhalten der Französinnen an einem konservativen Weiblichkeitsideal, das „féminité“ und Familie koppelt und dem Geschlechterkonzept entspricht, das von Rousseau und der Revolution entwickelt, von Michelet verherrlicht und über das Erziehungssystem der Dritten Republik popularisiert wurde. Andererseits steht es im Zusammenhang mit der insgesamt geringen Neigung der Franzosen zur (mehr als temporären) Basisorganisation und Syndikalisierung[18], die sich sowohl aus dem Korporationsverbot der Revolution wie aus der staatszentralistischen Tradition herleiten läßt. In England erlernten die Frauen der Mittelschichten in religiösen und philanthropischen Vereinen die zur Organisierung politischer Willensbildung notwendigen Fähigkeiten und wurden zu einer „anerkannten moralischen Kraft“.[19] In Frankreich dagegen erschwerte klerikaler wie proletarischer Antifeminismus die Bildung autonomer weiblicher Interessenvertretung. Die Sozialisten aller Schattierungen, deren gemäßigter Flügel relativ früh an der Regierungsmacht partizipierte, unternahmen nichts, um die Frauen für ihre Sache zu gewinnen oder sich für die Sache der Frauen einzusetzen. Im Gegensatz zur SPD, die sich theoretisch und praktisch mit der Frauenfrage auseinandersetzte, versprachen sie sich keinen Machtzuwachs durch das Frauenwahlrecht.[20]

Angesichts dieser unterschiedlichen Entwicklungen lassen sich drei Thesen aufstellen:

1. Die stattgefundene Revolution hat in Frankreich die staatsbürgerliche Gleichstellung der Frauen verzögert, während ihre theoretischen Postulate in England und Deutschland (unterstützt durch eine frühere Industrialisierung) eine wesentliche Grundlage für die Selbstorganisation der Frauen bildeten.
2. Das Nachhinken der französischen Frauenbewegung bis ins 20. Jahrhundert erklärt sich u.a. aus der Identifikation der französischen Frauen mit der revolutionär-republikanischen Mythologie und deren weiblicher (!) Symbolfigur: die eine „Marianne an der Macht“[21] kompensierte offenbar die Machtlosigkeit von Millionen Mariannen.
3. Während das Selbstverständnis Frankreichs als der revolutionären Nation par excellence (auch) seine Frauen zu einem antireformistischen Attentismus verleitete, dürfte gerade das Fehlen revolutionärer Erfahrungen deutschen und englischen Frauen als Ansporn gedient haben, mit der allgemeinen Demokratisierung auch ihre Rechte einzuklagen.

Die Französische Revolution, als der erste Versuch, die Philosophie der Aufklärung in Politik umzusetzen, war so ambivalent wie ihre

Quellen und blieb es auch in ihren Nachwirkungen. Sie offenbarte den Frauen, was in Sachen Emanzipation denk- und lebbar war, wies aber gleichzeitig ihre Mitarbeit an der gesellschaftlich-politischen Neugestaltung zurück. Es verwundert deshalb nicht, daß die theoretische Botschaft der Revolution auf die europäischen Frauen nachhaltigeren Eindruck machte als ihre politische Praxis.

Anmerkungen

1 Düsseldorfer Erklärung des REP-Landesarbeitskreises „Frauenpolitik" NRW, zit.n.: Birgit Rother, Rechte Frauen, Frauenrechte, unveröff. Magisterarbeit, Duisburg 1989, S. 330. – Zu Luise Otto Peters vgl. V. Rothe in ds. Band.

2 Z.B. Christina Thürmer-Rohr, Vagabundinnen. Feministische Essays, Berlin 1987, S. 47.

3 Vgl. Anm. 3 des Aufsatzes v. H. Schissler in ds. Band.

4 Zum Stand d. Frauengeschichtsforschung zur Revolution vgl. u.a.: Pia Schmid, ... da werden Weiber zu Hyänen, in: Sozialwissenschaftliche Literatur Rundschau, 1/1989, S. 7-18. – Für Frankreich hat Simone Blanc eine Bibliographie zusammengestellt: Les femmes et la Révolution française. Zu beziehen über Agence culturelle de Paris, 6, rue François-Miron, 75004 Paris.

5 Vgl. u.a. Ute Frevert, Bürgerliche Meisterdenker und das Geschlechterverhältnis, in: dies., Bürgerinnen und Bürger, Göttingen 1988; Geneviève Fraisse, Muse de la Raison. La démocratie exclusive et la différence des sexes, Paris 1989, bes. S. 81 f.; Claudia Honegger, Die französische Anthropologie der Revolutionszeit und die Neubestimmung der Geschlechter, in: Victoria Schmidt-Linsenhoff (Hrsg.), Sklavin oder Bürgerin? Französische Revolution und neue Weiblichkeit, Frankfurt 1989, S. 294 f.

6 G. Graisse, S. 31, 35, 79

7 s.u., S. 37 f.

8 Germaine de Stael, Delphine, in: Oeuvres complètes, Paris ^{2}1967, t. 1, S. 430.

9 Dominique Godineau, Citoyennes, tricoteuses. Les femmes du peuple à Paris pendant la Révolution, Paris 1989, S. 33, 373 f., 375 f.

10 Vgl. Liselotte Steinbrügge, Das moralische Geschlecht, Weinheim/Basel 1987.

11 Raoul Fanny (i.e. Constance de Salm), Opinion d'une femme sur les femmes, Paris 1801.

12 s.u., S. 143 ff.

13 zit. n.: Jean Rabaut, Hubertine Auclert, in: Marieluise Christadler (Hrsg.), Die geteilte Utopie. Sozialisten in Frankreich und Deutschland, Opladen 1985, S. 62.

14 Jane Rendall, The Origins of Modern Feminism: Women in Britain, France and the United States 1780-1860, London 1985. – Die komparative Studie von Ingrid Strehler, Den Männern gleich an Rechten. Auffassungen zur Emanzipation der Frau in Deutschland und Frankreich zwischen 1789 und 1871, Leipzig 1989 habe ich leider nicht einsehen können.

15 Les Femmes et la Révolution française. Actes du Colloque international. Bearb. von Marie-France Brive. 3 Bd., Toulouse 1989, S. 90.

16 Zur frz. Frauenbewegung u.a.: Maité Albistur/Daniel Amogathe, Histoire du féminisme français du moyen âge à nos jours, Paris 1977; Jean Rabaut, Les féminismes français, Paris 1978; Ruth Henry, Jeanne und die anderen, Freiburg 1978; Helga Grubitzsch/Loretta Lagpacan, „Freiheit für die Frauen, Freiheit für das Volk". Sozialistische Frauen in Frankreich 1830-1848, Frankfurt 1980; Michèle Sarde, Regard sur les Françaises, Paris 1983; Laurence Klejman/Florence Rochefort, L'égalité en marche. Le féminisme sous la 3e République, Paris 1989.

17 „Dieses Problem hat bisher noch keine ausreichende Erklärung gefunden" schreibt die Historikerin Madeleine Rebérioux in einer Bilanz der Französischen Revolution. Le Monde de la Révolution, Nr. 12/1989, S. 22.

18 Nur ein Bsp. aus dem parteipolitischen Bereich: 1914 hatte die SPD rund 1 Mill. Mitglieder, davon waren 180 000 Frauen; die SFIO hatte 72 765 Mitglieder, davon waren 1 500 weiblich. – Zur politischen Kultur Frankreichs vgl. Marieluise Christadler, Der französische Sonderweg: Apotheose oder Finale? in: Hans-Georg Wehling (Hrsg.), Frankreich. Eine politische Landeskunde, Stuttgart 1989, S. 86-104.

19 J. Rendall, S. 322
20 Charles Sowerwine, Les femmes et le socialisme, Paris 1978.
21 Maurice Agulhon, Marianne au pouvoir, Paris 1989. – Zu diesen Mythologien gehört, daß die frz. Republik, als einzig legitime Erbin der Revolution, beispielhaft ist für die Synthese von Fortschrittlichkeit und Humanität, Freiheitsrechten und Gleichheitsansprüchen.

Marieluise Christadler

Von der Tribüne aufs Schafott
Frauen und Politik 1789-1795

Doppelte Weichenstellung?

Der erste Artikel der Menschen- und Bürgerrechtserklärung von 1789 lautet im französischen Originaltext: *Les hommes naissent et demeurent libres et égaux en droits.* Dem naturrechtlich-universalistischen Anspruch der Deklaration entspricht die Übersetzung: *Die Menschen werden frei und gleich an Rechten geboren und bleiben es.*

L'homme bedeutet aber nicht nur *Mensch*, sondern auch *Mann*. Daß die Verfasser des Textes *Männer* meinten, als sie Menschen sagten, geht schon aus dem Zusatz *citoyen* hervor. Nur die Männer — wenn auch keineswegs alle — hatten einen Anspruch darauf, in den öffentlichen Geschäften mitzuwirken. Frauen waren, wie Kinder, Kriminelle und Dienstboten, von der Staatsbürgerschaft ausgeschlossen.

Begründung für die selektive Auslegung des Gleichheitsgrundsatzes im Hinblick auf die Frauen finden sich in den Erziehungsplänen, die in den aufeinanderfolgenden Nationalversammlungen zwischen 1789 und 1793 diskutiert wurden, und die deshalb so aufschlußreich sind, weil sie die Vorstellungen der Revolutionäre von der postfeudalen Gesellschaft spiegeln. Da der Erziehung bei der für unerläßlich erachteten Regeneration der Sitten und der Verwirklichung einer säkularisierten Gemeinschaft freier und gleicher Individuen die entscheidende Rolle zugewiesen wurde, geben sie Aufschluß sowohl über den geplanten Status der Frauen in der imaginierten Zukunftsgesellschaft wie über ihren Platz im pädagogischen System der Neuerer.

Von welchen Prämissen Mirabeau bei seinem Entwurf eines öffentlichen Erziehungswesens ausging, verdeutlicht das folgende Zitat. Ohne jede naturrechtliche Verunsicherung dekretiert der Führer des liberal-aristokratischen Reformflügels:

> Die zerbrechliche Konstitution der Frauen ist ihrer hauptsächlichen Bestimmung vorzüglich angepaßt: nämlich Kinder in die Welt zu setzen, über deren erste Schritte sorgfältig zu wachen und durch die Macht ihrer Schwäche alle Kräfte des Mannes zu wecken. Im Innern des Hauses darf die Frau herrschen, aber nur dort. Überall anderswo ist sie fehl am Platz.[1]

Les Femmes Parisiennes siegeant à l'Assemblée Nationale parmi les Députés

Mit diesem Verdikt befand sich Mirabeau in bester aufklärerischer Gesellschaft. Schon Rousseau und die Enzyklopädisten hatten die Physiologie der Frau zum alleinigen Bestimmungsfaktor der weiblichen Natur erklärt und die Mutterschaft zum Substitut des Staatsbürgertums. Entsprechend wollten sie die Erziehung der Mädchen auf ihre spätere Dreifachrolle als Gattin, Mutter und Haushälterin begrenzt sehen.

Im Vergleich zu diesem sensualistisch verbrämten Patriarchalismus wirkt Talleyrands Beweisführung zugunsten der staatsbürgerlichen Dominanz der Männer gebrochener und raffinierter zugleich. Der vormalige Bischof von Autun stellt zunächst fest[2], daß man „die Frage nach der Erziehung der Frauen nicht von der nach ihren politischen Rechten trennen könne." Denn wenn man „ihnen die gleichen Rechte wie den Männern zuerkenne," müsse man ihnen „auch die gleiche Möglichkeit geben, davon Gebrauch zu machen." Die Ausschließung „der einen Hälfte der Menschheit von der Regierungsbeteiligung" sei um so fragwürdiger, als „die Gesetze Frankreichs die politische Gleichheit" verlangten.

Bis hierher könnte der Text von einem engagierten Frauenrechtler stammen — und tatsächlich hat Mary Wollstonecraft Talleyrand ihre Frauenrechtserklärung gewidmet. Dann aber erfolgt eine Kehrtwendung um 180 Grad. Dieses argumentative Bravourstück gelingt Talleyrand, indem er das Glück ins Spiel bringt, d.h. indem er zwischen politischen Rechten und gesellschaftlichem Wohl unterscheidet. „Ziel aller Institutionen," erklärt er, „ist das Glück der größtmöglichen Zahl... Wenn die Ausschließung der Frauen von den öffentlichen Angelegenheiten ein Mittel ist, um ihr Glück zu vermehren, so ist es ein Gesetz, dem sich alle Gesellschaften unterwerfen müssen. Jeder andere Ehrgeiz wäre eine Verkehrung ursprünglicher Bestimmungen, und die Frauen wären die letzten, die daran ein Interesse haben könnten." Gedrängt durch solche intime Kenntnis der weiblichen wie der gesellschaftlichen Psyche (le peuple est femme) sieht sich Talleyrand genötigt, seine Progressivität aufzugeben. „Es scheint uns also evident: das allgemeine Glück, aber besonders das der Frauen, verlangt, daß diese weder die Ausübung ihrer Rechte noch die Wahrnehmung öffentlicher Ämter anstreben."

Daß Talleyrand, dem die Revolution dazu verholfen hatte, mit der ungeliebten Bischofswürde auch das Zölibat loszuwerden, sich nicht für die weibliche Gleichberechtigung erwärmte, ist nicht logisch, aber verständlich. Gleiches gilt für Mirabeau, der zwar politisch ein Liberaler, aber moralisch ein Libertin war. Überraschender ist schon, daß auch die überzeugten Sozialrevolutionäre nicht viel von der Beteiligung der Frauen an den öffentlichen Geschäften hielten. Camille Desmoulins liebte seine Luise zärtlich. Daß diese aufgeweckte, kenntnisreiche Frau politische Ambitionen haben könnte, kam ihm indessen nicht in den

Sinn. In seiner Zeitung lobte er zwar den Einsatz der Frauen beim Föderationsfest und schwärmte für den *hübschen, geistvollen Kopf* der revolutionären Patriotin Théroigne de Méricourt, aber die Bürgerin Roland schmähte er, weil sie sich in die Regierungsgeschäfte einmische. Marat hielt sich eine Lebensgefährtin, die ihm gleichzeitig als Köchin und Krankenschwester diente. Robespierres ideologische Junggesellenschaft ist ebenso notorisch wie Dantons Genüßlichkeit in rebus eroticis. Kaum war die Revolution beendet, da meldete sich Silvain Maréchal mit dem Entwurf eines Gesetzes zu Wort, das den Frauen das Lesenlernen verbieten sollte. Der Autor, der sich als Verfasser des *Manifests der Gleichen*, aber auch als Produzent von Schäferpoesie einen Namen gemacht hatte, ließ wohlweislich offen, ob er insgeheim die Misogynie seines Kollegen Prudhomme teilte oder den Frauen mit einer Satire gegen den Antifeminismus zur Hilfe eilen wollte.

So gegensätzlich ihre politischen Meinungen auch sonst sein mochten – in einem Punkt waren sich Konstitutionalisten und Sansculotten, Jacobiner und Girondisten einig: jede Art politischer Ordnung schien ihnen gefährdet, wenn die Frauen daran in einer Weise beteiligt waren, die über die Fabrikation von Soldatensocken, das Schmücken des Vaterlandsaltars und die theatralische Personifizierung der revolutionären Prinzipien hinausging. Das libertär-anarchistische, radikaldemokratische Element, das der politische Aktionismus der Frauen in die Gesellschaft trug, ihre antirhetorische Konkretheit, war den Männern suspekt und verunsicherte sie.

Mit einer Ausnahme. Der als Mathematiker und Sozialphilosoph berühmte Marquis de Condorcet, Sekretär der Akademie der Wissenschaften und Freund Voltaires, veröffentlichte am 4. Juli 1790 einen Artikel mit der unmißverständlichen Überschrift: „Über die Zulassung der Frauen zum Bürgerrecht". Darin warf er der Nationalversammlung vor, den von ihr selbst aufgestellten Gleichheitsgrundsatz zu verletzen, indem sie die Frauen „des Rechtes beraube, an der Gesetzgebung mitzuwirken."

Wie 100 Jahre vor ihm der Cartesianer Poulain de la Barre setzte Condorcet sich mit den Einwänden gegen die Gleichberechtigung der Frauen kritisch auseinander.[3]

Warum sollte eine Gruppe von Menschen – nur weil sie schwanger werden können und sich gelegentlich unpäßlich fühlen – nicht die Rechte ausüben dürfen, die man niemals denen vorenthalten würde, die jeden Winter die Gicht plagt und die sich leicht erkälten?

Man sagt, keine Frau habe eine wichtige Entdeckung in den Wissenschaften gemacht, keine habe sich als Genie in den Künsten oder in der Literatur ausgewiesen. Ja, aber wer käme denn auf den Gedanken, das Bürgerrecht nur genialen Männern zuzugestehen?

Es wird behauptet, Frauen besäßen zwar Geist und Scharfsinn, sie ließen sich aber nie durch das lenken, was man Vernunft nennt. Diese Beobachtung ist falsch. Die Frauen folgen zwar nicht der Vernunft der Männer, wohl aber ihrer eigenen. Man sagt, Frauen seien sanfter und sensibler als Männer, aber es fehle ihnen an Gerechtigkeitssinn, sie folgten mehr dem Gefühl als dem Gewissen. Diese Beobachtung ist schon richtiger. Aber sie beweist nichts. Denn dieser Unterschied zwischen Mann und Frau ist nicht naturgegeben. Er ist eine Folge der Erziehung und der sozialen Rolle der Frau.

Ich habe Condorcet so ausführlich zitiert, um zu zeigen, was 1790 denkmöglich war, aber auch, um dem *féminisme au masculin* die gebührende Ehre zu erweisen. Condorcet ist weit davon entfernt, die physiologischen und psychologischen Unterschiede zwischen Mann und Frau zu leugnen — um so weniger, als er gerade, 43jährig, eine schöne, junge und geistreiche Frau geheiratet und mit ihr ein Kind gezeugt hatte. Was ihn aber von der Mehrzahl seiner Freunde unterscheidet, ist die Zurückweisung jedes deterministischen Zusammenhangs zwischen geschlechtsspezifischer Konstitution und gesellschaftlicher Arbeitsteilung. Daß es den Frauen an politischer Kompetenz mangele, schreibt er ihrer fehlenden Ausbildung und Übung zu, nicht aber angeborener Unfähigkeit.

Es ist also ungerecht, den Frauen weiterhin den Genuß ihrer natürlichen Rechte zu verweigern und dafür auch noch Gründe anzugeben, die nur deshalb eine gewisse Berechtigung haben, weil die Frauen diese Rechte nicht genießen... Entweder hat kein Glied des Menschengeschlechts wirkliche Rechte — oder alle haben die gleichen.

Condorcets Plädoyer erregte großes Aufsehen in der gebildeten Öffentlichkeit. Er wurde von einigen liberalen Politikern unterstützt, die den Frauen gewisse Rechte einräumen wollten: das Wahlrecht z.B., aber nicht die Wählbarkeit. Auch bestimmte Ämter — vorausgesetzt, sie betrafen Frauenangelegenheiten. Doch selbst diese Zugeständnisse blieben rein verbaler Natur. In die politische Realität wurden sie nie umgesetzt. Das zeigte sich bei der Verabschiedung der Verfassung vom September 1791. Sie sah zwar auch für Männer nur ein Zensuswahlrecht vor, ließ aber die Frauen völlig unberücksichtigt. Was Manon Roland zu der bitteren Bemerkung veranlaßte: „Wir sind nicht mehr im Jahre 1789. Man hat uns Ketten angelegt..."

Heldinnen der Revolution — mit Ketten oder Flügeln?

Die Ausgrenzung der Frauen von den staatsbürgerlichen Rechten war um so ungerechter, als sie sich von Anfang an aktiv an der Revolution beteiligt hatten. Schon am Sturm auf die Bastille hatten Frauen teilgenommen — mehr zweifellos als die, deren Namen in den Archiven überliefert sind.[4] Als Gruppe traten sie erstmals am 5. Oktober 1789 in Erscheinung, als 6-7000 Pariserinnen unterschiedlicher sozialer Herkunft zu einem Protestmarsch nach Versailles aufbrachen. Sie wollten dem König wie der Nationalversammlung die Notsituation der Pariser

Armen vor Augen führen und Abhilfe erzwingen. Und sie hatten Erfolg. Neben einem neuerlichen Getreideausfuhrverbot wurde ihnen ein erschwinglicher Festpreis für Brot und Fleisch zugestanden. Ludwig XVI. unterschrieb die Erklärung der Menschen- und Bürgerrechte, deren Unterzeichnung er bisher verweigert hatte. Außerdem erzwangen die Frauen die Umsiedlung der königlichen Familie und der Nationalversammlung nach Paris.

Auslöser des Aufstands war die Brotfrage gewesen. Die Frauen, ob ledig oder Familienmütter, litten am meisten unter der Verteuerung und Verknappung des Brotes, dem Hauptnahrungsmittel der Armen. Zu seiner Beschaffung legten sie weite Wege zurück und standen stundenlang Schlange vor den Bäckereien. An diesen Börsen der Revolution entwickelten sich die Unruhen, die nicht selten zu Ladenplünderungen und Aufständen führten. Aber die *Frauen von Versailles* hatten klar gemacht, daß es ihnen nicht nur um die Lebensmittelversorgung ging. „Sie wollten Brot, nicht jedoch um den Preis der Freiheit," schrieb ein zeitgenössischer Journalist. Und wann immer es galt, den politischen Ansprüchen des weiblichen Geschlechts Nachdruck zu verleihen, beriefen sich später die Revolutionären Republikanerinnen auf das Beispiel der *Oktober-Frauen*, die als citoyennes agiert hatten, ohne die legislatorische Genehmigung abzuwarten.

Daß die Männer, wenn es um die Erhaltung ihrer revolutionären Errungenschaften ging, den Patriotismus der Frauen gleichzeitig zu preisen und zu kanalisieren wußten, zeigt das von dem Maler David inszenierte *Fest der Einheit* 1793, bei dem die *Frauen des 5. Oktober* in aller Form zu *Heldinnen der Revolution* erklärt wurden. Da zu diesem Zeitpunkt längst feststand, daß das weibliche Heldentum vor allem darin zu bestehen hatte, „die Last der häuslichen Mühen zu tragen," mußten die Heldinnen nach ihrer feierlichen Ehrung durch den Präsidenten des Nationalkonvents von den Kanonen absteigen und sich in die „für Frauen vorgesehenen Abteilungen der Mütter und Jungfrauen eingliedern."[5]

Nicht alle Frauen waren bereit, sich mit dieser ehrenvollen Abdankung zufriedenzugeben. Immerhin blickten sie auf eine vierjährige Revolutionserfahrung zurück, die mit der Formulierung von Beschwerdeheften an die Generalstände begonnen hatte. In diesen *cahiers de doléances* hatten Frauen u.a. das Recht auf bessere Bildung und auf Arbeit, gleiche Erbansprüche und ein modernes Eherecht gefordert.[6] Später hatten sie sich, Bürgerinnen aus eigenem Recht, auf vielfältige Weise an den Ereignissen und Einrichtungen der Revolution beteiligt. Von den Tribünen der Nationalversammlung und der Kommune waren sie den Verhandlungen der Deputierten gefolgt, hatten Zustimmung und Unmut geäußert, Petitionen eingebracht und Streitschriften verfaßt. Sie hatten Zeitungen gelesen und gegründet; teils in den Vereinen der Männer mitgewirkt, teils nach deren Vorbild eigene Clubs ins Leben gerufen, wo sie nicht nur patriotische Wohltätigkeit pflegten, sondern staatsbürgerlichen Unterricht für Mädchen erteilten. Sogar in die Armee waren sie eingetreten. Sie hatten gelernt, in der Öffentlichkeit zu reden und die zeitgenössischen Medien, vom Theater bis zum Plakat, zu ihrer Informationen und für ihre Zwecke zu nutzen. Bei der Gestaltung der öffentlichen Feste hatten sie sich als unersetzlich erwiesen und ihren Beitrag zur Ausbildung einer revolutionären Symbolik geleistet.[7] Es schien also begründet, daß die Zeitschrift der Sansculottinen 1792 frohlockte:

> Freu Dich Mutter Duchesne. Du hast Grund dazu, verflucht nochmal. Früher, wenn wir reden wollten, hat man uns den Mund gestopft mit so höflichen Sätzen wie: Du redest wie eine Frau — das hieß, wie eine dumme Kuh! Seit der Revolution ist alles anders. Die Freiheit hat uns Flügel verliehen.[8]

Olympe de Gouges teilte nicht das himmelstürmende Glücksgefühl der Zeitungsschreiberinnen. Sie blieb fest auf der Erde und fragte: „O Frauen, wann hört Ihr auf, blind zu sein? Ihr werdet noch mehr verachtet, noch schlimmer verhöhnt."[9] Mit Hilfe der Frauen habe der Mann seine Ketten zerbrochen. Aber nun, da er selbst frei sei, herrsche er wie ein Tyrann über seine Gefährtin.

Da Olympe emanzipatorische Entschlossenheit mit praktisch-politischem Verstand verband, begnügte sie sich nicht mit Appellen an die Frauen. Im September 1791, unmittelbar vor Verabschiedung der Verfassung, legt sie der Nationalversammlung einen Gesetzentwurf vor mit dem Titel: *Déclaration des droits de la femme et de la citoyenne.* Die *Erklärung der Rechte der Frauen und Bürgerinnen* entsprach Punkt für Punkt der Menschen- und Bürgerrechtserklärung vom August 1789. Sie verlangte nichts weniger als die völlige rechtliche und politische Gleichstellung der Frau.

In der Präambel heißt es:

> Wir, Mütter, Töchter, Schwestern, Vertreterinnen der Nation, verlangen, in die Nationalversammlung aufgenommen zu werden. In Anbetracht der Tatsache, daß Unwissenheit, Vergeßlichkeit oder Mißachtung der Rechte der Frauen die alleinigen Ursachen des öffentlichen Elends und der Korruptheit der Regierung sind, haben wir uns entschlossen, in einer feierlichen Erklärung die natürlichen, unveräußerlichen und heiligen Rechte der Frau darzulegen.

Nicht nur, daß Olympe de Gouges das Versprechen von 1789 einklagte, sie ging noch einen Schritt weiter und verbuchte die Mißerfolge der Revolution auf das Schuldkonto der Männer. Das war um so mutiger, als zu diesem Zeitpunkt das fragile Gleichgewicht zwischen den politischen Kräften sich auflöste und eine Periode krisenhafter Spannungen bevorstand. Nach der Flucht und Festsetzung des Königs ging es nicht nur um die Umwandlung Frankreichs in eine Republik, sondern auch um die Frage, was mit dem Monarchen geschehen sollte. Gleichzeitig drohte eine militärische Intervention der europäischen Mächte.

Das von den Nationalgarden veranstaltete Blutbad auf dem Marsfeld, wo entschlossene Republikaner auf dem Altar des Vaterlandes eine Petition gegen Ludwig XVI. niedergelegt hatten, spaltete die Patrioten. Girondisten und Jakobiner stritten darüber, ob die Revolution im Innern gewaltsam beendet und nach außen durch einen Präventivkrieg gesichert werden sollte. Daß Olympe sich in dieser Lage ausgerechnet an die Königin wandte mit der Aufforderung, die Frauenrechtserklärung zu unterstützen, fand wenig Beifall, zeigt aber Olympes Glauben, daß die Revolution sich nur über eine solidarische Aktion *aller* Frauen zugunsten ihrer politischen Mitbestimmung verwirklichen werde.

Femme galante, femme de lettres und citoyenne

Wer war diese feministische Revolutionärin, die den Girondisten nahestand, aber sich von keiner Fraktion vereinnahmen lassen wollte, diese Republikanerin, die vor einer Hinrichtung des Königs noch warnte, als das bereits als Kollaboration mit den Konterrevolutionären ausgelegt wurde? Schon zu ihren Lebzeiten provozierte Olympe de Gouges höchst unterschiedliche Reaktionen, wobei sich weder ihre Geschlechtsgenossinen noch die Männer in ihrer Beurteilung einig waren. Michelet, der Madame Roland wegen ihrer Tugendhaftigkeit und „vornehmen Zurückhaltung" nicht genug preisen konnte, selbst das „verhängnisvolle Schicksal" der „anmutigen und bezaubernden" Théroigne de Méricourt wortreich beklagte, handelte Olympe — „Spielball und Opfer ihrer nervösen Reizbarkeit" — auf zwei Seiten ab, ohne ihre Frauenrechtserklärung auch nur zu erwähnen.[10] Um ein Beispiel für die geschlechtsspezifische Interpretation historischer Zusammenhänge zu geben, aber auch, weil Olympes Biographie in vielen Punkten exemplarisch ist für die Lebensläufe der Revolutionärinnen, stelle ich zwei Darstellungen aus der neueren Literatur gegenüber — zunächst ohne das Geschlecht der Verfasser zu offenbaren.

> Olympe de Gouges, in Wahrheit weder Olympe noch Gouges, sondern bescheiden Marie Gouze, war gebürtig aus Montauban. Als diese südfranzösische Bovary ihr Pamphlet veröffentlichte, war sie 43, gab aber vor, 7 Jahre jünger zu sein, und hatte immer noch keinen Platz in der Gesellschaft gefunden. Obgleich nach dem Taufschein Tochter eines Metzgers, behauptete sie, das uneheliche Kind eines bekannten Dichters zu sein — eine Selbststilisierung, die jeder Wahrscheinlichkeit entbehrt. Sie hatte sich einen Ehemann zugelegt und ihn verloren. Wo und wie, weiß man nicht. Sie hatte einen Sohn, der sie verleugnete... Später begann sie eine Karriere als „femme galante" und verlegte sich auf die Schriftstellerei, als ihre Schönheit verblaßte. Von den revolutionären Ereignissen angeregt brütete sie einen Wust von Werken aus: nicht aufgeführte Theaterstücke, patriotische Broschüren, philanthropische Essays... In Wahrheit zeichnet sich diese gelehrte Dame nur durch zweierlei aus: ihre Prätentionen und ihre Suada.[11]

Anonym, Olympe de Gouges
Miniaturportrait, um 1785

Ganz anders liest sich Olympes Lebenslauf in der Einleitung zu einer Neuausgabe ihrer Schriften.

Vielleicht hat das Pseudonym, das sie sich gab, dazu beigetragen, daß Olympe de Gouges weniger in Vergessenheit geraten ist als andere Revolutionärinnen. Jedenfalls war es ihre erste literarische Schöpfung, denn ursprünglich hieß sie Marie Gouze. Offiziell war der Metzger Pierre Gouze ihr Vater. In Wahrheit war sie die uneheliche Tochter des Schriftstellers Le Franc de Pompignan, der seine Vaterschaft auch zugab, aber zu bigott war, um sie öffentlich anzuerkennen. Mit 16 Jahren an einen wesentlich älteren Gastwirt namens Aubry verheiratet, von dem sie mit 17 Jahren ein Kind bekam, wurde sie bald Witwe. Ein reicher Junggeselle verliebte sich in sie und nahm sie mit nach Paris. Obgleich mittellos und ohne Ausbildung, weigerte sie sich, ihn zu heiraten. Da Olympe die Heirat ausschlug, dichteten die Chronisten ihr eine Karriere als femme galante an und eine ganze Serie von Liebhabern. In Paris lernte sie bald, was es heißt, am Rande der Gesellschaft zu leben. Von ihrem aristokratischen Vater nicht anerkannt, des Schreibens unkundig, zu allem Überfluß Südfranzösin, intelligent und widerspenstig — alles an ihr war dazu angetan, die Öffentlichkeit zu skandalisieren. Man hat behauptet, sie hätte mit dem Schreiben angefangen, als ihr physische Attraktivität nachließ. Aber damals war sie gerade 32 Jahre, eine Frau im besten Alter... Warum also nicht anerkennen, daß sie einem inneren Drang folgte? Immerhin überwand sie drei massive Handikaps: ihre illegitime Geburt, ihre unzureichende Bildung und die Prüderie einer Umwelt, die sie mit ihren radikalen Thesen provozierte.[12]

Beide zitierten Autoren sind gezwungen, anhand der wenigen, teilweise widersprüchlichen Daten, die uns überliefert sind, das Lebensbild der Olympe de Gouges zu rekonstruieren. Der männliche Biograph entledigt sich dieser Aufgabe mit amüsierter Herablassung und maliziösen Unterstellungen. Für ihn ist die Edelprostituierte (denn nichts anderes bedeutet „femme galante") Marie Gouze eine vorzeitig verblühte Möchtegerndichterin, die ihre literarische Erfolglosigkeit mit geschäftiger Extravaganz und revolutionärem Pathos kompensiert. Für Benoîte Groult hingegen ist sie, trotz gewisser Unzulänglichkeiten und Übertreibungen, eine ungewöhnlich begabte und mutige Frau, ihrer Zeit weit voraus und wert, in der Frauengeschichte einen privilegierten Platz einzunehmen.

Dieser Platz ist ihr inzwischen unbestritten[13], nicht nur weil sie als erste Frau die natur- und vertragsrechtliche Argumentation der Aufkärung auf die *condition féminine* angewandt hat, sondern weil sie ihre persönliche Lebenserfahrung zum Ausgangspunkt ihres feministischen Bewußtseins machte und öffentlich wurde als *femme galante, femme de lettres* und *Bürgerin*.

Von ihren linken Kritikern wird Olympe bis heute vorgeworfen, eine bourgeois-elitäre Politik vertreten und versäumt zu haben, sich dem Kampf der proletarischen Frauen anzuschließen. Tatsächlich galt ihr Interesse weniger dem sozialen Kampf des Vierten Standes als den individuellen Freiheitsrechten *aller* Frauen und der Erhaltung des bürgerlichen Rechtsstaats. Als sie sah, daß Robespierre im Namen der republikanischen Tugend und der Vollendung der Revolution den Terror etablierte, zögerte sie nicht, ihn und Marat öffentlich anzugreifen. Sie sah voraus, daß der Antifeminismus der Jakobiner dem der Vertreter des Ancien régime in nichts nachstehen würde, und befürchtete eine Instrumentalisierung der Frauen zu machtpolitischen Zwecken. Damit unterschied sie sich deutlich von der nächsten Generation der Frauenkämpferinnen, die sich mit der jakobinischen Republik identifizierten und denen es mehr um die Nation als um die Autonomie der Frauen ging.

„Die Frage ist nur, ob Frauenvereinigungen gefährlich sind"

Es ist merkwürdig, daß die Revolutionärinnen, deren Namen uns bekannt sind, wenig oder gar keinen Kontakt untereinander hatten. Olympe de Gouges und die wesentlich jüngere Théroigne de Méricourt sind zwar bei revolutionären Festen gemeinsam aufgetreten, und Etta Palm d'Aelders verkehrte in den gleichen, liberal-aufgeklärten, bildungsbürgerlichen Zirkeln wie sie. Aber zu einer gemeinsamen Aktion dieser politisch ähnlich gesinnten Frauen ist es so wenig gekommen wie zu einem Bündnis mit den Revolutionären Republikanerinnen. Olympe hat sich immer wieder über die mangelnde Solidarität ihrer Geschlechtsgenossinen beklagt, aber von sich aus offenbar nichts unternommen, um diesem Defizit abzuhelfen. Als einzige Literatin unter den revolutionären Frauen blieb sie eine Einzelgängerin — von den Revolutionären Republikanerinnen durch ihre liberalreformistischen Überzeugungen getrennt und von den Salonières durch ihr provokantes öffentliches Auftreten. Madame Roland sagte von sich, daß sie nie in die Versuchung gekommen sei, Schriftstellerin zu werden: „Die Männer haben das nicht gern, und ihr eigenes Geschlecht verstößt sie. Wenn ihre Werke schlecht sind, macht man sich lustig über sie... Wenn sie gut sind, bestreitet man ihre Autorenschaft.“[14] Es ist nicht ohne makabre Ironie, daß Olympe de Gouges wie Manon Roland wegen ihres politischen Engagements hingerichtet wurden, die eine, weil sie die Öffentlichkeit nicht gescheut, die andere, obwohl sie sich im Hintergrund gehalten hatte.

Auch die Revolutionären Republikanerinnen waren mit Olympes Schicksal enger verbunden als sie selbst glaubten — ob sie sie nun tatsächlich, wie behauptet wird, als Agentin der Konterrevolution denunziert, oder nur ihrer Verurteilung tatenlos zugesehen haben.

Schon vor der offiziellen Gründung des *Club des Citoyennes Républicaines* am 12. Mai 1973 trat Pauline Léon an der Spitze einer Frauendelegation im Konvent auf und forderte die Bewaffnung der Frauen. „Ihr könnt uns nicht zurückweisen..., es sei denn ihr würdet behaupten, die Menschenrechtserklärung besäße keine Gültigkeit für die Frauen, und sie müßten sich wie die Lämmer abschlachten lassen.“ Die Revolutionären Republikanerinnen, unter der Führung von Rose Lacombe und Pauline Léon, vertraten die Ideen der sansculottischen Volksbewegung und standen den Enragés nahe. Sie setzten sich für die Fixierung von Festpreisen, die Einrichtung von Preiskontrollen sowie rigorose Maßnahmen gegen Wucherer und Spekulanten ein. Angesichts der doppelten Gefährdung der Republik durch innere und äußere Feinde verlangten sie vom Konvent die gnadenlose Verfolgung aller Konspirationsverdächtigen mit Hilfe von Überwachungsausschüssen und Sondergerichten. Gegen die Gironde, die eine Diktatur des Terrors befürchtete, unterstützten sie Marats Forderung nach einer „Despotie der Freiheit“.

Mit diesem politischen Credo entsetzten sie nicht nur die Bourgeoisie, sondern auch das Kleinbürgertum der Handwerker und Händler, die jede Art staatlicher Zwangsreglementierung erbittert bekämpften. Während des sogenannten Kokardenstreits kam es zu tätlichen Auseinandersetzungen zwischen den wirtschaftsliberalistisch gesinnten Marktfrauen, die sich gegen den Kokardenzwang wehrten, weil sie Sorge hatten, ihre royalistische Kundschaft zu verprellen, und den Anhängerinnen von Rose Lacombe und Pauline Léon, die das Zeigen des Trikoloreschmucks zum patriotischen Gesinnungstest und zum Symbol weiblicher Staatsbürgerschaft erhoben.

Der Konvent nutzte den Streit zwischen *Amazonen und Marktweibern*, um sich die patriotischen Eiferinnen, die er gerade noch öffentlich geehrt hatte[15], vom Hals zu schaffen. Nachdem ein Mitglied des Sicherheitsausschusses den Antrag gestellt hatte, den Verein der Revolutionären Republikanerinnen zu verbieten, kam es am 30. Oktober zu einer Grundsatzdebatte über das Bürgerrecht der Frauen.

Der Abgeordnete Amar, der damit zu einem Klassiker des jakobinischen Antifeminismus wurde, formulierte seine prinzipiellen Einwände.[16]

„Dürfen Frauen politische Rechte ausüben und sich in Regierungsangelegenheiten einmischen?“ Seine Antwort: „Nein. Denn den Frauen fehlt es an allen Eigenschaften und Fähigkeiten, die zur Gesetzgebung und Leitung der öffentlichen Angelegenheiten nötig sind. Zweitens: dürfen sich die Frauen in politischen Vereinigungen versammeln?“ Wiederum ist die Antwort negativ. Sie haben andere, wichtigere Aufgaben, zu denen sie von Natur aus bestimmt sind. „Jedes Geschlecht ruft nach der ihm eigenen Art von Beschäftigung... Der Mann ist stark, robust, mit einer großen Energie, mit Kühnheit und Mut geboren. Da er zu allem bestimmt ist, was nach Kraft und Intelligenz verlangt, so ist auch er allein zu tiefgehenden und ernsten Meditationen fähig, die eine große Anstrengung des Geistes und lange Studien voraussetzen.“

Was bleibt den Frauen, die, nach Meinung Amars, „im allgemeinen kaum zu hohen Vorstellungen und zu ernsthaftem Nachdenken fähig sind“? „Die Sorge um den Haushalt und die Erziehung der Kinder.“ Noch ein weiteres Mittel haben sie, „dem Vaterland zu dienen.“ Sie können ihren Ehemännern „wertvolle Anregungen geben“ und ihren Patriotismus stärken. „Der Mann kann dann in die Gesellschaft die nützlichen Ideen einbringen, die ihm von seiner ehrbaren Frau aufgetragen wurden.“

Welche Folgerungen zieht Amar aus dieser republikanischen Familienidylle? „Wir glauben deshalb, daß es nicht möglich ist, daß Frauen politische Rechte ausüben. Vernichtet also diese angeblichen Volksgesellschaften.“

Zur Ehre des Konvents sei gesagt, daß sich wenigstens eine Stimme gegen Amars Antrag erhob. Der Abgeordnete Charlier hatte offenbar nicht vergessen, daß Condorcet 3 Jahre vorher alle Argumente für den Ausschluß der Frauen von den Bürgerrechten Punkt für Punkt zurückgewiesen hatte und erklärte:

> Trotz der Nachteile, die man soeben anführte, ist mir das Prinzip unbekannt, auf das man sich stützen kann, um den Frauen das Recht zu entziehen, sich friedlich zu versammeln. Es sei denn, daß ihr in Frage stellt, daß die Frauen einen Teil des Menschengeschlechtes darstellen. Könnt ihr ihnen dieses allen denkenden Wesen gemeinsame Recht entziehen?[17]

Der Konvent konnte. Die Begründung lieferte ihm der Abgeordnete Basire:

Es stellt sich einzig und allein die Frage, ob Frauengesellschaften gefährlich sind. Die Erfahrung der vergangenen Tage hat gezeigt, wie sehr sie der öffentlichen Ruhe abträglich sind. Nachdem das festgestellt ist, möge man mir nicht länger von Prinzipien reden. Ich fordere, daß als Maßnahme zur öffentlichen Sicherheit diese Vereinigungen verboten werden, zumindest während der Revolution.

Der Konvent stimmte dem Antrag Basires zu. Einmütig verabschiedete er ein Dekret, dessen erster Artikel ohne Umschweife bestimmte: „Clubs und Vereine von Frauen sind verboten." Mit seiner Veröffentlichung im Journal Officiel am 30. Oktober 1793 erhielt das Dekret Gesetzeskraft.

Die Wiederherstellung der „öffentlichen Ruhe"

Zur gleichen Zeit stand Olympe de Gouges vor dem Revolutionstribunal. Die Anklage enthielt zwei Hauptbeschuldigungen: sie habe sich gegen die Souveränität des Volkes vergangen und seine Vertreter verleumdet; und sie habe den Bürgerkrieg geschürt, indem sie noch aus dem Gefängnis heraus die verfassungsmäßigen Organe bekämpft habe. Tatsächlich hatte Olympe kurz vor ihrer Verhaftung ein Plakat drucken lassen, das die Franzosen zu einer Volksbefragung über die von ihnen gewünschte Regierungsform aufrief. Als Glieder des souveränen Volkes sollten sie entscheiden, ob sie zur Monarchie zurückkehren, die jakobinisch-zentralistische Republik behalten oder eine föderalistische Demokratie haben wollten. Mit dieser Aktion hatte sie gegen ein Gesetz vom März 1793 verstoßen, das jeden Versuch der Verfassungsänderung in Werk und Schrift mit der Todesstrafe bedrohte.

Nachdem Olympe in letzter Minute versucht hatte, der Guillotinierung durch eine Schwangerschaft zu entgehen, gewann sie vor Fouquier-Tinville, dem gefürchteten Vorsitzenden des Revolutionstribunals, ihren ganzen Mut zurück. In einer glänzenden Rede wies sie nicht nur die Anklage zurück, sondern bezichtigte ihrerseits die Ankläger des Verrats an den Zielen der Revolution.

> Robespierre ist mir immer als ein Ehrgeizling erschienen, ohne Gefühl, ohne Genie. Ich habe gesehen, wie er die ganze Nation opferte, um zur Alleinherrschaft zu gelangen. Diesen wahnwitzigen und blutrünstigen Ehrgeiz habe ich nicht ertragen und ihn deshalb ebenso angeklagt, wie ich zuvor die Tyrannen angeklagt habe.[18]

Am 3. November wurde Olympe de Gouges hingerichtet. 15 Tage nach der Königin und 5 Tage vor Madame Roland. Der berühmte Satz aus der Frauenrechtserklärung: „Wenn die Frauen ein Recht aufs Schafott haben, so haben sie auch das auf die Tribüne," hatte eine makabre Umkehrung erfahren, aus der die Presse alsbald eine pädagogische Nutzanweisung für politisch aufmüpfige Frauen ableitete. Der Moniteur schrieb:

> Olympe de Gouges, die mit einer überschäumenden Phantasie geboren wurde, hielt ihren Wahnsinn für eine Eingebung der Natur. Es begann damit, daß sie ungereimtes Zeug daherfaselte, und am Ende verbündete sie sich mit den Verrätern, die Frankreich zu spalten versuchen. Ein Staatsmann wollte sie sein, aber das Gesetz hat die Verschwörerin dafür bestraft, daß sie die wahren Tugenden ihres Geschlechts vergaß.[19]

Das Pariser Volksblatt drückte nur aus, was seine Leser und Leserinnen dachten und was schon den Erziehungsplänen der Mirabeau und Talleyrand als Axiom zugrundegelegen hatte: daß die natürliche Bestimmung der Frau in der Sorge für Mann und Kinder liegt und nicht in der politischen Mitbestimmung. Selbst Pauline Léon suchte ihre republikanische Gesinnung 1794 dadurch unter Beweis zu stellen, daß sie angab, sich in letzter Zeit „ausschließlich der Sorge um ihren Haushalt gewidmet" und „ein Beispiel für Gattenliebe und häusliche Tugenden geliefert zu haben."[20] 1809 schrieb Madame de Stael in ihrem Buch über Deutschland: „Man tut gut daran, die Frauen von den öffentlichen und bürgerlichen Rechten auszuschließen. Nichts ist ihrer natürlichen Bestimmung entgegengesetzter als alles, was sie in den Zustand konkurrierender Beziehung zu den Männern brächte".[21] Mit diesem Credo übernahm die damals bereits berühmte Schriftstellerin eine

Formulierung ihres früheren Liebhabers Talleyrand, der die Deputierten der Nationalversammlung davor gewarnt hatte, sich durch allzu weitreichende Zugeständnisse bei der Mädchenerziehung die Frauen zu intellektuellen Rivalinnen zu machen. Germaine de Stael, die von ihren Freunden „der Napoleon des weiblichen Geschlechts“ genannt wurde, profitierte von ihrem Ruf, genial zu sein. Sie war die Ausnahme, die die Regel bestätigte — daß nämlich der weibliche Geist dem männlichen Verstand von Natur aus unterlegen sei. Da sie für sich, wenn auch nicht ohne psychische Kosten, intellektuelle wie sexuelle Emanzipation verwirklicht hatte, glaubte sie es sich leisten zu können, in den allgemeinen Ruf nach weiblicher Selbstbescheidung einzustimmen.

Condorcet, der an die menschliche Perfektibilität glaubte, hatte sich dafür eingesetzt, beide Geschlechter gleichermaßen in den Genuß der Vernunft wie der Führung des Gemeinwesens zu bringen. Nun aber siegte die Geschlechtertheorie der Spätaufklärung über das rationalistische Gleichheitsideal der Frühaufklärung.[22] Rousseau und die Republik verbündeten sich mit den Wünschen der revolutionären Familienväter. Für die Frauen wurde das *Naturrecht* außer Kraft gesetzt, das ihre Gleichstellung begründet hatte, und stattdessen die gesellschaftliche Arbeitsteilung zum *Naturgesetz* hypostasiert: den Frauen oblagen die kreatürlich-reproduktiven Aufgaben im privaten Bereich, den Männern die geistig-politische Kreativität in der Öffentlichkeit und im Erwerbsleben.

Dabei hatte das Verbot der Frauenclubs zunächst keineswegs das Ende der revolutionären Bewegung der Frauen des Volkes bedeutet. Sie nahmen weiterhin an den Sitzungen der politischen Gremien teil, bekundeten je nachdem ihren Unwillen oder ihre Zustimmung, trafen sich in den Kneipen und diskutierten mit ihren Nachbarinnen die politischen Ereignisse. Während der Brotrevolten des Frühjahrs 1794 führten sie das Wort und bei dem großen Volksaufstand gegen die bürgerliche Regierung, die nach dem Sturz Robespierres die Macht innehatte, waren sie die entscheidene Kraft. In den Polizeiberichten erschienen sie als die „wahren Apostel der Insurrektion“, die die Männer zur Revolte aufriefen, zum Handeln antrieben und zum Widerstand gegen die Nationalgarde ermunterten. „Brot und die Verfassung von 1793“ hieß der Schlachtruf, mit dem sie den Konvent zu sozialstaatlichen Maßnahmen zwingen wollten.

Dominique Godineau bezeichnet die Erhebung vom Mai 1795 als den Höhepunkt der „weiblichen Massenbewegung“. Er war auch ihr Ende. Nachdem die Frauen am 20. Mai gewaltsam in den Konvent eingedrungen waren und die Sitzung durch ihre Forderung nach Brot gestört hatten, beschlossen die Abgeordneten noch am gleichen Tag, Frauen den Zugang zu den Tribünen zu verbieten. Da der Aufstand trotz blutiger Repression weiterging, folgte am 24. Mai ein Dekret, das den Frauen gebot, „sich unverzüglich in ihre Wohnungen zu begeben“

und ihnen unter Androhung von Haft untersagte, „sich in Gruppen von mehr als fünf Personen auf der Straße zu versammeln." Wie wirkungsvoll dieses mit Polizeigewalt durchgesetzte Verbot war, erfahren wir wiederum aus den Polizeiberichten. Am 27. Mai heißt es: „Die Festnahme und Einkerkerung der Terroristen vollzieht sich ohne Probleme: Die Männer schauen zu und die Frauen schweigen." Am 30. Mai: „Die öffentliche Ruhe ist völlig wiederhergestellt. Die Männer sind an ihre Arbeit zurückgekehrt, die Frauen in ihre Familien. Sie schweigen über die politischen Ereignisse."[23]

Nachdem die Frauen auf diese Weise endgültig aus dem öffentlichen Leben ausgeschlossen waren, verloren sie durch den Code Napoléon von 1804 auch noch die meisten der bürgerlichen Rechte, die ihnen während der Revolution zugestanden worden waren.[24] Lediglich die Volljährigkeit mit 21 Jahren und die Erbberechtigung der Töchter blieben bestehen. Von Ausnahmefällen abgesehen standen die Frauen ihr Leben lang unter der Vormundschaft von Männern, zuerst des Vaters, dann des Gatten. Sie durften weder Urkunden allein unterzeichnen noch als Zeuginnen Akten bestätigen. Zur Eheschließung bedurften sie der Zustimmung ihres Vormunds. Das Eheverhältnis wurde so definiert, daß der Mann als Versorger auftrat und die Frau ihm Gehorsam schuldete. Über ihren Besitz durfte die Frau nur mit Erlaubnis des Mannes verfügen. Für Ehebruch wurde sie schwer bestraft, er mit einer Geldbuße belegt.

Kein Wunder, daß die Frauen sich fragten, „wozu die Revolution gut gewesen sei".[25] Olympe de Gouges hatte das Desaster vorausgesehen, als sie ihr Märchen vom weisen Fürsten mit der sarkastischen Feststellung schloß:

> Er fühlte wohl, daß die Frauen sich eines Tages als überlegen erweisen könnten. So hielt er es für besser, die Dinge in ihrem alten Zustand zu belassen. Er wollte nicht eine Revolution auslösen, die der heute stärksten Partei, nämlich den Männern, eines Tages zum Nachteil gereichen könnte.[26]

Anmerkungen

1 Zit. n.: La Grande Encyclopédie, Paris 1893, Art. FEMME, Bd. 17, S. 161

2 Zit. n.: Paule-Marie Duhet, Les femmes et la Révolution 1789 - 1794, Paris 1971, S. 186 f.

3 Zit. n.: Benoîte Groult, Le féminisme au masculin, Paris 1977, S. 57 f.

4 Vgl. zu den folgenden Ausführungen v.a.: Paule-Marie Duhet; Darline Gay Levy / Harriet Branson Applewhite / Mary Durham Johnson (Hrsg.), Women in Revolutionary Paris, Chicago 1979; Susanne Petersen, Marktweiber und Amazonen, Köln 1987; Joan B. Landes, Woman and the public sphere in the Age of the French Revolution, New York 1988; Dominique Godineau, Citoyennes Tricoteuses, Les femmes du peuple à Paris pendant la Revolution, Paris 1989

5 Renate Karst-Mattausch / Mladenka Doitchinov, Weiblichkeitsideale in der Symbolik und Bildwelt der Revolution, in: Frauen-Kunst-Wissenschaft, H. 7, Sept. 1989, S. 21

6 Eine Reihe von Beispielen ist zusammengestellt in: Cahiers de doléances des femmes en 1789, Paris 1981

7 Vgl. Elke und Hans-Christian Harten, Frauen-Kultur-Revolution 1789 - 1799, Pfaffenweiler 1989

8 Zit. n.: Godineau, S. 111

9 Aus dem Nachwort der „Erklärung der Rechte der Frau und der Bürgerin". Der vollständig dt. Text in: Aus Politik und Zeitgeschichte, Bd. 48 / 1977, S. 49 ff. und (auszugsweise, aber methodisch geschickt der „Menschen- und Bürgerrechtserklärung" von 1789 gegenübergestellt) bei Ute Gerhard, Menschenrechte-Frauenrechte 1789 in: Victoria Schmidt-Linsenhoff (Hrsg.), Sklavin oder Bürgerin? Frankfurt 1989, S. 68 f.

10 Jules Michelet, Die Frauen der Revolution, München 1984, S. 92 f.

11 Jean Rabaut, Histoire des féminismes français, Paris 1978, S. 57

12 Benoîte Groult (Hrsg.), Olympe de Gouges. Oeuvres, Paris 1986. Vorwort

13 Vgl. insbes. Hannelore Schröder / Theresia Sauter, Zur politischen Theorie des Feminismus, in: Aus Politik und Zeitgeschichte, Bd. 48 / 1977, S. 29 f.; Ruth Jung, „Meine Stimme wird sich noch aus des Grabes Tiefe Gehör zu verschaffen wissen". Olympe de Gouges — Streiterin für Frauenrechte, in: Schmidt-Linsenhoff, S. 73 f.; Christiane Brockerhoff, Feminismus und Literatur. Unveröff. Magisterarbeit, Duisburg 1990.

14 Zit. n.: Michèle Sarde, Regard sur les Françaises, Paris 1983, S. 441

15 Der — lesenswerte — Text der „Belobigung" findet sich auf deutsch in: Petersen, S. 190 f.

16 Zit. n.: Petersen, S. 221 f.

17 Ds. wie das folg. Zit.: Petersen, S. 224 f.

18 Zit. n.: Groult 1986, S. 126

19 Moniteur Universel, 19. Nov. 1793, zit. nach: Paule-Marie Duhet, S. 205

20 Walter Markov, Revolution im Zeugenstand, Leipzig 1982, Bd. 2, S. 617 f.

21 Germaine de Stael, De l'Allemagne, in: dies., Oeuvres complètes, Paris 1967, t. 2, S. 218

22 Vgl. Anm. 5 der Einleitung

23 Zit. nach: Godineau, S. 345

24 Jean Portemer, Le statut de la femme en France depuis la réformation des coutumes jusqu'à la rédaction du Code civil, in: Recueil de la Société Jean-Bodin, La Femme, Brüssel 1962, 2. Teil, Bd. 12, S. 447 f.

25 Aus einem Polizeibericht, zit. n. Duhet, S. 171

26 Zit. nach: Groult 1986, S. 227

Annette Kuhn

Der Wahn des Weibes, dem Manne gleich zu sein

Der feministische Blick auf die Gleichheit der Geschlechter

Seit über 2000 Jahren fordern Frauen ihre gesellschaftliche Gleichstellung mit dem Mann. Die zahlreichen, scheinbar vergeblichen Versuche der weiblichen Hälfte der Menschheit, diesen Gleichheitsanspruch historisch durchzusetzen, gehören zur langen Geschichte des Patriarchats. Die Gleichheit der Geschlechter – eine Wahnvorstellung? Gewiß nicht. Das Streben der Frauen, dem Manne gleich zu sein, läßt sich nicht pressen in das Bild des ewig gleichen, zum Scheitern verurteilten Bemühens des schwachen Geschlechts, das sich stets vergeblich gegen die Übermacht des Mannes zur Wehr setzt. Der Antifeminismus ist nicht eine historische Allmacht, die sich naturwüchsig durchsetzt. Dies gilt in besonderer Weise für die Französische Revolution.

1789 haben Frauen, ebenso wie Männer, eine neue Gesellschaft der Gleichheit visioniert. Die Gleichheit, die sie forderten, war aber von einer anderen Art als die der Männer; ihre Forderungen nach Anerkennung der Gleichheit der Geschlechter schloß die Beachtung der Geschlechterdifferenz ein. Was bedeutet dies konkret?

Die Wahrnehmung der Geschlechterdifferenz als eines integralen Merkmals der Frauengleichheitsforderungen von 1789 ist nicht leicht. Allzu schnell verlieren wir uns in den Fallstricken der Geschlechterideologie. Das gilt für die Frauenforschung ebenso wie für die Männerforschung. Denn innerhalb der uns allen vertrauten, theoretischen Konstrukte der bürgerlichen Gesellschaft ist es naheliegend, mit Hilfe einer Geschlechterideologie und ihren ontologischen Implikationen von der Wesensart von Mann und Frau sowohl das Verhältnis der Geschlechter als auch das spezifisch Weibliche zu denken, auch und gerade dann, wenn wir dieses Verhältnis der Geschlechter und die Frau als autonomes Subjekt unter den normativen Anspruch der Gleichheit stellen.

Diese Denkweise ist zweifellos widersprüchlich und paradox; sie bleibt in der Ideologie der bürgerlichen Gesellschaft befangen, die die Trennung von Öffentlich und Privat zur Prämisse hat und die soziale

Ungleichheit der Geschlechter als strukturelles Moment unserer Gesellschaft widerspiegelt und verdeckt. Mit dieser Schere im Kopf, die das Öffentliche und das Private, das scheinbar Männliche und das scheinbar Weibliche der erfahrenen Realität zum Trotz immer wieder zerschneidet und sexistisch verformt, gelingt es uns nur schwer, die Spezifik der Gleichheitsforderungen der Frauen in diesen Jahren der Transformation von einer vor-bürgerlichen zu einer bürgerlichen Gesellschaft zu erfassen und als konstitutives Moment der postulierten Gleichheit der Geschlechter zu begreifen, ohne in Weiblichkeitsideologien zu verfallen. Allerdings ist es gerade wegen dieser Problematik der Verblendung durch die männlich-bürgerliche Begriffswelt reizvoll und lohnend, bei der Genese der Gleichheitsvorstellungen im Sinne der bürgerlichen Gesellschaft dieser Spezifik der Frauenforderungen nach Gleichheit und Subjekt-Sein nachzuspüren.

Aufgrund der beschriebenen Schwierigkeiten haben wir es hier mit einer frauenspezifischen Fragestellung zu tun, die auch ein spezifisches Vorgehen erfordert – einen feministischen Blick auf die Gleichheit der Geschlechter. Daher beginnen wir mit der Frage: Worin unterschied sich im Jahre 1789 die Geburtsstunde der Bürgerin von der des Bürgers? Haben wir es 1789 mit einer Wahnvorstellung des Weibes, dem Manne gleich zu sein, zu tun oder mit der realen, historischen Möglichkeit, im revolutionären Umbruch von 1789 einer Gesellschaft der sozialen Gleichheit der Geschlechter näher zu kommen?

Angesichts des radikalen Scheiterns der Frauenforderungen nach sozialer Gleichheit mit dem Mann im Gefolge der Französischen Revolution hat diese Frage allerdings nicht nur eine historische, sondern vor allem auch eine zukunftsorientierte, utopische Dimension. Denn Frauen waren nur für wenige Augenblicke in den Jahren zwischen 1789 und 1793 Bürgerinnen aus eigenem Recht. Nach dem Frauenausschluß aus der politischen Öffentlichkeit im Herbst 1793, der repressiven Gesetzgebung von 1795 und der Rücknahme der liberalen Familien- und Ehegesetzgebung von 1792 unter der Thermidorherrschaft und unter Napoleon war den Frauen die gesellschaftliche Basis ihres Bürgerinnenseins vollkommen entzogen. Angesichts dieser neuen Entrechtung der Frauen verweist die Frage nach der Bürgerin auf den revolutionären Gehalt der Frauenforderungen von 1789 und auf die heute noch uneingelösten Chancen der gesellschaftlichen Gleichheit von Frau und Mann.

Mit diesem Rückblick auf die Bürgerin von 1789 wiederholen wir die Frage, die Olympe de Gouges, eine der ersten Verfechterinnen der bürgerlichen und der feministischen Gleichheitsidee, im Jahre 1791 stellte. Den Männern des Dritten Standes warf sie vor, die Früchte der Revolution allein für sich ernten zu wollen. Ihre und unsere Frage lautet: „Männer, seid ihr fähig gerecht zu sein? Eine Frau stellt Euch diese Frage". Nicht nur die Spezifik der Frauengleichheitsforderung, sondern auch die gesellschaftliche Dimension ihres Gleichheitspostulats steht zur Diskussion. War die Frauenperspektive der Gleichheit als einer sozialen Gleichheit der Geschlechter der Konzeption der Männer von der künftigen bürgerlichen Gesellschaft überlegen? Stellte sie eine Alternative zur Trennung von öffentlicher und privater Sphäre und der hiermit hervorgerufenen strukturellen Ungleichheit der Geschlechter dar? Kurzum: War sie gerechter?

Methodisch gehen wir in einer dreifachen Weise vor. Zunächst suchen wir nach der Spezifik der Selbstdefinition der Bürgerin. Worin unterscheidet sie sich von der des Bürgers? Antworten suchen wir in den Selbstzeugnissen von Frauen, vor allem in den Petitionen und Beschwerdeschriften der Frauen des Dritten Standes aus dem Jahre 1789. Die öffentliche Demonstration des Frauenanspruchs kommt allerdings weniger in den schriftlichen Äußerungen als in dem Verhalten der Frauen auf den Marktplätzen, vor den Bäckerläden und in den Brot- und Lebensmittelaufständen zum Ausdruck. Daher wird auf dem Hintergrund des Prozesses der Politisierung der Subsistenzfrage durch den Marsch der Frauen nach Versailles im Herbst 1789 die Frage nach der Geburtsstunde und den Geburtsumständen der Bürgerin von 1789 noch einmal aufgegriffen. Der Aufstand vom 5./6. Oktober 1789 ist freilich nur ein Vorspiel zur Subsistenzpolitik der Frauen im weiteren revolutionären Prozeß der Jahre 1792 und 1793. Dennoch wird hier schon das Grundmuster der Selbstdefinition und der Gesellschaftskonzeption der Frauen als Bürgerin erkennbar.

Mit dieser zweiten Fragestellung verbindet sich die letzte Überlegung nach den Grenzen der Politisierung der Subsistenzfrage und den Realisierungsmöglichkeiten der autonomen Bürgerin. Verliefen die Grenzen der Politisierung der Subsistenzfrage in erster Linie entlang der Geschlechterproblematik? War der Frauenanspruch auf Gleichheit, den wir an der Frauensubsistenzpolitik erkennen, gleichbedeutend mit der Forderung nach einer gesellschaftlichen Neuordnung der Geschlechterverhältnisse?

Mit dieser letzten Frage gelangen wir zum heute relevanten, gesamtgesellschaftlichen Kern der Frauengleichheitsforderung. Bot die Frauensicht der Gleichheit eine Alternative zur halbierten, allein auf den Mann bezogenen bürgerlichen Gleichheitsforderung von 1789?

Die Gleichheit der Frau als Bürgerin

In einer Petition der Frauen des Dritten Standes an den König vom 1. Januar 1789 stellten die Bittstellerinnen, die Frauen des Dritten Standes, die Frage: „Könnten die Frauen, die dauernd Gegenstand der Bewunderung und der Verachtung der Männer sind, könnten die Frauen in dieser allgemeinen Aufregung nicht auch ihre Stimme ertönen lassen?"[1] Gewiß: eine rhetorische Frage. Denn Frauen des Dritten Standes waren, ähnlich wie die Männer, entschlossen, wie es in dieser Petition weiter hieß, „die letzten Ketten, die sie noch an einen herrischen Rest von Feudalität binden, abzuschütteln".

Die „Jahrhunderte der Knechtschaft" hatten aber nach der Selbstdarstellung der Frauen des Dritten Standes im Gegensatz zur Gleichheitsidee der Männer stets einen doppelten Aspekt. Für sie galt es, die „herrischen Reste der Feudalität" sowohl im Sinne der alten Ständeordnung als auch im Sinne der innerfamilialen Despotie der Männer zu überwinden. Diese beiden Forderungen gehörten für sie zusammen, sie waren die zwei Seiten der gleichen Medaille. Männliche Herrschaft im familialen Bereich und im öffentlichen Raum waren für Frauen des Dritten Standes ununterscheidbar. Die familialen Konflikte in der vorrevolutionären Gesellschaft waren immer auch öffentlich, eine Sache der Verwandtschaft, der Nachbarschaft und des Königs.[2]

Auch in der formativen Phase der bürgerlichen Gesellschaft, der Geburtsstunde des Bürgers und der Bürgerin, gab es keine eindeutige Grenzlinie zwischen der männlichen Despotie in der Familie und in der Öffentlichkeit. Allerdings waren es nur die Frauen, die diesen doppelten, sozialen und geschlechtsspezifischen Aspekt ungeschieden auch auf die neuen Gleichheitsvorstellungen übertrugen. Ein nicht datiertes „Gesuch der Frauen an die Nationalversammlung" begann mit den Forderungen: „1. Alle Privilegien des männlichen Geschlechts sind in ganz Frankreich vollständig und unwiderruflich aufgehoben. 2. Das weibliche Geschlecht wird für immer die gleiche Freiheit, die gleichen Rechte und die gleichen Ehren genießen wie das männliche Geschlecht".[3]

Dieses frauenspezifische Merkmal der Gleichheitsforderung schlug sich in den vielen Darstellungen der citoyenne im Jahre 1789 nieder. Die Frau des Dritten Standes wurde zwar, ähnlich wie der Bürger, auf dem Rücken der privilegierten Stände des Klerus und des Adels reitend dargestellt. Doch saß die neue Bürgerin jetzt nicht nur — wie der Bürger — oben. Auf dem gekrümmten Rücken der Ordensfrau und der adligen Dame sitzend, behielt sie ihre traditionellen weiblichen Attribute weiterhin fest in der Hand. In allen Darstellungen zur Charakterisierung dieser neuen antifeudalen, bürgerlichen Ordnung der Frau trägt die Bürgerin auf dem Arm ein Kind und in der Hand die Spindel, die beiden Wahrzeichen ihres Geschlechts und ihrer Macht. Die Bürgerin verstand sich weiterhin als eine Frau, die sich nicht die Fäden aus der Hand nehmen ließ. Zwar galt auch für sie im Geiste der Aufklärung das Wort von Rousseau: „Der Mensch ist frei geboren". Ihre Forderungen nach Gleichheit beruhten sogar auf dieser revolutionären Annahme. Der Ruf, die Frau ist frei geboren, bedeutete aber für die Frauen des Dritten Standes nicht ihre Verwandlung in ein abstraktes, von allen sozialen Bindungen losgelöstes Individuum. Entsprechend hatte die

Gleichheitsforderung der Frau immer auch eine soziale Qualität. Gleichheit hieß für die Frauen des Dritten Standes die Möglichkeit, ihre sozialen Freiheitsvorstellungen gleichermaßen im öffentlichen und privaten Raum zu realisieren.

Auch die Fiktion der Geschlechterneutralität, die dem abstrakten Gleichheitsdenken der bürgerlichen Gesellschaft eigen ist, war den Frauen des Dritten Standes fremd. Geschlechtsneutralität wurde von ihnen als Schande angesehen. Daher forderten sie z.B., daß ein Soldat als Zeichen der Entehrung nicht mehr gezwungen werden dürfe, Frauenkleider zu tragen. „... da beide Geschlechter vor den Augen der Menschheit gleichermaßen würdig sind, wird man sich von nun an damit zufriedengeben, ihn [den entehrten Soldaten] zu bestrafen, indem man ihn zum *neutralen Geschlecht* erklärt."[4]

Frauen, die 1789 ihre Gleichheitsforderungen vor dem König bzw. vor der Nationalversammlung vorbrachten, verstanden sich auch als die kompetenteren Anwältinnen der neuen politischen Ideen der Gleichheit. In der einer Madame la M. de M. zugeschriebenen Schrift vom 1. November 1789, betitelt „Etrennes nationales de Dames", hieß es:

> Bringen wir die Männer wieder auf ihren Weg, dulden wir es nicht, daß sie uns mit ihren Systemen der Gleichheit und Freiheit, mit ihren Erklärungen der Rechte im Zustand der Unterlegenheit lassen, sagen wir die Wahrheit: im Stand der Sklaverei, in dem sie uns seit so langer Zeit festhalten. ... Wenn sich irgendwelche Gatten finden sollten, die in ihrem Haus aristokratisch genug sind, um sich der Teilung der patriotischen Pflichten und Ehren zu widersetzen, die wir einklagen, dann werden wir uns ihnen gegenüber der Waffen bedienen, die sie mit soviel Erfolg gegen uns angewandt haben.[5]

Die Schrift der unbekannten Madame la M. de M. ist in mehrerer Hinsicht bemerkenswert. Madame la M. de M. forderte nicht nur weitreichende Rechte wie das Wahlrecht für Frauen. Eine Frau wie Olympe de Gouges hat auf diesem Hintergrund keineswegs eine ungewöhnliche Forderung aufgestellt, als sie 1791 die Rechte der Frau und der Bürgerin einklagte. Olympe de Gouges Einschätzung der männlichen Beschränktheit der Menschen- und Bürgerrechte von 1789 entsprach vielmehr einer unter den Frauen verbreiteten Ansicht. Auch andere Frauen, wie die anonyme Madame la M. de M., vertraten die Meinung:

> Nur der Mann hat sich aus der Ausnahme ein Prinzip zurechtgeschneidert. Extravagant, blind, von den Wissenschaften aufgeblasen und degeneriert, will er in diesem Jahrhundert der Aufklärung und Scharfsichtigkeit, doch in krassester Unwissenheit, despotisch über ein Geschlecht befehlen, das alle intellektuellen Fähigkeiten besitzt. Er möchte von der Revolution profitieren, er verlangt sein Anrecht auf Gleichheit ...[6]

In selbstbewußter Weise verstanden sich die Frauen des Dritten Standes als Bürgerinnen in ihrer doppelten Eigenschaft als selbständige Erwerbstätige (Ladenbesitzerinnen, Verkäuferinnen, Handwerkerinnen, Blumenbinderinnen usw.) wie als auf die eigene Selbständigkeit bedachte Familienfrauen, als Ehefrauen, Mütter, Töchter, Witwen.[7] In den Petitionen hieß es in einem Atemzug: „Wir sind Handwerkerinnen, wir sind Bürgerinnen, wir sind entweder Mütter oder Schwestern oder Witwen von Handwerkern".[8] Aus dieser doppelten Eigenschaft leiteten sie auch die konkreten Forderungen ab, die erst ihre soziale Gleichheit mit den Männern ermöglichen sollten. In den Beschwerdeschriften beklagten sich die Frauen des Dritten Standes über ihre schlechte Ausbildung, ihre schlechten Berufsaussichten, ihre schlechte Bezahlung, ihre rechtliche Ungleichstellung in der Ehe und Familie und über die unehrenvolle Zwangssituation, die sie als Frauen entweder in eine ungewollte Ehe oder in die Prostitution trieb.

> Die Frauen des Dritten Standes werden fast alle ohne Vermögen geboren. Ihre Erziehung ist sehr vernachlässigt und schlecht. ... Mit 15 oder 16 Jahren können sie 5 oder 6 Sous am Tag verdienen. Wenn die Natur ihnen die Schönheit verweigert hat, heiraten sie ohne Aussteuer arme Handwerker, vegetieren mühsam in der tiefsten Provinz vor sich hin und schenken Kindern das Leben, die sie nicht aufziehen können. Wenn sie aber hübsch geboren werden, ohne Bildung, ohne Prinzipien, ohne Vorstellung von Moral, dann werden sie das Opfer des erstbesten Verführers, begehen einen ersten Fehltritt, kommen dann nach Paris, um ihre Schande hier zu verstecken, verlieren ihre Ehre völlig und sterben als Opfer der Libertinage.[9]

Die Frauen des Dritten Standes forderten den Schutz der traditionellen Frauenberufe vor der männlichen Konkurrenz: „Man soll uns wenigstens Nadel und Spindel lassen". Zugleich verlangten sie eine Reform des Vermögensrechtes: volljährige Frauen sollen über ihr Vermögen verfügen, Mädchen ihren Brüdern erbrechtlich gleichgestellt werden. In einer B. B. unterzeichneten Bittschrift wurde die Zulassung von Frauen zu den Generalständen gefordert, damit Frauen hier ihre eigenen Interessen vertreten könnten.

Der Status der Frau als Bürgerin wurde in den Petitionen und Beschwerdeschriften der Frauen des Dritten Standes von 1789 eindeutig beschrieben. Ökonomische Selbständigkeit, Bildung und die Möglichkeit der freien Partnerwahl bildeten für sie die Grundlage ihrer Gleichheit als Bürgerin. Während der alte Zustand heftig kritisiert wurde, galten diese Rechte als Garanten eines neuen Zeitalters der Tugend und der Sittlichkeit. Auch die Forderungen nach einer Garantie überkommener Frauenberufe, nach „Nadel und Spindel", können nicht einfach als eine gegen die technischen Neuerungen gerichtete, traditionelle oder gar re-aktionäre Frauenhaltung abgetan werden. Die Schneiderin, die Stickerin, die Kleiderhändlerin waren sich allzu sehr ihrer Existenzbedrohung und ihres begrenzten Handlungsspielraums bewußt. Daher waren sie auch zu Konzessionen bereit: „Man soll uns wenigstens die Nadel und den Klöppel lassen, und wir verpflichten uns, niemals den Kompaß oder das Winkelmaß zu benützen".[10] Sie stellten aber zugleich die Forderung nach Lohngleichheit, wohl wissend, daß gerade diese Forderung im krassesten Widerspruch zur gesellschaftlichen Wirklichkeit stand. Dem Tagelohn einer Arbeiterin von 5 oder 6 Sous stand 1789 der Durchschnittslohn von 20 bis 30 Sous pro Tag bei den Männern gegenüber. Nach der Berechnung der Nationalversammlung von 1790 erhielt im Durchschnitt der Arbeiter 26 Sous, die Arbeiterin dagegen 15 Sous und die Spinnerin nur 9 Sous für einen Arbeitstag. Damit waren Frauen nicht nur benachteiligt. Vielmehr war hiermit zum einen die traditionelle Wirtschaftsbasis der alten Gesellschaft, die in der Familienökonomie und der gemeinsamen Arbeit aller Familienmitglieder bestand, in Frage gestellt. Zum anderen gab es keine Chance der wirtschaftlichen Selbständigkeit für die breite Masse der Frauen. Während der Arbeiter von seinem Lohn (mehr schlecht als recht) alleine leben konnte, traf diese Möglichkeit für die Arbeiterin nicht zu. 20 Sous galt um 1790 als das Existenzminimum für eine Person. Eine abstrakte, von ihren Lebensbedingungen abgehobene Forderung nach Gleichheit war unter diesen Umständen für die Frauen wenig nützlich.

Auf diesem Hintergrund verwundert es nicht, daß die Selbstdefinitionen der Frau als Bürgerin im Jahre 1789 im Widerspruch zur Selbstdefinition des Bürgers und zu den gesellschaftlichen Vorstellungen und Interessen des Mannes standen. Auf die Frage: „Was ist der Dritte Stand?“ hatte 1789 Abbé Sieyès die sehr selbstbewußte, männliche Antwort gegeben: „Alles“. Er schloß dabei aber nicht nur die Arbeiter und die Bauern, sondern ausdrücklich auch die Frauen aus. Die neue Nation, für ihn gleichbedeutend mit dem Dritten Stand, faßte er zusammen in dem Bild des starken und robusten Mannes: „Wer würde es wagen zu behaupten, daß der tiers état nicht alles besitzt, was zur Bildung einer vollständigen Nation notwendig ist? Er ist der starke und robuste Mann, von dem noch ein Arm angekettet ist. ... Nichts kann ohne ihn vorangehen, alles ginge unendlich viel besser ohne die anderen ...“[11]

Der männlichen Definition des neuen Bürgertums im Jahre 1789, die die Frau als Bürgerin ausschloß, sie aber als unsichtbare Hausfrau voraussetzte und die neue politische Figur der Pseudobürgerin von Ehemanns Gnaden vorwegnahm, stand bei der Einberufung der Generalstände und der Konstitution der Nationalversammlung ein frauenpolitisches Selbstbewußtsein und eine frauenpolitische Programmatik gegenüber. Frauen scheuten sich nicht, die männliche Beschränktheit des Dritten Standes, der sich zum Ganzen der Nation erklärte, bloßzustellen:

> Ihr habt alle alten Vorurteile zerstört, aber ihr laßt das älteste und allgemeinste bestehen, durch welches die Hälfte der Einwohner des Königreiches von Ämtern, Würden und Ehren und vor allem vom Recht, in eurer Mitte zu tagen, ausgeschlossen ist. Was denn, ihr habt die gleichen Rechte für alle verkündet, ihr habt erklärt, daß der bescheidene Bewohner einer Strohhütte den Prinzen und Göttern dieser Erde gleich sei ... Ihr habt das Zepter des Despotismus zerbrochen ... und täglich duldet ihr, daß dreizehn Millionen Sklavinnen von dreizehn Millionen Despoten in Ketten gehen.

Aufbruch nach Versailles

Diese Selbstdefinition der Frau als Bürgerin läßt Gedanken der Aufklärung erkennen. Das frühaufklärerische Angebot der gegen die Feudalwelt gerichteten Idee der Gleichheit, die auch die Frau einschloß, war unter den Frauen des Dritten Standes lebendig. Allerdings darf diese Tradition eines egalitären Frauenbildes[12], deren geschlechtsspezifische Abstraktionen und Verengungen Frauen selbst kritisierten und das schon bei J. J. Rousseau in seinem egalitären Gehalt zurückgenommen wurde, nicht überschätzt werden. Wichtiger waren die konkreten Frauenerfahrungen, die 1789 zur Definition der Bürgerin und Patriotin führten. Diese Selbstdefinition implizierte noch nicht den Rückzug der Frauen auf den familialen Innenraum. Sie stellte vielmehr zunächst noch eine Weigerung dar, neue Grenzlinien zwischen dem öffentlichen und privaten Bereich zuzulassen.

Frauen vertraten 1789 ihr Bürgerrecht nicht als isolierbare, von den Reproduktionsbedingungen der Gesellschaft losgelöste Individuen, sondern als soziale Individuen, als Mütter, als Ehefrauen, als Töchter und Schwestern und als Bürgerinnen. Damit deutet sich nicht nur eine andere weibliche Theorie des bürgerlichen Subjekts an. Auch die gesellschaftliche Sprengkraft des Selbstanspruches der Frau als Bürgerin wird erkennbar.

Die gesellschaftlichen Implikationen des neuen Anspruchs der Frau als Bürgerin

Der Marsch der Frauen nach Versailles am 5./6. Oktober stellte eine neue Stufe im revolutionären Prozeß der Konstituierung der Bürgerin im Jahre 1789 dar. Allerdings wird in der Historiographie dieses

Rückkehr der Pariser Marktfrauen und der Nationalgarde nach Paris 1789

Ereignis nicht so sehr als ein Frauen-, sondern eher als ein von der Geschlechterfrage und der Geschlechterpolitik losgelöster Volksaufstand gewürdigt. Nach den Historikern Soboul und Markov hat „der Volksaufstand [vom 5./6. Oktober] den Triumph der Bourgeoisie gesichert. Dank der großen Tage im Juli und Oktober waren die Ansätze der Gegenrevolution zerschlagen worden.“[13] George Lefebvre urteilt in ähnlicher Weise: „Indem die Oktobertage die Ratifizierung der Augustdekrete bewirkten, hatten sie das Ende des Ancien régime besiegelt, und nichts hat diese alte Ordnung wieder auferstehen lassen. Die Revolution von 1789 jedenfalls war vollendet.“[14]

Frauen ergriffen am 5. Oktober die Initiative. Sie strömten aus dem Arbeitervorort St. Antoine in Richtung des Rathauses, um Brot zu fordern. Marktfrauen aus den Pariser Hallen schlossen sich dem Zug an. Da sie hier keinen Erfolg hatten, drangen die Frauen ins Rathaus, beschafften sich Waffen und setzten den Gerichtsboten Maillard an die Spitze ihres Zuges nach Versailles. Frauen aller Stände schlossen sich an. Die Männer folgten. Es wird berichtet, daß sich der Zug um 8000 bis 10000 Personen, vorwiegend Frauen, vergrößerte. Gegen 17 Uhr erreichten die Frauen, hungrig und durchnäßt, Versailles. Die Marktfrau Marie-Louise Lenoël, die am Marsch teilnahm und zu den zwölf Frauen gehörte, die der Nationalversammlung die Forderung der Frauen überbrachte, schrieb noch im Oktober 1789 hierzu: Die Frauen seien „fest entschlossen, nicht von der Stelle zu weichen, bis die Sache nicht ein für allemal zu Ende gebracht war“. Sie schloß ihren Bericht mit der Beschreibung des Triumphzuges der Frauen nach Paris: „Wir Bürgerinnen wurden, geschmückt mit Ruhm, auf Kosten seiner Majestät im Wagen zum Pariser Rathaus zurückgebracht, wo wir wie die Befreierinnen der Hauptstadt empfangen wurden.“[15]

In zahlreichen zeitgenössischen Druckerzeugnissen wurden die Frauen des 5./6. Oktober als nationale Heldinnen gefeiert. Unter der Überschrift: „Avant-Garde des Femmes allant à Versailles" finden wir auf einem anonymen Druck eine Darstellung der Frauen des Zuges: mit Piken, Heugabeln, Äxten und anderen Waffen, das Banner der Gerechtigkeit vorantragend und die Freiheitsmützen auf dem Kopf. Der Zug wurde als ein geordneter Marsch dargestellt; die Frauen erschienen als die Verkörperung der Freiheit und der Gerechtigkeit.[16] Auch die selbstbewußten Verhandlungen der Frauen mit den Abgeordneten der Nationalversammlung am 6. Oktober wurden immer wieder in populären Drucken abgebildet. Sie erschienen hier als die Verkörperung des allgemeinen Volkswillens. Aus eigener Machtvollkommenheit übten sie ihre Rechte als Bürgerinnen aus. In einem anonymen Flugblatt mit dem Titel „Les Héroines de Paris" hieß es: „Unsere Freiheit ist wieder erstarkt. Und es waren die Frauen, die sie uns wiedergegeben haben. Zu welch unsterblicher Ehre haben es diese Frauen gebracht und mit welcher Ordnung und welchem Mut ..."[17]

Von den Anhängern der Revolution wurde der Sieg der Frauen vom 5./6. Oktober als Sieg des Volkes gefeiert. Der König hatte noch am Abend des 5. Oktober zwei Dekrete unterzeichnet, worin er die Sicherung der Getreideversorgung von Paris, die Annahme der Verfassung und der Erklärung der Menschenrechte ohne Bedingungen garantierte. Marie-Louise Lenoël konnte mit Befriedigung feststellen: „Dieses Ereignis muß die Pläne der heutigen und künftigen Aristokraten zunichte machen".[18] In Paris brach der Jubel aus: „Es ist ein Fest für die guten Pariser, endlich ihren König zu besitzen. Seine Gegenwart wird sehr rasch das Antlitz der Dinge ändern. Das arme Volk wird nicht mehr Hungers sterben", hieß es im „Ami du Peuple".[19]

Die Huldigung der Frauen vom 5./6. Oktober hielt nicht lange an. In der royalistischen Presse wurden sie als Furien, als wilde und betrunkene Weiber, verunglimpft. Aber auch unter den Männern und Frauen des Bürgertums setzten schnell die Lächerlichmachung oder das Totschweigen ein. In ihrer Schrift zur „Rettung der Königin" von 1793 zeichnete Madame de Staël die Frauen des 6. Oktober nur als eine brüllende, wütende Menge. Nicht die Frauen des 6. Oktober, sondern die Königin sollte zur neuen Identifikationsfigur der „Bürgerin" werden.[20] Die in den Oktobertagen 1789 gefeierte Solidarität des Volkes und der Frauen untereinander wurde sehr schnell im Revolutionsverlauf und in der späteren Historiographie vergessen. Dem romantisierenden, von Antifeminismus keineswegs freien Michelet blieb es vorbehalten, die Frauen des 6. Oktober als Heldinnen zu feiern: „Die Frauen haben das Königtum selbst überwunden, haben es in die Hände von Paris, das heißt der Revolution, gebracht".[21]

Allerdings boten die Ereignisse des 5./6. Oktober der Wissenschaft keinen Anlaß, über das Verhältnis von sozialer Bewegung und Geschlechterbeziehungen, über die soziale Struktur der Geschlechterverhältnisse oder über die Leistungsgrenzen der Familienökonomie und das Verhältnis von Familienökonomie und Marktökonomie nachzudenken.[22] Soboul verstand zwar „den Hunger [als] die ständige Triebfeder für die revolutionäre Bewegung der Massen".[23] Hunger war aber für ihn kein vollwertiges politisches Handlungsmotiv. Warum eigentlich nicht? Ist das Stillen des Hungers auch für ihn nur eine Frauensache?

Aufgrund der künstlichen Trennung zwischen sozialer und politischer Handlungsweise und der Nichtbeachtung der Geschlechterfrage in der männlichen Geschichtsschreibung sind die Urteile über den 5./6. Oktober in diesem Schrifttum von einer merkwürdigen Inkonsistenz. Nach Markov hinterläßt der 5./6. Oktober einen „verworrenen Eindruck", nicht frei von „komischen Zwischenfällen". Die schöne Lütticherin (gemeint ist Théroigne de Méricourt) habe „die Masse in Schwung" gebracht[24]; – eine unzutreffende Aussage, da Théroigne de Méricourt am Marsch selbst nicht teilnahm.[25] Aber auch die gründliche Beschäftigung mit dem 5./6. Oktober bei Rudé führt nicht zu einem befriedigenden Ergebnis. Auch er mißt der Brotfrage kein eigentliches politisches Gewicht bei. Er gelangt zum Schluß, daß das Frauenhandeln vom 5./6. Oktober unpolitisch bzw. vorpolitisch sei, ohne Plan und erkennbare Absichten, eine spontane Aktion, „nur" aus der sozialen Not geboren.[26]

Der Widerspruch ist in der männlichen Geschichtssicht offensichtlich: am 5./6. Oktober wurden zwar die Ansätze der Gegenrevolution erfolgreich zerschlagen; das Frauenhandeln bleibt aber nach diesen Urteilskriterien unpolitisch.

Versuchen wir dagegen eine Einschätzung des 5./6. Oktobers, die dem politischen Gehalt der Frauenforderungen in dieser formativen Phase der bürgerlichen Gesellschaft Rechnung trägt. Hier ist die Frauengeschichtsforschung zu neuen und anderen Erkenntnissen gelangt. Danach ist das Verhalten der Frauen am 5./6. Oktober als eine „Demonstration weiblicher politischer Macht [zu deuten], die von enormer Bedeutung für die Entwicklung der Volkssouveränität während der Revolution war".[27]

Der Marsch der Frauen nach Versailles stand zweifellos in der Tradition des öffentlichen Frauenhandelns. In Zeiten der Not war es im Ancien régime üblich, daß sich Frauenabordnungen zum König begaben. Dieses Verhalten verstärkte sich nach der Einberufung der Generalstände. Im Monat August wurden nicht weniger als 60 Frauenabordnungen gezählt. Das äußere Erscheinungsbild des Frauenmarsches vom 5./6. Oktober, sei es die geordneten Kolonnen oder die karnevaleske Stimmung, entsprach auch dieser Tradition. Der Triumphzug der Frauen zurück nach Paris, die Pappelzweige schwangen, Brotlaibe auf die Bajonette der Nationalgardisten steckten und ausriefen: „Wir bringen den Bäcker, die Bäckersfrau und den Bäckerjungen", bewegte sich noch in diesem traditionellen Rahmen. Und dennoch: ein neues, politisches Element ist hier nicht zu verkennen.

Die Rahmenbedingungen hatten sich seit dem Herbst 1789 grundlegend geändert. Die Königsfamilie war nicht mehr der von Gottes Gnaden legitimierte Garant des Rechts des Volkes auf Brot; der „Bäcker" war jetzt in der Macht der Frauen und Männer des Volkes. Die Regelung der Subsistenzfrage oblag nunmehr der neuen politischen Instanz, der Nationalversammlung.

Indem die Frauen des 5./6. Oktober diese Situation herbeigeführt hatten, haben sie der Brotfrage eine neue politische Dimension verliehen. Ihnen war eine Politisierung der Subsistenzfrage unter den Bedingungen des revolutionären Kampfes des Bürgertums um die politische Macht gelungen. Damit wurde aber auch die Frage nach der Verantwortung der Geschlechter für die Subsistenz politisiert. Die Geschlechterfrage und der Geschlechtergegensatz traten somit unwillkürlich in den Vordergrund.

Weder im Ancien régime noch zu Beginn der Revolution war die Brotfrage eine privatisierbare Sache der Hausfrau. Die politische Bedeutung des Brotes, des Hauptnahrungsmittels der breiten Masse der Bevölkerung, kann nicht unterschätzt werden. Nach der schlechten Ernte und den hohen Getreidepreisen im Herbst 1789 wurden 50 bis 90 % des Lohnes für Brot ausgegeben. Für die Frauen, die die Hauptverantwortung für die Versorgung der Familie trugen und die am stärksten unter der generellen Krise der Familienökonomie litten, war die Festsetzung des Getreidepreises am 5. Oktober ein politischer Sieg. Die politischen Implikationen gingen aber über die Festsetzung des gerechten Preises, ein traditionelles Vorrecht der Frauen in Notzeiten, hinaus. Zum einen war die Festsetzung des Getreidepreises von der Forderung der Frauen nach der Anerkennung der Beschlüsse der Nationalversammlung durch den König nicht zu trennen. Als ein königlicher Provokateur den Frauen am 5. Oktober Brot versprach, falls sie darauf hinwirkten, daß sich die Nationalversammlung auflöse, lehnten sie dieses Angebot ab. Sie forderten Brot, aber „nicht um den Preis der Freiheit".[28] Die Subsistenzpolitik der Frauen hatte noch eine andere, geschlechterpolitische Dimension. Die Zukunft der Familienökonomie und ihrer Ordnung der Geschlechterbeziehungen standen ebenso zur Diskussion wie die Zukunft der Marktwirtschaft.

Frauen waren im Oktober 1789 entscheidend an der Redefinition des Bürgerschaft-Begriffes beteiligt. Die Historikerinnen Levy, Applewhite und Johnson fassen das neue Bürgerbewußtsein der Frauen mit den Worten zusammen: „They were beginning to transform themselves into citoyennes".[29] Diesem neuen bürgerlichen Bewußtsein der Frauen lag aber ein Konzept der Gleichheit innerhalb der neuen bürgerlichen Gesellschaft zugrunde, das mit den Vorstellungen des männlichen Bürgertums immer weniger in Einklang zu bringen war.

Der Wahn des Weibes von der Geschlechtergleichheit und der weibliche Traum von einer Neuordnung der Geschlechterbeziehungen

Unser Versuch galt dem anderen Blick auf die Geburtsstunde des Bürgertums. Durch eine feministische Sichtweise sollte die Grenze zwischen dem Wahn des Weibes, dem Manne gleich zu sein, und den historischen Verwirklichungsmöglichkeiten einer größeren sozialen Gleichheit zwischen den Geschlechtern sichtbar werden. Wie sind die Gleichheitsforderungen der Frauen von 1789 einzuschätzen?

Mit Blick auf die Veränderungsvorstellungen der Frauen in der Französischen Revolution und des neuen Feminismus von 1789 liegen in der Forschung sehr weitreichende Aussagen vor. Die amerikanische Historikerin Jane Abray sieht in den Forderungen der Feministinnen kulturelle Konsequenzen, die über die Folgen der Abschaffung der Monarchie weit hinausgingen. „They [die Feministinnen] demanded changes that, if effected, would have altered the character of French civilization far more than did the abolition of the monarchy."[30] In ähnlicher Weise urteilen die Historiker Harten: Die Durchsetzung der Frauenforderungen würde „nicht nur die weibliche, es würde auch die männliche Kultur umwälzen".[31] Worin lag aber das Umwälzende der Frauenforderungen? Und wie steht es mit der Grenze zwischen Wahn und Wirklichkeit?

Fassen wir unsere Ergebnisse zusammen, so zeichneten sich die Gleichheitsvorstellungen von Frauen zu Beginn der Revolution in zweierlei Hinsicht aus. Die Selbstdefinition der Frau als Bürgerin schloß stets ihren familialen Status ein. Aus dieser spezifischen, in der Familienökonomie verwurzelten Selbstdefinition der Frau als Bürgerin ging auch ihre spezifische Politik hervor als eine von Frauen angeführte Subsistenzpolitik. In diesem Sinne hatte das neue „bürgerliche" Bewußtsein der Frauen eine andere politische Qualität als die des Mannes. Sie enthielt auch andere Implikationen in Hinblick auf das künftige Verhältnis der Geschlechter.

Es gehört zu den Widersprüchen der Entstehung der bürgerlichen Gesellschaft, daß die Frauen, die aus ihrer Verwurzelung in der Familienökonomie zur Speerspitze der Revolution wurden und wesentlich zur Durchsetzung der neuen bürgerlichen Gesellschaft beitrugen, gerade von dieser neuen politischen Öffentlichkeit ausgeschlossen wurden. Sie wurden weder zur Nationalversammlung zugelassen noch als Bürgerinnen in der Erklärung der Menschen- und Bürgerrechte anerkannt. Die gesellschaftlichen Ursachen dieses Widerspruches traten aber erst in den Frauengleichheitsforderungen und in der Frauensubsistenzpolitik hervor. Die Frauenpolitik von 1789 und das neue Bewußtsein der Frau als Bürgerin waren von der Krise der Familie und der

Familienökonomie, die 1789 in ein akutes Stadium geriet, nicht zu trennen. Die Politisierung der Subsistenzfrage war die Frauenantwort auf diese Krise. Sie bleibt eine bemerkenswerte politische Leistung der Frauen, der aber in der Retrospektive der Rang einer politischen Aktion abgesprochen wurde. Die Politisierung der Brotfrage gelang auch nur zu einem gewissen Grad. Sie scheiterte als politische Alternative an der Geschlechterfrage. Der Politisierung der Subsistenzfrage durch die Frauen, die wir am 5./6. Oktober beobachtet haben und die im Jahre 1793 einen neuen Höhepunkt erreichte, stand eine von den Männern betriebene Politik der Ent-Politisierung, d.h. der Privatisierung der Subsistenzfrage gegenüber, die letztendlich, spätestens im Jahre 1795, den Sieg davontrug. Erst mit dieser Entpolitisierung der Subsistenzfrage setzte sich das neue Ideal der Hausfrau politisch durch.

O. Hufton hat zu Recht betont, daß wir die Verbundenheit der Frauen mit der Revolution erst dann richtig einschätzen können, wenn wir ihre Rolle in der Familienökonomie begreifen. Die Familienökonomie war nach O. Hufton die „natürliche Wirtschaftsweise".[32] Die Familie benötigte die Arbeit aller Mitglieder, um als Ganzes bestehen zu können. Dieser Ausgangspunkt ist nur zum Teil zutreffend. Denn es gab die funktionierende Familienökonomie nicht oder nicht mehr. In der familien- und marktökonomisch gemischten Wirtschaftsweise des Ancien régime und mit dem Vordringen kapitalistischer Interessen war die Familienökonomie ebensowenig eine „natürliche Wirtschaftsweise" wie die Familie eine natürliche Einheit. Das war der Mehrzahl der Frauen bewußt. Aus der Subsistenzpolitik der Frauen, die aus ihren alltäglichen Erfahrungen einer ungesicherten Familienökonomie hervorging, trat entsprechend ein das familienökonomische Denken und Handeln sprengendes, politökonomisches Element hervor. Diese Frauensubsistenzpolitik verlangte aber eine Neuregelung der Geschlechterbeziehungen in der Familie. Die Verbindung von familialer und politischer Neuordnung ist an der Politisierung der Brotfrage durch die Frauen ablesbar. In den Polizeiberichten hieß es: „Das Brot ist sozusagen die physische Grundlage der Erhebung der Frauen, die Verfassung dagegen ist ihre Seele".[33] An Einschätzungen wie dieser wird deutlich, daß die Frauen eine andere politikökonomische Lösung als die Männer suchten. Die Frauensubsistenzpolitik implizierte in ihrer Sicht stets auch eine neue Regelung der Geschlechterbeziehungen.

Die patriarchale, auf der brüchigen Familienökonomie beruhende Familienform des Ancien régime war in hohem Maße reformbedürftig. Die einschneidenden Veränderungen im Familien- und Eherecht von 1792 zugunsten der Frauen trugen dieser Situation Rechnung. Allerdings war diese revolutionäre Veränderung des Familienrechts von kurzer Dauer. Das Scheidungsrecht von 1792, das den Frauenforderungen nach Gleichheit entsprach, wurde schon nach wenigen Jahren zurückgenommen. Seine Einführung hatte zu einem dramatischen Anstieg

Anonym, Rückkehr der Frauen von dem „Marsch nach Versailles" am 5. Oktober 1789, Federzeichnung, Paris, Bibliothèque Nationale

der Scheidungen geführt, wobei die große Mehrheit der Scheidungsanträge von Frauen ausgingen. Diese kurzlebige Veränderung im Eherecht war von einer Eskalation der Geschlechtergegensätze begleitet worden; sie deutete auf eine Neuordnung der Geschlechterbeziehungen und auf Formen der sozialen Gleichheit der Geschlechter hin, die sich nicht verwirklichen sollten.

Die Subsistenzpolitik der Frauen ist an der männlichen Vorstellung der Neuregelung der Geschlechterbeziehungen gescheitert. Denn die Niederlage der Frauensubsistenzpolitik war gleichbedeutend mit der Durchsetzung einer neuen bürgerlichen Form der Entpolitisierung, der Privatisierung und Feminisierung der Subsistenzfrage. Die Entpolitisierung der Brotfrage, die den französischen Bürgern und Familienvätern endgültig 1795 gelang, bedeutete somit den Sieg des männlichen Bürgers über die Bürgerin und den endgültigen Wandel von einer Familienökonomie zu einer Ökonomie des Frauenhaushalts im Rahmen der neuen bürgerlichen Gesellschaft.

Auf dem Hintergrund des Sieges der citoyennes von 1789 sind die Gleichheitsforderungen der Frauen von 1789 ein Wahn, die Bürgerin eine unmögliche Konstruktion. Bestimmend allein ist hiernach die historische Realität der vom Ehemann mediatisierten Pseudo-Bürgerin, die bürgerliche Frau von Mannes Gnaden. Ist aber deshalb die Gleichheit der Geschlechter ein Wahn des Weibes? Gewiß nicht. Hier gilt es, aus einer feministischen Sichtweise die Selbstkonstituierung der Frau als bürgerliches Subjekt entgegen den männlichen Grenzziehungen von Öffentlich und Privat und der männlichen Definitionen von Politik sichtbar zu machen. Denn die Spuren des weiblichen Bewußtseins, gleich dem Manne Bürgerin zu sein, finden sich nicht in den neuen bürgerlichen Konzeptionen, sondern in den Widerstandsleistungen von Frauen gegenüber diesen Trennungen. In der Nicht-Akzeptanz der Grenzziehungen der bürgerlichen Gesellschaft liegen die Wurzeln der Gleichheitsforderungen der Frau als Bürgerin.

Die Bürgerin, die dem Manne gleich ist, ohne ihre Differenz zu leugnen, läßt sich historisch nur negativ beschreiben in ihrer Weigerung, die zweigeteilte Welt von 1789 zu akzeptieren. Allerdings liegt in dieser Weigerung auch ein ideologiekritisches Moment und eine heute noch gültige Botschaft. Die Frage von Olympe de Gouges: „Männer, seid ihr fähig, gerecht zu sein?“ wurde aus der Sicht der Bürgerin von 1789 mit Nein beantwortet. Ihre Vorstellung von einer sozialen Gleichheit der Geschlechter war aber keine Wahnvorstellung. Sie erforderte jedoch mehr als die halbe, auf Kosten der Frauen erfolgte, bürgerliche Lösung von 1789. Die soziale Gleichheit der Geschlechter war für sie gleichbedeutend mit einer umfassenden gesellschaftlichen Neu-Ordnung, die nicht den Ausweg über die Privatisierung der unerledigten gesellschaftlichen Aufgaben suchte.

Anmerkungen

1 Ruth Jakoby / Frank Baasner, Paris 1789. Journal der Täter, Opfer und Voyeure, Baden-Baden 1988, S. 245.
2 Arlette Farge / Michel Foucault (Hrsg.), Familiäre Konflikte: Die „Lettres de cachet“. Aus den Archiven der Bastille im 18. Jahrhundert, Frankfurt / M. 1989.
3 Elke Harten / Hans-Christian Harten, Frauen-Kultur-Revolution 1789 - 1799, Pfaffenweiler 1989, S. 103.
4 Ebd., S. 104.
5 Ebd., S. 5.
6 Marie Olympe de Gouges (1748 - 1793). Protagonistin im Kampf um die Rechte der Frau. Politische Schriften in Auswahl (Hamburger Historische Studien, Bd. 8), Hamburg 1979, S. 107.
7 Cahiers de Doléances des Femmes en 1789 et autres textes. Préface de Paule-Marie Duhet, Paris 1981, S. 31f.
8 Women in Revolutionary Paris 1789 - 1795. Selected documents translated with notes and commentary by D.G. Levy, H.B. Applewhite, M.D. Johnson, Urbana / Chicago / London 1979, S. 32.
9 Ruth Jakoby / Frank Baasner, S. 245.
10 Ebd.
11 Emmanuel Joseph Sieyès, Politische Schriften 1788 - 1790, hrsg. v. Wilhelm Hennis / Hans Maier, Darmstadt 1975, S. 123.
12 Inge Baxmann, Der frühaufklärerische „Feminismus“. In: Annette Kuhn / Jörn Rüsen (Hrsg.): Frauen in der Geschichte III. Fachwissenschaftliche und fachdidaktische Beiträge zur Geschichte der Weiblichkeit vom frühen Mittelalter bis zur Gegenwart mit geeigneten Materialien für den Unterricht (Geschichtsdidaktik, hrsg. v. K. Bergmann u.a., Studien, Materialien, Bd. 13), Düsseldorf 1983, S. 109.
13 Albert Soboul, Die Große Französische Revolution. Ein Abriß ihrer Geschichte (1789 - 1799). Teil 1, Frankfurt / M. 1973, S. 132.
14 Georges Lefebvre, 1789. Das Jahr der Revolution, München 1989, S. 194.
15 Cahiers de Doléances des Femmes en 1789, S. 81.
16 Vivian Cameron, Gender and power: images of women in late 18th - century France. In: History of European Ideas, Vol. 10, Nr. 3 (1989), S. 320.
17 Ebd., S. 326.
18 Susanne Petersen, Marktweiber und Amazonen. Frauen in der Französischen Revolution. Dokumente, Kommentare, Bilder, Köln 1987, S. 73.
19 Walter Markov / Albert Soboul, 1789 — Die Große Revolution der Franzosen, Köln 1980, S. 124.
20 Germaine de Staël, Rettet die Königin! Aufruf zur Verteidigung von Marie-Antoinette und andere Dokumente zur Französischen Revolution, Zürich o.J., S. 20.
21 Jules Michelet, Die Frauen der Revolution. Hrsg. v. Gisela Etzel, München 1984, S. 24.

22 Kerstin Michalik, Der Marsch der Pariser Frauen nach Versailles am 5. und 6. Oktober 1789. Eine Studie zu weiblichen Partizipationsformen in der Frühphase der Französischen Revolution, Bd. 3, Pfaffenweiler 1989, konnte noch nicht berücksichtigt werden.

23 Albert Soboul, Französische Revolution und Volksbewegung: die Sansculotten. Die Sektionen von Paris im Jahre II. Bearb. und hrsg. v. Walter Markov, Frankfurt/M. 1978, S. 88.

24 Walter Markov, Revolution im Zeugenstand. Frankreich 1789-1799, Bd. 1: Aussagen und Analysen, Frankfurt/M. 1987, S. 116.

25 Théroigne de Méricourt, Aufzeichnungen aus der Gefangenschaft, Salzburg/Wien 1989.

26 George Rudé, Die Massen in der Französischen Revolution, Wien 1961, S. 270.

27 Jutta Held (Hrsg.), Frauen im Frankreich des 18. Jahrhunderts: Amazonen, Mütter, Revolutionärinnen, Hamburg 1989, S. 75.

28 Dominique Godineau, Freiheit, Gleichheit und die Frauen. In: Die Französische Revolution 1789-1989. Revolutionstheorie heute. Marxistische Studien, Jahrbuch des IMSF 14 (1988), S. 148.

29 Ebd.

30 Jane Abray, Feminism in the French Revolution. In: Science and Society, Vol. 16 (1951-52), New York/London 1971 (Reprint), S. 43.

31 Elke Harten/Hans-Christian Harten, S. 15.

32 Olwen Hufton, Weiblicher Alltag. Die Schattenseite der Französischen Revolution. In: Claudia Honegger/Bettina Heintz, Listen der Ohnmacht. Zur Sozialgeschichte weiblicher Widerstandsformen, Frankfurt/M. 1981, S. 138.

33 Dominique Godineau, S. 148.

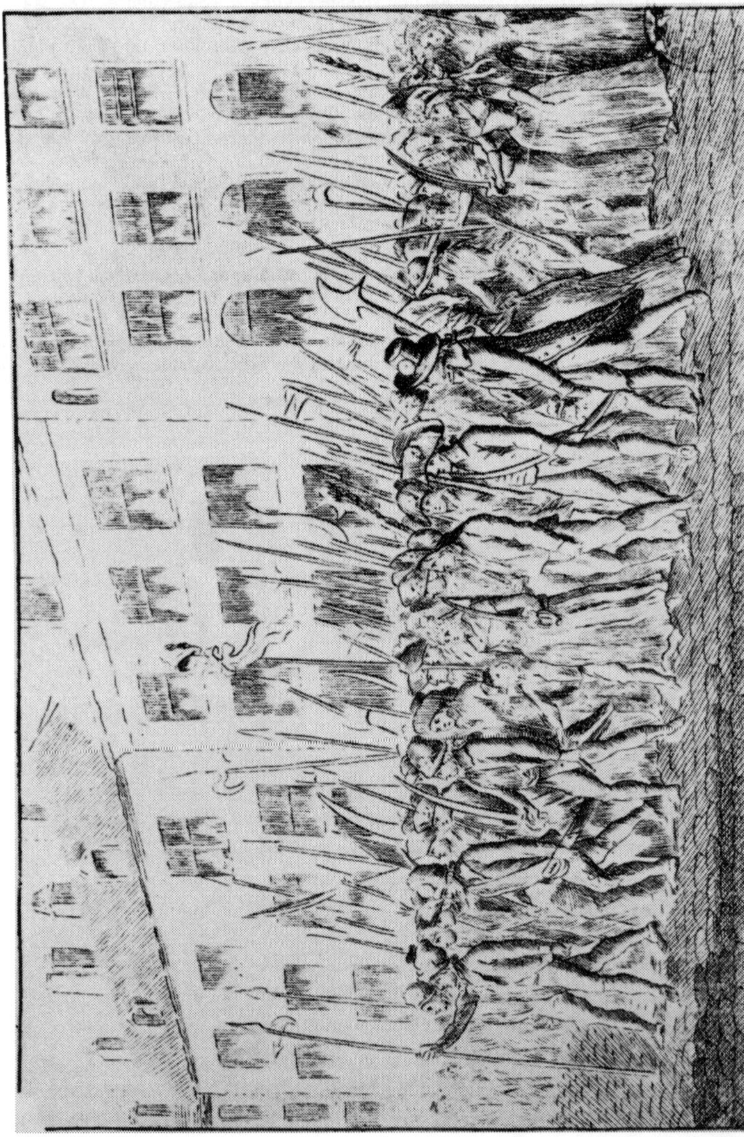

Ingrid von Rosenberg

Hoffnung und Horror: Die Französische Revolution in der Sicht Mary Wollstonecrafts und Mary Shelleys

Nicht alle Ideen der Französischen Revolution sind auch auf französischem Boden zuerst gedacht worden; viele kamen aus England, wenn auch zum Teil auf dem Umweg über die Vereinigten Staaten. So ist es kaum erstaunlich, daß es auch in der Diskussion um die Frauenrechte Berührungspunkte zwischen beiden Ländern gab, freilich nicht im Sinne eines direkten Einflusses in der einen oder anderen Richtung.

Die beiden Autorinnen, um die es hier gehen soll, gehören in England und den USA zu den berühmtesten Frauengestalten der Literatur- und Geistesgeschichte; in Deutschland weiß man dagegen recht wenig von ihnen. Im angelsächsischen Bereich wurde die Erinnerung an beide Frauen, vor allem aber an Mary Wollstonecraft, nicht zuletzt wachgehalten von später geborenen Schriftstellerinnen. Viele fühlten sich Mary Wollstonecraft in sehr persönlicher Weise als einer Wegbereiterin verbunden. So finden sich interessante Aufsätze bei George Eliot und Virginia Woolf, und die Amerikanerin Erika Jong widmete beiden Marys 1975 ein Gedicht, als schriebe sie einen persönlichen Brief: „Dear Marys, dear Mother, dear Daughter“.[1] Im Zuge der neuen Frauenbewegung werden die Werke beider Schriftstellerinnen nach und nach wieder aufgelegt. Von Mary Wollstonecraft ist gerade eine kritische Gesamtausgabe in England erschienen.[2] Auf dem deutschen Büchermarkt wird man dagegen außer *Frankenstein* nichts finden.

Die beiden Marys, Mutter und Tochter, reagierten jede sensibel auf das politische Klima ihrer Zeit. Doch durch die schnelle und gründliche Veränderung eben dieses Klimas wie durch einen tragischen biographischen Zufall ergab sich die ungewöhnliche Konstellation, daß sie, obwohl so nah verwandt, jeweils in gewisser Weise ein anderes Zeitalter verkörpern. Ihre Werke spiegeln, das ist meine These, abgesehen von individuellen, charakterlichen und biographischen Differenzen, die Hoffnungen und Ängste je einer Generation von Frauen in England.

Wie sah die politische und soziale Situation in England zu jener Zeit aus?[3] Es ist üblich, England zu beglückwünschen, weil es das Problem der bürgerlichen Revolution bereits hundert Jahre vor den Franzosen auf typisch englische Weise erledigt habe, nämlich unblutig und durch einen Kompromiß zwischen Monarchie und den aufstrebenden bürgerlichen Kräften, in der sogenannten „*Glorious Revolution*" von 1688. Ganz unblutig war es freilich nicht abgelaufen, denn immerhin ging der *Glorious Revolution* ein Bürgerkrieg voraus, und Charles I. verlor 1649 als erster europäischer Monarch seinen Kopf. Doch keine Frage, die Zustände waren im England der zweiten Hälfte des 18. Jhs. gewiß besser als im *Ancien régime*. Einiges war gelungen: die *Bill of Rights* übertrug die entscheidenden Kompetenzen der Finanzhoheit, der Gesetzgebung und der Truppenbestellung endgültig vom König auf das Parlament. Die Gerichte waren formell unabhängig, und die bereits 1679 verabschiedete *Habeas-Corpus-Akte* schützte den Bürger vor willkürlicher Verhaftung. Doch abgesehen davon, daß die Regierung *Habeas Corpus* bei Bedarf kurzerhand außer Kraft setzte — so geschehen 1794 auf acht Jahre und wieder 1817 —, war es nur ein kleiner Teil der Bürger, der wirklich auf ihren Genuß zählen konnte. Der Historiker Christopher Hill schreibt: „Die Habeas-Corpus-Akte schützte vor willkürlicher Verhaftung jeden, der das Geld und die soziale Selbstsicherheit besaß, den Gesetzestext in Anwendung zu bringen".[4]

Aber der Hauptkritikpunkt der oppositionellen Kräfte war nicht die fortgesetzte Justizwillkür, sondern die Zusammensetzung des Parlaments, das ja eine Volksvertretung sein sollte, jedoch auf für heutige Begriffe abenteuerliche Weise gebildet wurde. (Erst eine ganze Reihe von Reformen ab 1832 hat das britische Unterhaus zu der einigermaßen repräsentativen Volksvertretung gemacht, die es heute ist.) Beileibe nicht jeder Mann durfte wählen — von Frauen ganz zu schweigen —; stattdessen ging es nach vor Urzeiten festgelegten Wahlkreisen. Große neuere Städte wie Manchester und Leeds durften überhaupt keine Vertreter entsenden, dafür die sogenannten *rotten boroughs* in entlegenen Gegenden wie Teilen von Cornwall überproportional viele. Manche Gemeinden mit traditionell hohen Sitzzahlen existierten gar nicht mehr, und die Sitze waren käuflich geworden: mit dem Land kauften die Squires bei Besitzwechsel gleich Sitze und Stimmen im Parlament. Das Ergebnis war, daß das Unterhaus nach wie vor von den Interessen der *Landed Gentry* gelenkt wurde.

Man forderte also die Parlamentsreform, dazu jährliche statt dreijährige Einberufung des Parlaments und das allgemeine Wahlrecht für Männer. Die Forderung nach dem Wahlrecht für Frauen wurde nur ganz vereinzelt laut.

Getragen wurde der demokratische Protest vor allem von Männern und wenigen Frauen aus den Dissentergruppen calvinistischer Prägung, meist aus dem Mittelstand und Kreisen gelernter Handwerker stammend, die sich gegen die staatstragende anglikanische Kirche abgrenzten und dafür mit der Ausgrenzung aus den traditionellen Bildungshochburgen Eton, Oxford und Cambridge bestraft wurden. Zum Ausgleich gründeten sie ihre eigenen Akademien, an denen freieres, von der Aufklärung geprägtes Denken möglich war und verbreitet wurde. Aus diesem Kreis stammten führende kritische Köpfe wie Thomas Paine, Autor von *The Rights of Man* (1791), dem populärsten Buch der Menschenrechtsbewegung in England, das auch in Amerika und Frankreich einflußreich war, William Godwin, Philosoph, Schriftsteller und Mary Wollstonecrafts späterer Ehemann, und Dr. Richard Price, der mit einer begeisterten Predigt im November 1789, in der er die Französische Revolution begrüßte, Edmund Burke zu seinem tonangebenden Anti-Revolutionsbuch *Reflections on the Revolution in France* (1790) herausforderte. Zu diesem Kreis bekam Mary Wollstonecraft — selbst, wenn auch sehr lax, anglikanisch erzogen — Zugang, als sie 1784 mit zwei jüngeren Schwestern und einer Freundin eine Schule in einer Londoner Gegend eröffnete, in der viele Dissenter wohnten. Dr. Price z.B. war einer ihrer Nachbarn und wurde ihr väterlicher Freund.

Doch die Opposition beschränkte sich nicht auf einzelne Intellektuelle. Überall im Lande, besonders aber in London und Schottland, bildeten sich unter dem Eindruck der Vorgänge in Frankreich ab etwa 1790 Reformclubs mit meist rein bürgerlicher Mitgliedschaft wie z.B. *The Friends of the People* und die *Society for Constitutional Information*. Die größte unter ihnen, die *London Corresponding Society*, dagegen rekrutierte sich vor allem aus Kreisen gelernter Handwerker und gilt als die erste Arbeitervereinigung Englands. Frauenclubs wie in Frankreich sind dagegen nicht entstanden. Die entschiedene Ablehnung von Gewalt ist ein charakteristischer Zug der englischen Reformbewegung und die polemische Sammelbezeichnung *Jacobins* daher ganz irreführend. Zwei Prominente, Thomas Paine und Thomas Muir, verwandten sich z.B. persönlich in Paris für Gnade gegen den französischen König, wenn auch vergeblich, wie man weiß. Trotzdem wurde Paine in Abwesenheit — er saß als Mitglied im französichen Convent — geächtet und Muir für 14 Jahre nach Australien deportiert.

Das bringt uns auf die wenig rühmliche Rolle der englischen Regierung. Trotz des friedlichen Charakters der Opposition ließ eine Reihe von Faktoren die Regierung Pitt (1783-1801) panikartig Zuflucht zu überstarken Repressionsmaßnahmen nehmen, die die ganze Epoche prägen sollten: da waren einerseits die angsteinflößenden Ereignisse in Frankreich und der Krieg mit Frankreich, der von 1793 mit einer kurzen Unterbrechung bis 1814 dauerte; andererseits im Land selbst Arbeitslosigkeit und Hunger, die sich in *bread riots* Luft machten, entstanden durch den Krieg, schlechte Ernten und die beginnende industrielle Revolution verbunden mit einem Strukturwandel in der Landwirtschaft. Zunächst sieht die Regierung tatenlos zu, wie sogenannte *King and Church Mobs* die Häuser von Reformfreunden verwüsten, dann wird die Regierung selbst aktiv. Ab 1793 wird mit einer ganzen Reihe von Prozessen gegen führende Köpfe der Opposition, von denen viele zu langjährigen Verbannungsstrafen verurteilt werden, und repressiven Gesetzen gegen die Presse- und Versammlungsfreiheit sowie gegen gewerkschaftsähnliche Zusammenschlüsse nach und nach die Reformbewegung erstickt. Um 1800, so kann man sagen, ist sie tot.

Nach den napoleonischen Kriegen um 1815 setzt dennoch, ausgelöst vor allem durch hohe Kornpreise und allgemeine Not, eine neue Protestwelle ein, die die Regierung durch *agents provocateurs* schürt, um desto härter durchgreifen zu können. 1817 wird Habeas Corpus abermals außer Kraft gesetzt, nachdem eine aufgebrachte Menge die Kutsche des Königs auf dem Weg ins Parlament mit Steinen beworfen hat. Im selben Jahr werden die Teilnehmer eines großen friedlichen Protestmarsches auf London zu, die sogenannten *Blanketeers*, schon beim Aufbruch abgefangen und verhaftet, und am 16. August 1819 bei dem sogenannten *Peterloo*-Massaker elf Personen getötet, als Soldaten mit gezückten Säbeln in eine friedliche Versammlung hineinsprengen. Im gleichen Jahr werden die *Six Acts* verabschiedet, neue, noch schärfere Gesetze gegen Versammlungs- und Pressefreiheit. Damit ist der Widerstand vorerst wieder im Keim erstickt, und es sollte noch etliche Jahre dauern, bis unter dem Eindruck fortgesetzter Ruhe im Land sowie erstarkter politischer Kraft der Bürgerschicht eine liberalere Regierung wieder Reformen zuließ.

Die Lage der Frauen hatte sich in dieser stark konturierten Klassengesellschaft während des 18. Jhs. unter den Auswirkungen der Industriellen und der Agrarrevolution eher verschlechtert als gebessert. Hatten die Ehefrauen von selbständigen Bauern, Handwerkern und kleinen Ladenbesitzern im 17. Jh. noch einen wesentlichen Anteil am Erwerbsleben gehabt, so wurde ein Teil der Frauen nun aller solcher Funktionen ledig und zur Untätigkeit verdammt durch den Aufstieg ihrer Männer zu wohlhabenden Unternehmern, die ihre Arbeit fern vom Haus verrichteten. Der andere, größere Teil der Frauen aber zog mit den verarmten Männern in die Städte und mußte dort neben Mutter- und Haushaltspflichten Heim- und Lohnarbeit um einen Hungerlohn leisten. Die Frauen der aufsteigenden Mittelstandsfamilien orientierten sich in ihrem Verhalten an den Damen der adligen Oberschicht, und die Erziehungsbücher der Zeit für Mädchen aus der Mittelschicht wie die von Dr. Fordyce und Dr. Gregory gaben dazu die entsprechenden Anweisungen. Eine interessante Ausnahme bildeten die sogenannten *Bluestockings*, Frauen aus der dünnen wohlhabenden Mittelschicht, die sich schriftstellerisch betätigten und Salons führten. Trotz ihrer eigenen intellektuellen Tätigkeit hüteten sie sich freilich, Anstoß zu erregen, und stellten das Axiom von der minderwertigen Intelligenz der Frauen und ihrer daraus resultierenden „natürlichen“ Zweitrangigkeit theoretisch nicht in Frage, ja reagierten zum Teil heftig polemisch gegen Frauen, die es wagten, mit Gleichheitsforderungen dieses Fundament der Geschlechterbeziehungen erschüttern zu wollen.

So sahen — in groben Zügen — die historischen Rahmenbedingungen für die beiden zu diskutierenden Autorinnen aus, und es dürfte deutlich geworden sein, in welch unterschiedlichem Klima sie ihr intellektuelles Profil entfalteten: Mary Wollstonecraft wuchs in eine Zeit aufblühender Hoffnung auf mehr Freiheiten hinein, ihre Tochter in eine Zeit politischer Reaktion, enttäuschter Hoffnungen und gewachsener Ängste. Trotzdem gab es auch Kontinuitäten, und zu diesen gehört, daß Mary Shelley ihrer Mutter nicht nachstand in der mutig unkonventionellen Gestaltung ihres persönlichen Lebens: beide dachten und schrieben nicht nur Revolutionäres, sie lebten auch revolutionär. Und natürlich mußten sie den Preis gesellschaftlicher Sanktionen und privaten Leids zahlen.

Mary Wollstonecraft stammte aus einer erst kürzlich in den Mittelstand aufgestiegenen Weberfamilie: ihr Großvater hatte es zu Geld gebracht, das ihr Vater leider bei vergeblichen Versuchen, seine unglückliche Liebe zum Bauernleben zu realisieren und sich als Farmer zu etablieren, wieder durchbrachte.[5] Mary, das zweite von fünf Kindern, verbrachte ihre Kindheit teils in London, teils auf dem Lande in verschiedenen Gegenden Englands. Ihre formale Ausbildung beschränkte sich auf den Besuch einer Dorfschule, wo sie nicht viel mehr als lesen und schreiben lernte: ihre beachtliche Bildung erwarb sie sich später autodidaktisch. Das Familienleben war wenig glücklich: der Vater tyrannisierte die ängstliche, schwache Mutter und die Töchter, und Mary, ungewöhnlich willensstark, intelligent und beherzt, entwickelte sich früh zur Beschützerin der schwächeren Familienmitglieder. Die ersten Stationen ihres erwachsenen Lebens verliefen noch ganz im üblichen weiblichen Rahmen: mit neunzehn Jahren Gesellschafterin einer Dame; Rückkehr zur Pflege der todkranken Mutter; Gouvernante beim Earl of Kingsborough in Irland; mißglückter Versuch, von einer selbstgegründeten Schule zu leben. Doch dann hat sie das Glück, daß Joseph Johnson, der Verleger vieler Reformfreunde wie Godwin, Coleridge, Wordsworth, Paine und Blake, ihr Wohnung und Arbeit anbietet. Fortan kann sie von ihrer Feder leben, indem sie für Johnsons frisch gegründetes *Analytical Review* regelmäßige Rezensionen schreibt und dazu verschiedenste Bücher aus dem Französischen und Deutschen übersetzt. Erst mit dreißig ist Mary zum ersten Mal ernsthaft und ziemlich unglücklich verliebt in den Schweizer Maler Füssli, der unter dem anglisierten Namen Fuseli in London lebt, Erotomane in Bild und Wort, aber leider brav verheiratet. Als Mary schließlich seiner Frau die Ehe zu dritt vorschlägt, wirft diese sie empört hinaus. Daraufhin geht Mary im Dezember 1792, nach dem Erscheinen von *A Vindication of the Rights of Woman*, ganz alleine nach Paris um die Revolution aus nächster Nähe mitzuerleben. Sie bleibt bis 1795, erlebt also auch die

Mary Wollstonecraft

schlimmsten Zeiten hautnah mit. In Paris hat sie Kontakt zu anderen Exilbriten, die sie z.T. schon aus London kennt wie Tom Paine, Thomas Christie, die Schriftstellerinnen Helen Williams und Anna Barbauld u.a., und bekommt durch diese widerum Zugang zu französischen Kreisen, vor allem, ihrer gemäßigten Position entsprechend, zu Girondisten: Mit Mme. Manon Roland soll sie enger befreundet gewesen sein. Mitten in den Wirren der Terreur begegnet sie ihrer großen Liebe, dem Amerikaner Gilbert Imlay. Es wird eine leidenschaftliche Beziehung, doch glücklich war sie für Mary nur kurze Zeit; bald ist Imlay dieser intellektuell wie menschlich anspruchsvollen Frau überdrüssig und entzieht sich. Eine uneheliche Tochter Fanny geht aus der Verbindung hervor. Als das Scheitern ihrer Liebe nicht mehr zu verkennen ist, unternimmt Mary einen sehr ernsten Selbstmordversuch: sie stürzt sich von Putney Bridge in die Themse, wird aber gerettet. Ihre letzte Liebe endlich läßt sich glücklicher an: Mary erneuert die Bekanntschaft zu William Godwin, und zwischen beiden wächst eine offenbar tiefe Zuneigung. Als Mary wieder schwanger wird, brechen beide mit ihrer Philosophie: trotz ihrer berühmten theoretischen Attacken gegen die Institution der Ehe heiraten sie, was ihnen Spott von vielen Seiten einträgt. Doch nun ereilt Mary ein für die damalige Zeit typisches, furchtbares Frauenschicksal: sie stirbt nach zehn qualvollen Tagen im Kindbett. Godwin, der in seiner Erschütterung sofort eine Biographie seiner Frau schreibt, schildert diese letzten Tage sehr bewegend.

Das wichtigste der drei Bücher, in denen Mary Wollstonecraft zu Themen und Ereignissen der Revolution Stellung nahm, ist natürlich *A Vindication of the Rights of Woman*, 1791 noch vor der Abreise nach Paris entstanden, 1792 von Johnson verlegt und sehr bald ins Französische übersetzt.[6] Dies ist ihr eigener Beitrag zu den Ideen der Revolutionszeit, und zwar ein ureigener, denn es gab wenig, auf dem sie hätte aufbauen können. Olympe de Gouges Text konnte sie noch nicht kennen, und augenscheinlich kannte sie auch Condorcets Schriften nicht. In England hatte es zwar vereinzelte Veröffentlichungen von Frauen gegeben, die eine Verbesserung vor allem der Bildung forderten, angefangen mit Mary Astells *A Serious Proposal to the Ladies for the Advancement of their True and Greatest Interest* von 1694, und auch Männer wie Addison und Defoe hatten Ähnliches in Andeutung gefordert, aber selbst von diesen hatte kaum jemand die auf der Bibel basierende These von der natürlichen Zweitrangigkeit der Frau angezweifelt. Andererseits hatte eine wohlweislich anonyme Sophia in einem kühnen Pamphlet 1737 schon den Zugang von Frauen zu allen Berufen gefordert; doch das war eine Einzelstimme geblieben. Nur die *Letters on Education* von Catherine Macauly von 1790, die Mary für das *Analytical Review* rezensierte, können als Vorläufer gelten. Dort finden sich bereits einige der Grundgedanken von *Vindication*, doch steht das Thema der weiblichen Emanzipation nicht im Mittelpunkt, ist daher auch nicht annähernd so ausführlich behandelt. Die Sekundärliteratur ist sich einig, daß Mary für ihre Ideen zu den Frauenrechten außer Macaulys *Letters* keine anderen Quellen hatte als Belesenheit in den Fragen der allgemeinen Menschenrechte, vielleicht eine persönliche Anregung von Paine und ihre eigenen Erfahrungen als Frau, auf die sie immer wieder selbstbewußt im Text verweist. Die im Originaltext über 300 Seiten hat sie mit der ihr eigenen Spontaneität und Energie in nur sechs Wochen aufs Papier geworfen, und das merkt man dem Text im Positiven wie im Negativen an. Beim Lesen stört Unausgewogenheit: wichtige Gedanken und Vorschläge werden knapp zusammengedrängt, während Seiten über Seiten der polemischen Auseinandersetzung mit den pädagogischen Größen der Zeit, allen voran Rousseau, gewidmet sind. Was einen immer wieder versöhnt, sind dagegen die häufigen Spuren ihrer Impulsivität. Wie erfrischend, wenn sie einen neuen Gedanken einführt: „Gerade fliegt ein wilder Wunsch von meinem Herzen zu meinem Kopf, und ich will ihn nicht unterdrücken, auch wenn er wieherndes Gelächter auslösen sollte (a horse-laugh).“[7]

Anlaß ihres Buches ist die Unzufriedenheit mit der völlig untergeordneten rechtlichen und gesellschaftlichen Stellung der Frau in England: Frauen waren nach dem common law nicht einmal unabhängige Rechtspersonen nach dem Grundsatz „Mann und Frau sind eine Person, und diese Person ist der Mann“, und noch bis 1882 ging aller Besitz der Frau bei der Hochzeit an den Mann über, und Scheidung war ihnen erlaubt. Mary richtet ihre Kritik vor allem gegen eine Erziehung, die Frauen in dieser unwürdigen Rolle hält. Ihr theoretischer Ausgangspunkt ist dabei die aufklärerische, naturrechtliche Überzeugung, daß Frauen nicht Teil des Mannes sind, sondern gleich geborene, selbständige rationale Wesen, die Reason besitzen, damit aber auch die Verpflichtung, sich durch Wissen tugendhaft zu machen. Mit klarem Blick für die Klassengesellschaft wendet sie sich vor allem an die Leserinnen der Mittelschicht: die adligen sah sie als zu verwöhnt und damit verdorben an, die armen als zu sehr in den Existenzkampf verstrickt, um sich für eine Verbesserung der weiblichen Bildung einzusetzen. Alle Erziehungsbücher der Zeit, auch sie vorwiegend an die Mittelschicht gerichtet, kannten nur ein Ziel: Mädchen sollten lernen, den Männern zu gefallen und, wie Mary indigniert feststellt, „Appetit der Männer zu befriedigen“. [8] Daraus sieht Mary alle Übel folgen: die Frauen werden nicht nur untätig, dumm und abhängig gehalten, sondern auch erzogen, zu viel Wert auf ihr Äußeres zu legen, ja sogar zu lügen und zu betrügen, weil sie nie schlechte Laune und Unmut zeigen dürfen. So entwickeln sie Eitelkeit, Laszivität, List und Tücke, um ihrerseits die Männer zu beherrschen und notfalls zu hintergehen, wenn die Ehemänner ihrer Schönheit nicht mehr die Anbetung entgegenbringen, die zu erregen das einzige Ziel der Erziehung war. Auch nach dem trostlosen, weil sinnleeren Leben der alternden beauties fragt Mary. Trotzdem ist es kein Buch des Männerhasses: Mary klagt das System an, nicht nur die Männer, und an vielen Stellen gibt sie gerade ihrer heftigen Abneigung gegen die „dummen und boshaften“ Luxusweibchen, mit denen sie manch unangenehme persönliche Erfahrung machte, beredten Ausdruck. In ihrem kurzen, stark autobiographischen Roman *Mary* von 1788 hatte sie schon einen ganzen Riegel eitel-geistloser fashionable ladies der gebildeten, nachdenklichen Heldin gegenübergestellt und insbesondere an Lady Kingsborough Rache genommen, die hier als Mutter der Heldin figuriert.[9] Ein völliger Umsturz der Geschlechterordnung war jedoch nicht Marys Ziel. Zwar fordert sie wie vor ihr schon jene „Sophia“ für unverheiratete Frauen erweiterte Berufsmöglichkeiten besonders als Ärztinnen, Hebammen, im Geschäftsleben und auch in der Politik, doch sieht sie die Hauptaufgabe der Frau weiter darin, eine gute, aber eben eine gute Mutter, Ehefrau und — Mary fügt dem Kanon eine wichtige dritte Rolle hinzu — Staatsbürgerin zu werden. Diese dritte Rolle denkt Mary sogar als den beiden anderen übergeordnet: Muttersein ist sozusagen die vornehmste staatsbürgerliche Pflicht der Frau. Wie kann eine Mutter, so fragt sie, einen guten Bürger erziehen, wenn sie nichts von Politik und Recht versteht? Mary nimmt das republikanische Mutterschaftsideal sehr ernst und wirft Rousseau vor, es unterlaufen zu haben mit seiner Forderung, die Frau solle in erster Linie dem Mann gefallen. Die Erziehung muß vielmehr Vernunft und Verstand entwickeln, nicht die Gefallsucht. Das geschieht am besten — man staune — in Koedukation in Tagesschulen. Mary hielt nach ihren einschlägigen Erfahrungen ebenso wenig von Privatunterricht wie von isolierter Geschlechtererziehung in den Internaten, die zu „schwülen Intimitäten“ führe. Mädchen sollten wie die Jungen in Geschichte und Politik unterrichtet werden und viel Sport treiben.

Man sieht: Mary Wollstonecrafts Vorschläge, zum Teil mehr angedeutet als ausgeführt, sind eine eigenwillige Mischung aus sehr modern anmutenden Ideen und einem Schuß puritanischer Prüderie. So betont sie — fast deutsch — die Notwendigkeit von Sauberkeit und Ordnung und mahnt gar, die Phase der erotischen Liebe in der Ehe nicht zu lange auszudehnen! Später, nach eigenen Erfahrungen liest sich das ganz anders. In ihrem posthum von Godwin herausgegebenen Romanfragment Maria or the Wrongs of Woman läßt sie ihre Heldin vehement und tapfer für das Recht auf sexuelle Erfüllung, Scheidung und sogar Liebe außerhalb der Ehe eintreten. Doch schon in Vindication hinderten die strengen Moralvorstellungen Mary nicht, entgegen der gesellschaftlichen Praxis ihrer Zeit warmes Mitgefühl mit jenen Frauen zu zeigen, die von Männern verführt und verlassen wurden und denen oft kein anderer Weg als die Prostitution blieb. Hier fordert Mary, daß der Verführer sie ernähren soll! Überhaupt tritt an vielen Stellen ihr ausgeprägtes soziales Gerechtigkeitsempfinden und ihr Mitleid mit den Armen und Unterdrückten, zumal den Frauen, zutage und sie kritisiert eine Gesellschaftsordnung, die den Besitz anbetet und in der eine Hälfte der Menschen, wie sie sagt, „an den Boden gekettet ist“.[10] Aus diesem Engagement heraus hat sie dann später in *The Wrongs of Woman* ganz erstaunlich realistische, bis ins Detail der kärglichen Lohnsummen stimmige Lebensbilder verschiedener Arbeiterfrauen gezeichnet, die auch Vergewaltigung und Prostitution nicht aussparen.

The Vindication of the Rights of Woman ist ein faszinierendes Buch, das noch viele weitere überraschende Aspekte enthält — z.B. pazifistische Äußerungen und sarkastische Angriffe auf alle Hierarchien —; doch müssen wir diese hier, als nicht unbedingt zum Argument gehörend, beiseite lassen. *Rights of Woman* wurde sofort ein heiß umstrittener Bestseller: Marys aufgeklärte Freunde waren begeistert, die bürgerliche Mehrheit allerdings fand es schockierend und las das Buch mehr des Sensationswertes wegen. Es gab viele böse Karikaturen und spöttische Polemiken gegen diese „Hyäne in Unterröcken".[11] Unmittelbare Auswirkungen auf die Erziehung der Frauen hatte es nicht, auch wenn Marys Verehrerin, die Romanautorin Mary Hays 1798 noch ein Buch im Gefolge ihrer Argumentation veröffentlichte mit dem Titel *Appeal to the Men of Britain in Behalf of the Women.*[12] Die Zeit der Reaktion legte sich auch auf diese Ideen wie ein Leichentuch, während die alten Ideale zäh weiterlebten. Erschwerend kam hinzu, daß Godwins ehrliche Biographie, die nichts von Marys unkonventionellem Lebensweg verschwieg, sich katastrophal auf ihren Ruf auswirkte und damit auch auf die Verbreitung ihrer Ideen. Erst siebzig Jahre später, durch John Stuart Mills *The Subjection of Women* (1869), sollte wieder eine öffentliche Diskussion über die Frauenrechte und eine aufgeklärte Mädchenerziehung entstehen, die endlich weite Kreise erfaßte.

In zwei weiteren Büchern hat Mary Wollstonecraft sich direkt zu Ereignissen der Französischen Revolution geäußert, in *A Vindication for the Rights of Men* von 1790 und in *An Historical and Moral View of the French Revolution,* 1792 in Le Havre geschrieben und 1795 erschienen.[13] Beide Werke verteidigen die Revolution, und doch ist der Ton verschieden. Das frühere Buch, ein schmales Bändchen, das dennoch Marys Ruhm als politische Schriftstellerin bei den Zeitgenossen begründete, ist eine leidenschaftliche (und übrigens erste) Antwort auf Burke, dessen Reflections sie als alte Freundin des Dr. Price wohl in besonderer Weise aufgebracht hatten. Zeigte sich Burke schockiert von der Behandlung der Königin, hält Mary ihm das wesentlich größere Elend von Massen „fleißiger Mütter" und „den Schrei hungriger Kinder" entgegen. Mit dem Ekel der Reichen vor den Armen sei es nicht getan. Mary gemahnt zuerst die Herrschenden an ihre patriarchalische Fürsorge- und Erziehungspflicht gegenüber den Armen, um dann zu utopisch-sozialistischen Vorschlägen überzugehen, freilich ohne sie näher auszuführen. „Warum," so fragt sie, „können große Güter nicht in kleine Farmen eingeteilt werden?" „Warum sollte man dem fleißigen Bauern nicht erlauben, sich auch ein Stückchen Land von der Heide anzueignen?

In *An Historical and Moral View of the French Revolution* klingen die Brusttöne der Begeisterung gedämpfter. Es ist im wesentlichen ein Bericht über die Ereignisse, der bemerkenswerterweise, aber wie zu zeigen sein wird, nicht ohne guten Grund, vor dem Datum von Marys eigenem Eintreffen in Paris abbricht, nämlich mit der Rückkehr des Königs nach Paris 1791. Sie stützt sich auf offizielle Annalen und Augenzeugenberichte anderer Autoren. Mary fordert hier weniger; dafür argumentiert sie mehr, und wenn man genau hinhört, entschuldigt sie. Immer wieder betont sie die Schuld des Adels nicht nur am Ausbruch der Revolution, sondern auch an deren Auswüchsen, an „Verbrechen und Narreteien", die inzwischen vorgekommen sind.[15] Die regierenden Schichten, so argumentiert sie, denen die Aufgabe zugekommen wäre, die Schwachen zu schützen, haben versagt und sich stattdessen einem lasterhaften Wohlleben hingegeben. Wenn auch das Volk, das (wie sie, hier durchaus Rousseau folgend, sagt) im Grunde „gut" sei, sich inzwischen etliche Akte „wüster Narretei" habe zuschulden kommen lassen, sei das allein die Schuld des Adels, der es über Jahrhunderte fast im Zustand von Tieren gehalten habe.[16] Die Ideen der Revolution, „so neue, so einfache, so gerechte Gedanken", dürften aber nicht wieder aufgegeben werden; vielmehr komme es darauf an, dem Volk zu helfen, Wissen zu erwerben und seine Vernunft zu bilden, damit es lerne, „mit der Würde intelligenter Wesen zu handeln".[17] Selbst wenn Europa noch einige Jahre der Anarchie bevorstehen sollten, würde sich am Ende doch eine bessere Regierung aus den Wirren herausschälen, sagt Mary mit Zuversicht am Ende ihres Buches. Und doch ist neben dem aufklärerisch-optimistischen Ton ein anderer nicht zu überhören: Beunruhigung.

Mary, die schon als Kind keine Grausamkeiten sehen konnte, weder gegen Mensch noch Tier, war in Wahrheit viel entsetzter von der Schreckensherrschaft, die sie in Paris miterlebt hatte und der viele ihrer Freunde zum Opfer gefallen waren, als ihre Formulierungen erkennen lassen. Godwin berichtet in ihrer Biographie eine bezeichnende Episode, die sie ihm erzählt hatte: „Eines Tages ging sie zu Fuß durch Paris (ich glaube über den Place de Louis Quinze), als gerade eine Hinrichtung, begleitet von einigen besonderen Torturen, stattgefunden hatte, und das Blut der Guillotine war noch frisch auf dem Pflaster. Die Gefühle ihres Herzens machten sich in empörten Ausrufen Luft, als ein besonnener Passant sie auf die Gefahr aufmerksam machte, in der sie schwebte, und sie drängte, schnell weiterzugehen und ihren Unmut zu verbergen. Mehr als einmal hat sie mir gegenüber die Qual, die sie bei der Nachricht vom Tode Brissots, Vergniauds und der zwanzig Delegierten empfand, als eine der unerträglichsten Empfindungen beschrieben, die sie je erlebte."[18] Ein weiterer Beweis für Marys Entsetzen ist folgender Brief, den sie am 26. Dezember 1792 an ihren Freund und Verleger Johnson schrieb, nachdem sie zufällig den König auf dem Weg zum Schafott gesehen hatte: „Ich kann Ihnen kaum sagen warum, aber eine Kette von Gedanken ließ mir die Tränen unbemerkt aus den Augen strömen, als ich sah, wie Louis mit mehr Würde, als ich von ihm erwartet hatte, in der Kutsche saß, mit der er seinem Tod entgegenfuhr... Seitdem bin ich allein gewesen, und obwohl meine Seele ruhig ist, kann ich die starken Bilder nicht vertreiben, die den ganzen Tag über in meiner

Phantasie auftauchen. — Lachen Sie nicht, bemitleiden Sie mich vielmehr; denn ein- oder zweimal habe ich, wenn ich die Augen vom Papier aufhob, Augen gesehen, die mich durch die Glastür gegenüber von meinem Stuhl anstarrten, und blutige Hände streckten sich zitternd nach mir aus."[19] Diese Briefstelle erinnert ganz verblüffend an eine Stelle im Frankenstein: nach dem Mord an Frankensteins Braut grinst das Monster seinen entsetzten und verzweifelten Schöpfer durch das Fenster an, und mir scheint mehr hinter dem Zusammentreffen zweier Alpträume zu stecken als bloßer Zufall. Der Horror beginnt anscheinend schon bei Mary Shelleys Mutter und ist hier ganz eindeutig mit den Schrecken der Revolution verbunden. Könnte es sein, daß er beim empfindsamen weiblichen Gemüt auf eine besondere tiefe, bilderproduzierende psychische Schicht wirkte? Jedenfalls war Mary tief erschreckt, und das ist denn auch, wie ich vermute, der Grund, warum ihre Geschichte der Revolution vor ihrer Ankunft in Paris abbricht.

Mary befand sich in einem Dilemma: sie hielt die Revolution und die ihr zugrundeliegenden Ideen für richtig und notwendig, um die ungerechten gesellschaftlichen Verhältnisse zu verändern, war aber gleichzeitig entsetzt und verunsichert durch die Vorgänge. Als Ausweg wählte sie, die Geschichte nur so weit zu erzählen, wie sie nicht zu beschämend für das Volk und daher demprimierend war, und das war vor ihrer eigenen Ankunft in Paris. Schon der berühmte Marsch der Pariser Marktfrauen nach Versailles, von dem man doch vermuten möchte, das er ihr feministisches Herz wenn nicht entflammt, so doch gerührt hätte, verursachte ihr vielmehr heftigstes Unbehagen. Weit davon entfernt, ihren Geschlechtsgenossinnen zu applaudieren, fand sie im Gegenteil ungewöhnlich scharfe Worte des Tadels für das ungezügelte Benehmen dieser Frauen, „diesen minderwertigsten Abfall der Straße", „einen wahren Mob", den man nicht mit der „ehrlichen Menge", welche die Bastille gestürmt hatte, in einem Atem nennen dürfe.[20] Nach ihrer Rückkehr nach England im Frühjahr 1795 hat Mary Wollstonecraft kein öffentliches Wort mehr zum Thema Revolution geäußert. Mag sein, daß ihr Privatleben sie zu sehr in Anspruch nahm, mag aber auch sein, daß sie ihre Zweifel verschweigen wollte, um der Idee nicht zu schaden. Jedenfalls scheint mir bedeutungsvoll, daß sie sich in ihren Reisebriefen, die sie nach der Rückkehr aus Frankreich von einer Skandinavienfahrt an Imlay schrieb, noch einmal anläßlich einer Hinrichtung in einer kleinen Stadt mit aller Entschiedenheit gegen die Barbarei der Todesstrafe, besonders der öffentlichen Vollstreckung, aussprach.[21]

Das Leben der Mary Godwin Wollstonecraft, später Shelley, begann natürlich unter ganz anderen, wenngleich nicht weniger schwierigen Bedingungen als das ihrer Mutter.[22] An Bildungsmöglichkeiten fehlte es ihr nicht: ihr Vater, der sie abgöttisch liebte, führte sie vorurteilslos an das Wissen seiner Zeit heran, und schon im Elternhaus traf sie die berühmtesten progressiven Köpfe der Zeit von Wordsworth, Hazlitt, Coleridge bis eben zu Shelley. Die Arbeit ihrer Mutter auf dem Gebiet der Frauenrechte fortzusetzen, dafür fehlte ihr scheinbar der persönliche Anlaß, schien es doch in ihrem Ausnahmefall möglich, die traditionelle Frauenrolle von Mutter und Ehefrau mit den Privilegien einer emanzipierten Intellektuellen zu verbinden. Die jüngere Mary litt dafür an einem Mangel der Seele: sie wuchs mutterlos auf, im Kreise von Halb- und Stiefgeschwistern und in ständiger Auflehnung gegen eine ungeliebte, verachtete Stiefmutter. Wie es heißt, zog sie sich gern mit ihren Büchern auf das Grab ihrer Mutter zurück. Schon als sie sechzehn war, begann das große Abenteuer ihres Lebens: sie lernt den 21jährigen, verheirateten Shelley bei ihrem Vater kennen. Beide verlieben sich heftig ineinander und brennen zu Godwins Entsetzen 1814 zusammen mit Marys Stiefschwester Claire zunächst nach Frankreich durch. Für Mary und Perca, die nach dem Selbstmord seiner ersten Frau im Dezember 1816 heiraten, beginnen acht Jahre des unsteten Wanderlebens in Frankreich, der Schweiz, England, Italien, Deutschland, acht Jahre der intensiven Liebe und ebenso intensiven intellektuellen Arbeit und der ständigen Geldnot, denn Shelleys Vater sperrte das Erbe. In diese Phase ihres Lebens fällt auch die Entstehung des Frankenstein. Zu allem kommen private Katastrophen, unter denen Mary offenbar sehr litt: der Selbstmord von Shelleys Frau, der Selbstmord von Marys Schwester Fanny Imlay, vor allem aber der Tod von vieren ihrer fünf Kinder. Dazu ist Shelley leicht entflammbar, und Mary hat oft Grund zur Eifersucht, die gewiß nicht gerade gemildert wird durch seine Theorien von freier, nicht besitzergreifender Liebe und der großen Wohngemeinschaft aller Freunde, die er mehrfach zu realisieren versuchte. Trotzdem bestand zwischen beiden offenbar eine tiefe Liebe, und Shelleys früher Tod 1822 beim Segeln im Golf von Spezia traf Mary, die gerade erst eine gefährliche Fehlgeburt überlebt hatte, mit der Wucht einer Katastrophe.

Nach Shelleys Tod ging sie mit ihrem einzigen überlebenden Kind Percy zurück nach London, um dort ein relativ stilles, zurückgezogenes Leben zu führen. Geheiratet hat sie nicht wieder. Mary lebte von einer kleinen Apanage der Familie Shelley und ihrer Feder: sie schrieb Artikel und Geschichten für Zeitschriften und das populäre Jahrbuch Keepsake. Daneben verfaßte sie noch fünf dickleibige Romane, die mit der Ausnahme von *The Last Man* (1826) nie wieder aufgelegt wurden. Man hat Mary vorgeworfen, immer konservativer geworden zu sein, weil sie ihren Ehrgeiz darein setzte, Percy in klassische Erziehungsinstitutionen des Establishment, nach Harrow und Cambridge, zu schicken und um Anerkennung des Hauses Shelley sowie konservativer Gesellschaftskreise warb. Daran ist gewiß etwas Wahres; doch wer wollte ihr nach so viel Stürmen den Wunsch nach etwas weniger Kampf verübeln? Der Sohn zeigte übrigens keine Spuren seiner genialischen Erbschaft;

vielmehr schlug der Country Squire in ihm durch, und er lebte, nachdem die Baronetcy auf ihn übergegangen war, ein unauffälliges Leben. Mary selbst starb mit 53 Jahren nach mehreren Schlaganfällen im Jahre 1851.

Aus Mary Shelleys umfangreichem literarischem Werk ragt der *Frankenstein,* was den Bekannheitsgrad angeht, so überdimensional heraus, wie es nur selten der Fall ist. Mary hat damit einen Mythos geschaffen, der nicht nur die Phantasie immer neuer Lesergenerationen beflügelt hat, sondern auch die der Theaterautoren, später der Filmer und endlich in den letzten 30 Jahren auch die der Literaturkritiker: eine noch immer schwellende Flut der Frankensteininterpretationen hängt in Zeitschriften und Anthologien.[23] Immer neue Generationen haben in Mary Shelleys Roman eigene Probleme prophetisch behandelt gesehen. Unsere Zeit der wachsenden Angst vor den unvorhersehbaren Auswirkungen des technisch machbaren von Atomphysik bis Genforschung ist besonders fasziniert von Mary Shelleys Warnung in dieser Richtung. Hinzu kommt das psychoanalytische Interesse an Vorgängen und Produktionsweisen des Unbewußten und nicht zuletzt das feministische, denn immerhin handelt es sich um ein weibliches Unbewußtes, das diese Schaurigkeiten hervorgebracht hat, dazu ein erst neunzehnjähriges. Es ist natürlich unmöglich, hier alle diese verschiedenen Ansätze zu würdigen. Mir bleibt nur, mich ganz selektiv mit der Literatur auseinanderzusetzen, indem ich den Roman, dem Thema gemäß, auf seine politischen Dimensionen hin untersuche. Meine Frage lautet: hat der Horror etwas mit der Französischen Revolution zu tun und wenn ja, was?

Entstehung und Handlung des Romans seien so knapp wie möglich skizziert. Im verregneten Sommer 1816 waren die Shelleys und ein Dr. Polidori abends oft Gast bei Lord Byron in seiner Villa Diodati am Genfer See. Man vertrieb sich die Zeit gern mit dem Vorlesen von Geistergeschichten und kam eines Tages auf die Idee, jeder solle eine erfinden. Mary fiel lange nichts ein, bis sie eines Nachts nach einem langen Gespräch über naturwissenschaftliche Experimente des Dr. Erasmus Darwin und das Prinzip des Lebens einen Alptraum hatte: sie träumte die Erschaffung des Monsters, die Keimszene für ihren Roman.[24]

Die Handlung wird in drei konzentrischen Kreisen jeweils in der Ich-Form erzählt. Walton, ein Nordpolforscher, rettet im Eismeer Frankenstein, der seinem Monster nachjagt, und läßt sich seine Geschichte erzählen. Frankenstein, Sohn eines angesehenen Genfer Bürgers und einer schönen Waise, liebt die Naturwissenschaften über alles. In seinem Studienort Ingolstadt meint er, das Geheimnis des Lebens entdeckt zu haben, und bastelt in nächtlicher Arbeit aus Leichenteilen sein Monster. Doch als es die Augen aufschlägt, läuft der Schöpfer in Panik vor seinem gräßlichen Anblick davon und überläßt es seinem Schicksal. Nach etlichen Jahren begegnen sich Schöpfer und Geschöpf wieder in einer Gletscherlandschaft der Schweiz, und das Monster erzählt nun Frankenstein seine Erlebnisse. Wegen seiner Häßlichkeit haben die Menschen es immer verjagt und gequält. In einer Hütte fand es Zuflucht, von wo aus es das Familienidyll einer Familie des Lacey beobachten konnte. Durch Zuschauen lernt es alles: sprechen, lesen, schreiben und viel über Geschichte und Politik. Liebe zu diesen Menschen und der Wunsch nach Dazugehörigkeit erfüllen es. Aber als es sich zu erkennen gibt, wird es auch hier wieder davongejagt. Nun sinnt das Monster nur noch auf Rache und Zerstörung: es ermordet Frankensteins kleinen Bruder und inszeniert, daß eine Dienerin der Familie mit dem vielsagenden Namen Justine unschuldig dafür hingerichtet wird. Frankenstein, bewegt von dieser Geschichte, verspricht dem Monster, ihm eine Frau zu machen gegen die Einsamkeit. Auf einer entlegenen Orkneyinsel macht er sich an die Arbeit, bekommt aber Bedenken und vernichtet sein Werk. Das wütende Monster bringt daraufhin zunächst Frankensteins Freund um und dann seine Braut. Nun dreht sich das Spiel um: Frankenstein verfolgt das Monster bis ins Eismeer. Als Frankenstein entkräftet auf Waltons Schiff stirbt, taucht das Monster noch einmal auf, beklagt seinen Schöpfer, bereut und erklärt seine Selbstmordabsicht. Walton, geläutert durch alles, was er gehört und gesehen hat, kehrt aus den gefährlichen Gewässern zurück, ohne den Pol erreicht zu haben, um das Leben seiner Mannschaft zu schonen.

Liest man den Roman mit der Erinnerung an das politische Engagement von Mary Shelleys Eltern im Kopf, fallen einem zwei Dinge sofort auf: beide Hauptpersonen sind männlich, und die Ebene der Öffentlichkeit spielt in dieser Geschichte keine Rolle; im Gegenteil, am Anfang heißt es ausdrücklich, Frankensteins Vater, letzter einer langen Linie von Ratsherren, habe sich nach seiner späten Heirat von allen öffentlichen Funktionen zurückgezogen. Das Drama scheint ein rein privates, denn Frankenstein junior ist vom ganz persönlichen, wissenschaftlichen Ehrgeiz bei der Erschaffung seines künstlichen Wesens getrieben. Ihm fehlt gerade ein Gefühl der allgemeineren Verantwortung, und als er es später bei der Erschaffung des weiblichen Monsters doch noch empfindet, scheint es fast überflüssig, denn auch das Monster richtet — in bemerkenswertem Gegensatz zu den Frankenstein-Filmen — seine Rache nur auf den privaten Kreis der Familie Frankenstein und läßt nirgends weiterreichende Vernichtungsabsichten erkennen.

Und doch tauchen an einer Stelle Gedanken der kritischen Tradition von Marys Eltern auf. Es ist das Monster, das Folgendes bei den de Laceys über das „seltsame System der menschlichen Gesellschaft" lernt: „Ich hörte von der Verteilung des Eigentums, von ungeheurem Reichtum, über Rang, Abstammung und Adel ... Ich hatte erfahren, daß deine Mitmenschen eine edle und unbefleckte Abstammung, verbunden mit Reichtum, am höchsten einschätzen. Besaß ein Mensch nur einen dieser Vorzüge, mochte er noch geachtet werden; fehlten ihm jedoch alle, so wurde er, bis auf seltene Ausnahmen, für einen Vagabunden oder Sklaven gehalten, verdammt dazu, seine Arbeitskraft auszubeuten, um den Reichtum einiger Auserwählter zu mehren." Und es verzagt, weil es selbst nichts von alledem besitzt und noch schlimmer: „Ja, ich war nicht einmal von derselben Art wie die Menschen."[25]

Betrachtet man den Prozeß, durch den das Monster, ursprünglich gut wie ein unschuldiges Kind, voller Sehnsucht nach Liebe und einem Platz in der Gesellschaft, zur rasenden Bestie wird, dann mag einem wohl einfallen, wie Mary Wollstonecraft einst das Volk von Paris verteidigt hatte, das gut war, aber durch Unterdrückung in den Zustand von Tieren herabsank und sich schließlich monströs aufführte. Sogar das Wort „Monster" benutzte sie in ihrer Geschichte der Revolution, als sie beschrieb, wie der Mob zwei besonders verhaßte Vertreter des alten Regimes lynchte: „Seltsam, daß ein Volk, das oft das Theater schon vor der Katastrophe verläßt, solche Monstren hervorgebracht haben sollte!" Und damit sind nicht die Mordopfer gemeint.[26]

Der Amerikaner Lee Sterrenburg hat in einem Aufsatz anhand von vielen Beispielen aufgezeigt, wie gängig das Bild des Monstrums für die Revolution in der antijakobinischen Literatur in England war.[27] In einigen Schriften entstieg es wie Marys Monster dem Grab. So schrieb Burke: „... und aus dem Grab der ermordeten Monarchie in Frankreich hat sich ein riesiges, schauriges, unförmiges Gespenst erhoben in einer viel schrecklicheren Gestalt, als jede, die die Phantasie des Menschen je überwältigte und seine Kraft lähmte."[28] Nach Auskunft ihrer Tagebücher mit der gewissenhaft geführten Lektüreliste hat Mary Shelley alle einschlägigen antijakobinischen Bücher gelesen, so daß es durchaus möglich ist, daß solche Bilder sich in ihrem Unbewußten festsetzten.[29] Denkbar ist freilich, wie das im Brief an Johnson berichtete Erlebnis ihrer Mutter beweist, auch das spontane Entstehen eines solchen Schreckensbildes aus dem Unbewußten. Daß Mary Shelley die Revolution nicht mehr persönlich miterlebte, ist kein Einwand; gerade wir wissen heute, welchen lebhaften Eindruck die Greuel der Elterngeneration auf die Einbildungskraft sensibler Mitglieder der nachfolgenden Generation haben kann.

Nun ist es natürlich zu einfach, die Gleichung aufzumachen: Monster = Revolution = Beweis für Marys reaktionäre Gesinnung. Wie Sterrenburg schreibt: „Mary Shelleys Weltsicht ist weniger politisch als Godwins oder Burkes; sie ist auch weit labyrintischer und verwickelter, wenn es zu dem Punkt kommt, uns mitzuteilen, warum die Welt auseinanderbricht."[30] Labyrintisch in der Tat; und das Auffinden des rechten Pfades ist dadurch erschwert, daß Mary Shelley kein proklamatorisches Talent war wie ihre Eltern, sondern in Bildern und Visionen dachte, die immer vieldeutig sind. Nimmt man die zusammengetragenen Indizien zusammen, läßt sich vielleicht vorsichtig folgendes schlußfolgern: die Atmosphäre der Unheimlichkeit, der Angst, der Todes- und Untergangsstimmung, die der Roman ausstrahlt und die sich an der Entstehung und Existenz des Monsters festmacht, hat neben den psychoanalytischen, archetypischen, biographischen und wissenschaftsskeptischen Konnotationen offenbar auch politische. Es ist ein trauriges, verrätseltes Spiegelbild des Weltzustandes um 1815. Die Welt ist zusammengeschrumpft von einer Arena politischer Vorgänge, die alle angingen, an denen sich alle beteiligen konnten, zu einer Landkarte der Schauplätze persönlicher Alpträume; die einfachen Leute, symbolisiert in der Gestalt der Dienerin Justine, steigen in die mittleren Schichten nur auf, um in deren Untergang hineingezogen und unschuldig geopfert zu werden; und da, wo man einen kleinen Blick auf die öffentlichen Verhältnisse erhascht, nämlich in der Vorgeschichte der de Laceys in Paris, ist die Regierung nicht von Gedanken an Gerechtigkeit und Gleichheit geleitet, sondern von Habgier, Willkür und Grausamkeit. Das Schlimmste aber ist, die befreienden Gedanken der Revolutionszeit, die Erkenntnis sozialer Ungerechtigkeit und der implizite Wunsch nach mehr Gerechtigkeit scheinen dadurch, daß sie allein dem von allen isolierten Monster zugeordnet sind, nicht nur hoffnungslos ohne Echo, sondern geraten auch in den Verdacht, an der Entstehung dieses düsteren Weltzustandes mit schuld zu sein.

Ich würde also nicht sagen, daß Mary Shelley reaktionär war, denn nirgends befürwortet sie die Unterdrückung der Schwächeren. Ich würde allerdings auch nicht wie Ingeborg Weber den Roman „Aufklärung im besten Sinne" nennen.[31] Ich meine, das Buch drückt in der visionären Sprache seiner Bilder die Isolierung des einzelnen, Angst und Hoffnungslosigkeit aus, wie sie typisch sind gerade für sensible, gerecht empfindende Menschen in Zeiten der Reaktion nach dem Zusammenbruch kollektiver Hoffnungen und Anstrengungen. Das mag unpolitisch sein, vielleicht auch konservativ, aber reaktionär ist es nicht. Der Reisebericht, den Mary Shelley über ihre erste Reise durch Frankreich 1814 schrieb, bezeugt, wie trostlos auf sie die Landschaft wirkte, in die ihre Mutter 23 Jahre früher mit so großen Hoffnungen gekommen war. Von einem Dorf in der Champagne, das die Kosacken verwüstet hatten, heißt es zum Beispiel: „Die Häuser waren ohne Dach, die Trümmer lagen umher. Die mit dem vom weißen Staub der zerstörten Häuser bedeckten Gärten, die verkohlten Balken und das schmutzige Aussehen der Einwohner verbreiteten überall den melancholischen Anblick der Zerstörung."[32]

Bleibt noch die Frage offen: warum sind die Helden männlich und die Frauen in die traditionelle Rolle der engelsgleichen Gefährtinnen zurückgedrängt, deren Hilflosigkeit durch ihre Rolle als wahre Schlachtopfer noch doppelt unterstrichen ist? Hier kann ein Rückgriff auf die Biographie Erhellung bringen. Psychoanalytisch und feministisch verfahrende InterpretInnen haben in unterschiedlichen Kontexten gemeint, eigentlich seien die Helden gar keine Männer, sondern verkappte Frauen.[33] Das mag alles mit eingeflossen sein — aber warum dieser Umstand, Frau durch Mann zu ersetzen? Ich vermute, daß Mary mit Bedacht Männer gewählt hat, und daß gerade hier ein versteckter feministischer Protest steckt, der an ihre Mutter anknüpfen mag. Diese Helden sind ja keine wirklichen Helden, sondern Antihelden, und wenn man die plausible These von der Identität von Schöpfer und Geschöpf übernimmt, *ein* Antiheld. Der Mann als Zerstörer wird hier dargestellt, der aus intellektuellem Interesse rücksichtslos gegen das Prinzip des Lebens und das Gebot der Fürsorglichkeit verstößt und den Tod über die Frauen bringt, die ihn (dienend) lieben. Ich meine, hier mag sich unbewußt Marys Unbehagen Luft gemacht haben, nicht nur über die Ansprüche des allzu starken Vaters, sondern auch über die des geliebten, kapriziösen Shelley, der ständig von ihr Aufmerksamkeit, Verständnis und intellektuelle Anstrengung forderte. Seine Kopfgeburten mögen Mary bei aller Liebe bedrohlich erschienen sein, und vielleicht gab sie ihm unterschwellig die Schuld für den Tod ihres ersten Kindes ein Jahr zuvor, das unter den Umständen eines so wenig etablierten Lebens nach ein paar Tagen starb. Der Tod des kleinen Mädchens hat Mary, wie sie im Tagebuch schreibt, in Traumbildern lange verfolgt.[34] Mindestens den Tod ihres dritten Kindes, eines Mädchens mit Namen Clara Everina, hat sie zwei Jahre später Shelley offen vorgeworfen, denn es starb auf einer strapaziösen Reise, die er angeordnet hatte. Auf einer nicht eingestandenen Ebene, die sich aber in Bildern artikulieren durfte, mag es ihr so vorgekommen sein, als ermorde das geliebte Monster nach und nach ihre Kinder und alles, was ihr lieb war — immerhin hatte Shelley sie ja mit sechzehn auch ihrer Familie entfremdet — und schließlich sie selbst: der Mord an Elisabeth hat eindeutig Obertöne tödlicher Erotik.

War dieser Mord so nachhaltig, daß es Mary auch später nicht mehr gelingen konnte, eine eigene weibliche Identität auszubilden? Es fällt auf, daß alle ihre weiteren Romane ebenfalls männliche Titelhelden haben: *Lodore, The Last Man, Falkner, Perkin Warbeck*. Dabei waren weibliche Heldinnen in der Romanliteratur seit den Tagen von *Moll Flanders, Clarissa* und *Pamela* ja durchaus bei männlichen und natürlich auch bei weiblichen AutorInnen beliebt: man denke nur an Jane Austen. Mary Shelley aber zog es vor, von weltverstrickten, aktiven Männern zu erzählen, während sie die Frauen in der traditionellen Rolle süßer, schwacher Trösterinnen ohne nennenswertes Profil beließ. Daß sie sich mit diesen Randfiguren identifizierte, ist kaum anzunehmen. Dagegen gibt es auffallende Ähnlichkeiten zwischen manchen Eigenschaften und Erlebnissen ihrer männlichen Helden und ihren eigenen, zum Beispiel der intellektuelle Hunger und das Leiden an Isolation und Einsamkeit. Ist es möglich, daß sie, in einer stark vom Vater und später vom Ehemann geprägten intellektuellen Atmosphäre aufgewachsen, an der man sie durchaus teilhaben ließ, dieses zwar tat, aber um den Preis, keine eigene, weibliche Persönlichkeit entwickeln zu können? Sie lernte denken, aber unter Männern und wie ein Mann. Das zurückbleibende Unbehagen mag seinen Ausdruck gefunden haben in dem auffallend häufigen Motiv, daß ein Mann ungewollt den Tod einer Frau auslöst. Sogar Marys Vision vom Aussterben der ganzen Menschheit bis auf den letzten *Mann* in *The Last Man* mag mindestens zum Teil von daher motiviert sein. Es ist eine ganz vom Mann bestimmte Welt, die untergeht, und es bleibt, gewissermaßen als Strafe, ein Mann in völliger Einsamkeit zurück. Es ist tragisch, daß Mary bei der Geburt ihre Mutter verlor: was für eine Identifikationsfigur hätte sie gehabt!

Anmerkungen

1 George Eliot, „Margaret Fuller and Mary Wollstonecraft" (1855) in: Essays of George Eliot, London, 1963, S. 199-206. Virginia Woolf, „Mary Wollstonecraft" ursprgl. in The Common Reader, abgedr. in Virginia Woolf, Women and Writing, London, 1988, S. 96-103.
2 The Works of Mary Wollstonecraft, hrsg. von Marilyn Butler und Janet Todd, London, 1989. 7 vs.
3 Die historische Darstellung stützt sich im wesentlichen auf G.D.H. Cole & Raymond Postgate, The Common People 1746-1946, London, 1971 (1938), Roy Porter, English Society in the Eighteenth Century, Harmondsworth, 1982 und E.J. Hobsbawm, Industry and Empire. The Pelican Economic History of Britain Volume 3: From 1750 to the Present Day, Harmondsworth, 1969.
4 Christopher Hill, Reformation to Industrial Revolution, Harmondsworth, 1969, S. 144.
5 Von den zahlreichen Biographien zu Mary Wollstonecraft seien als besonders aufschlußreich hervorgehoben: William Godwin, Memoirs of the Author of the Rights of Woman (ursprgl. 1798), jetzt zusammen mit Mary Wollstonecraft, A Short Residence in Sweden, Norway and Denmark (ursprgl. 1796) als Penguin Classics-Band erschienen, Harmondsworth, 1987; Eleanor Flexner, Mary Wollstonecraft, New York, 1972; Claire Tomalin, The Life and Death of Mary Wollstonecraft (1974) jetzt Harmondsworth, 1985; Ralph M. Wardle, Mary Wollstonecraft. A Critical Biography (1951) Lincoln, 1967.
6 Zitiert wird nach der Pelican Classics-Ausgabe, hrsg. von Miriam Kramnick, Harmondsworth, 1975 u.ä. Alle folgenden Übersetzungen mit Ausnahme des Zitats aus Frankenstein I.v.R.
7 Wollstonecraft, Vindication, S. 147.
8 Wollstonecraft, Vindication, S. 127.
9 Mary ist zusammen mit Maria or the Wrongs of Woman (1798) 1988 als Oxford University Paperback neu aufgelegt worden, hrsg. von Gary Kelly.
10 Wollstonecraft, Vindication, S. 252.
11 Der Ausspruch stammt aus einem Brief von Horace Walpole an die Schriftstellerin Hannah More, die zu den Bluestockings zählte und Marys Buch verabscheute, ohne es gelesen zu haben. Zitiert nach R.M. Janes, „The Reception of the Rights of Woman", in: Norton Edition von Mary Wollstonecraft, A Vindication of the Rights of Woman, hrsg. von Carol H. Poston, New York und London, 1988, S. 297-307, 299.
12 Von diesem Buch ist keine Kopie erhalten, wie Claire Tomalin berichtet. Tomalin, Life, S. 256.
13 Beide Werke sind als Faksimile-Ausgaben kürzlich wieder aufgelegt worden: Mary Wollstonecraft, A Vindication of the Rights of Men, Facsimile Reproduction, Gainsville (Florida), 1960. Mary Wollstonecraft, An Historical and Moral View of the French Revolution, Facsimile Reproduction hrsg. von Janet M. Todd, New York, 1975.
14 Wollstonecraft, Rights of Men. S. 148.
15 Wollstonecraft, French Revolution, S. 72.
16 Wollstonecraft, French Revolution, S. 72.
17 Wollstonecraft, French Revolution, S. 499, 72.
18 Godwin, Memoirs, S. 244. Übersetzung von mir.

19 Mary Wollstonecraft, Collected Letters, hrsg. von Ralph Wardle, Ithaca, 1979, S. 227.
20 Wollstonecraft, French Revolution, S. 426.
21 Wollstonecraft, A Short Residence, Letter Nineteen, S. 168.
22 Unter den zahlreichen Biographien sind besonders aufschlußreich Muriel Spark, Mary Shelley, London, 1988 (überarbeitete Fassung von Child of Light. A Reassessment of Mary Shelley, London, 1951); Jane Dunn, Moon in the Eclipse. A Life of Mary Shelley, London, 1978; Anne K. Mellor, Mary Shelley. Her Life, Her Fiction, Her Monsters, New York, London, 1988. Eine sehr wichtige Quelle ist auch Richard Holmes' umfassende Biographie über Percy Shelley: Shelley. The Pursuit, London, 1974.
23 Die Literatur bis 1975 findet sich verzeichnet in: W.H. Lyles, Mary Shelley. An Annotated Bibliography, New York, London, 1975. Eine zeitlich noch weiter reichende, sehr ausführliche Auswahlbibliographie findet sich in der deutschen Ausgabe im Insel Verlag, besorgt von Norbert Kohl. Mary Shelley, Frankenstein, Frankfurt am Main 1988, S. 351 - 370. Kohls Aufsatz „Du bist mein Schöpfer, aber ich bin dein Herr!'. Marys Kopfgeburt und die Folgen" im gleichen Band, der die wichtigsten Richtungen der Interpretation kommentiert, eignet sich gut als erster Überblick.
24 Diese Entstehungsgeschichte erzählte Mary Shelley selbst in der Einführung zur zweiten Fassung des Romans von 1831, die heute in jeder Ausgabe mit abgedruckt wird.
25 Zitiert nach der Inselbuch-Ausgabe, S. 161 - 162.
26 Wollstonecraft, French Revolution, S. 258.
27 Lee Sterrenberg, „Mary Shelley's Monster: Politics and Psyche in Frankenstein", in George Levine und U.C. Knoepflmacher, The Endurance of ‚Frankenstein'. Essays on Mary Shelley's Novel, Berkeley, 1979, S. 143 - 171.
28 Zitiert bei Sterrenberg, „Politics and Psyche", S. 143.
29 Mary Shelley, The Journals 1814 - 1844, 2 vs., hrsg. von Paula R. Riedman und Diana Scott-Kilvert, Oxford, 1987.
30 Sterrenberg, „Politics and Psyche", S. 157.
31 Ingeborg Weber, „Wie schaurig ist Frankenstein?" Anglia 95, 1977, S. 425.
32 Mary Shelley, History of a Six Weeks' Tour through a Part of France, Switzerland, Germany and Holland, London, 1817, S. 23.
33 So, um nur zwei der bedeutendsten feministischen Interpretationen zu nennen, Ellen Moers in „Female Gothic" in Literary Women, London, 1963, S. 90 - 110 (auch abgedruckt in Levine, The Endurance of Frankenstein, S. 77 - 87) und Sandra M. Gilbert und Susan Gubar, „Horror's Twin: Mary Shelley's Monstrous Eve" in The Mad Woman in the Attic: The Woman Writer and the Nineteenth Century Literary Imagination, New Haven, London, 1979, S. 213 - 247.
34 Tagebucheintragung unter dem 19. März 1815: „I dream that my little baby came to life again, that it had only been cold, and that we rubbed it before the fire, and it lived. Awake and find no baby. I think about the little thing all day. Not in good spirits." Das Baby starb so klein, daß es noch keinen Namen hatte.

Renate Haas

Therese Huber: Teilemanzipation und Schriftstellerinnenkarriere durch die Französische Revolution

„Es ist sonderbar meine geliebteste Therese, daß unsere eigenthümliche Verhältnisse so mit den wichtigsten Angelegenheiten des ganzen Menschengeschlechts zusammenhängen!" Das schreibt Georg Forster, der führende Kopf der Mainzer Republik, am 26. Juni 1793 aus Paris an seine Frau, während er bei den dortigen Behörden vergeblich die von ihr gewünschte Scheidung betreibt und sich im Anblick des schauderhaften Leidens und der Verwüstung nach dem Sinn seines Revolutionsengagements fragt.[1] Wie kaum eine andere Deutsche – abgesehen von ihren Jugendfreundinnen und Mainzer Gefährtinnen Caroline Böhmer und Meta Forkel – war Therese Forster an hervorragender Stelle mit der Französischen Revolution konfrontiert. Sie nutzte sie zu ihrer persönlichen Befreiung und ist trotzdem in vieler Hinsicht repräsentativ für die Lage der deutschen Frauen.

„Ein herrliches Weib. So unendlich viel Geist, so ausgebreitete Kenntnisse ..."[2]

Zu Beginn der Revolution hatte Therese gerade ihr fünfundzwanzigstes Jahr vollendet. Sie war eine Tochter Christian Gottlob Heynes, des berühmten Altertumswissenschaftlers und prägender Gestalt der Göttinger Universität, *der* Reformuniversität der Aufklärung. 1785 hatte sie einen Star des geistigen Lebens geheiratet, den dreißigjährigen Georg Forster, der mit seinem Vater James Cook auf dessen zweiter Weltumseglung als Naturforscher begleitet hatte. Sie war ihrem Ehemann in das polnische Wilna, wo er eine Professur hatte, gefolgt und hatte dort das erste Kind geboren. Im Oktober 1788 war die Familie nach Mainz übersiedelt, da Forster eine leitende Stelle an der Universitätsbibliothek erhalten hatte.

Wie viele deutsche Intellektuelle begeisterten sich das Paar und seine Freunde für die Revolution, der sie am neuen Wohnort besonders

Therese Huber

nahe waren. Revolutionstouristen machten bei ihnen Station, allen voran der junge Wilhelm v. Humboldt in Begleitung seines ehemaligen Lehrers Joachim Heinrich Campe, der neben Basedow der führende Vertreter der aufklärerischen Reformpädagogik war. Forster selbst besuchte 1790 zusammen mit Alexander v. Humboldt Paris. Die beiden Adeligen zeigten noch nach der Einnahme von Mainz durch die Franzosen so warmes Interesse an der „Sache der Freiheit",[3] daß sie in späteren Jahren nur für die wenigsten ihrer Briefe an Forster die Abdruckerlaubnis gaben, und dann auch nur ausschnittweise. Ungleich mehr Zurückhaltung war für den Forsterschen Kreis Goethe gegenüber nötig, als er im August 1792 mit dem Herzog von Weimar, der preußischer General war, zur Schlacht gegen die Revolutionstruppen reiste und zwei Abende in dem gastlichen Haus verbrachte.

Die kritische und begeisterungsfähige Therese scheint den Revolutionsenthusiasmus der Männer in ihrer Umgebung noch weiter gesteigert zu haben. Überhaupt nahmen deutsche Frauen, nicht zuletzt reifere, leidenschaftlich Anteil an den gewaltigen Entwicklungen im Nachbarland. Das bezeugt u. a. Carl Friedrich Pockels, der dafür 1801 in seinem *Versuch einer Charakteristik des weiblichen Geschlechts* vor allem folgende Gründe annahm: Reiz der Neuheit, Interesse am Schicksal Unterdrückter und Sichbefreiender, Erbitterung gegen den Krieg, Vorliebe für alles Französische, Geist des Widerspruchs und größere Klugheit der Frauen, Abhängigkeit vom Urteil ihrer Männer und Wunsch der Frauen, überall Revolution und die Wiedereroberung der geschmälerten Rechte ihres Geschlechts zu sehen.[4] Die von Pockels genannten Gründe scheinen auch für Therese Forster und ihre Freundinnen Caroline Böhmer und Meta Forkel zutreffend, wenn auch wohl einige Modifikationen nötig wären, etwa bei dem Punkt „Interesse an Unterdrückten und Sichbefreienden“ hinsichtlich der unteren Schichten.

Den Revolutionsenthusiasmus des Kreises mag illustrieren, was Meta Forkel über ihr und Georg Forsters Verhalten auf einer siebentägigen Reise nach Karlsruhe 1791 an Forsters Berliner Verleger Christian Friedrich Voß ungeniert berichtet. Sooft ihnen ein Aristokrat begegnete, hätten sie gegeneinander gerufen: „Die Menschheit hat ihre Titel zum Altare gebracht, und die Vernunft ein Brennopfer damit angezündet.“[5] Der Satz stammte nicht zufällig aus Forkels Übersetzung von Thomas Paines *The Rights of Man.* Denn Voß hatte es abgelehnt, die ihm von Forster als bewunderungswürdig gepriesene Schrift gegen Burke zu verlegen, und Zweck von Forkels sehr zielgerichtetem Brief war, ihn umzustimmen. Forster hatte die Übersetzung der Freundin nicht nur aus Zeitmangel überlassen, sondern sie schien ihm *„so demokratisch“,* daß er selbst sie wegen seiner amtlichen Position nicht übersetzen könne (16, 299). Meta Forkel schwächte das in ihrem Brief an Voß keineswegs ab, sondern gab sich überzeugt, daß der Verleger trotzdem nach der Lektüre der Schrift nicht umhin könne, sie zu drucken, „und wenn Hochverrath drauf stünde, und Hochverrath ist's freilich, die geweihten Götzen vieler Jahrhunderte nieder zu reißen“.[6]

Meta Forkel, die als Neunzehnjährige mit einem Briefroman ihr schriftstellerisches Debüt gegeben hatte, hatte zur Zeit dieses Briefs bereits Reiseberichte und historische Werke übertragen. In der Folge sollte sie unter der Ägide Forsters übersetzen: Thomas Anbureys *Reisen im inneren Amerika,* d.h. Briefe eines britischen Offiziers aus dem amerikanischen Unabhängigkeitskrieg, Volneys *Ruinen,* nach Forster (16,356) „philosophische Deklamationen über Regierungsform und Religion“, und David Ramsays *Geschichte der Amerikanischen Revolution.* Sie beteiligte sich somit aktiv an der Förderung fortschrittlichen bis revolutionären Denkens und errang sich gleichzeitig ein gewisses Maß an wirtschaftlicher Selbständigkeit. Denn das große Interesse an Zeitungen, Zeitschriften und Büchern mit Informationen aus Frankreich und den sonstigen fortgeschritteneren westlichen Ländern bot gerade auch Frauen der obersten Schicht des Bildungsbürgertums Möglichkeiten. Sie verfügten über die nötigen Voraussetzungen: Bildung und Fremdsprachenkenntnisse, die sie sich in Pensionaten, häuslichem und gesellschaftlichem Umgang, auf Reisen und durch ausgedehnte Lektüre erwarben; rasche Beschaffung von fremdsprachlichen Neuerscheinungen dank direkter oder indirekter Auslandskontakte; Zugang zu Bibliotheken; Hilfestellung von Bekannten durch Hinweise und Korrekturen beim Übersetzen, durch beigesteuerte Vorworte und Protektion bei Verlegern. So unterstützte Forster nicht nur Ludwig Ferdinand Huber, sondern auch Meta Forkel und Caroline Böhmer in ihren

Übersetzungs- und Publikationsbemühungen. Seine Gattin führte er bereits im öden Wilna im Hinblick auf ihre Finanzlage an diese Tätigkeit heran. Während ihrer vier Mainzer Jahre ließen Therese allerdings drei äußerst strapaziöse Geburten und Krankheit nicht mehr viel Energie dafür übrig.

Meta Forkel nutzte ihre Übersetzungstätigkeit auch dazu, ihre Rolle in ihrer unglücklichen Ehe neu zu definieren. Sie beanspruchte für sich ein hohes Maß an Freiheit auch bezüglich Amouren, tröstete sich mit der Arbeit über Kummer hinweg und bestritt „ihr Theil zu den Ausgaben“ unter Verzicht „auf alles ..., was sonst eine ehliche Verbindung zu gewähren pflegt“.[7] Überhaupt versuchten das Ehepaar Forster und seine Freunde einen weniger gesellschafts- als selbstbestimmten und -verantworteten Umgang der Geschlechter miteinander. Dabei sollte offenbar das neue Streben nach einer engen Beziehung zwischen den Ehepartnern mit Großzügigkeit gegenüber Freundschaften, wie sie in der herkömmlichen Vernunftehe sicher leichter zu verwirklichen war, zusammenkommen. Wilhelm v. Humboldt, der nach Auskunft seiner Tagebücher von Therese tief beeindruckt war und mit ihr die Geschlechterrollen eingehend erörterte, formuliert anläßlich seiner Verlobung in einem Brief an Forster dieses Ideal folgendermaßen:

> Zwischen Lina und mir wird nie etwas andres als die Empfindung das Verhältniß bestimmen, und [...] sollte einer von uns nicht mehr in dem andren, sondern in einem Dritten das finden, worin er seine ganze Seele versenken möchte; nun so werden wir beide genug Wunsch einander glüklich zu sehn, und genug Ehrfurcht für ein so schönes, großes, wohlthätiges Gefühl, als das der Liebe ist, von wem es auch genossen werde, besizen, um nie auch durch die mindeste Undelikatesse die Empfindung des andren zu entweihen.[8]

Der Frischverlobte bedachte auch, „daß gewisse Dinge aufhören zu sein, was sie sind, wenn nicht die Empfindung sie giebt, sondern Ideen von Pflicht, Nachgiebigkeit, Mitleid sie erpressen,“ und forderte „Feinheit genug, da keinen Genuß zu finden, wo der gegenseitige Genuß nicht gleich groß ist“ (a.a.O.).

Georg Forster vermochte solche „Feinheit“ nicht zu verwirklichen (und Humboldt tat die zitierten Äußerungen vielleicht auch mit der Absicht, Therese indirekt zu unterstützen). Forster, der in seinen Schriften – ganz auf der Höhe der Zeit – das Recht auf Individualität vertrat, konnte es seiner Ehefrau nicht zugestehen. Er wollte sich nicht mit freundschaftlicher Zuneigung und Fürsorge begnügen, sondern bestand trotz eigener Amouren auf seinen eheherrlichen Rechten, obwohl er wußte, daß er bei Therese nur Abscheu erregte, und den Kummer sah, den er damit auch sich selbst bereitete. Persönliche Befreiung und Revolution traten so für Therese Forster auseinander, und sie entschied sich schließlich für ihre eigene Emanzipation.

Schon bei der Rückkehr aus Polen brachte Forster die Ehe dadurch in eine ernste Krise, daß er selbst eine Liebe Thereses beförderte und gleichzeitig auf die eigenen Rechte pochte. Es kam zu einer mehrwöchigen Trennung. Die bloße Tändelei ihres Freundes, der Druck von seiten ihres Vaters und der Gesellschaft, die beschränkten Existenzmöglichkeiten für sie und ihr Kind außerhalb der Ehe, Forsters Ruhm, verinnerlichte Zwänge und Mitleid mit ihrem Gatten dürften Therese zur Rückkehr bewogen haben. Die psychischen Kosten waren hoch:

> [Ich] lebte in der Ehe wie eine der Unglücklichen, die ihren Körper preisgibt, um nicht Hunger zu sterben — so gab ich mich hin, um nicht den Qualen der Eifersucht, der Qual, einen Mann, dessen Glück ich doch beschworen hatte, elend zu sehen, zu erliegen. — Ich lebte zwei Jahre der fürchterlichsten Erbitterung, wär damals die Revolution gewesen, ich wär an die Blutstätten geeilt, ich hätte in den Reihen der Streiter gekämpft, ich hätte gemordet — um ein Gefühl zu genießen, das die starre Verzweiflung meiner Brust belebte.[9]

Diese nachträgliche Kämpferinnenprojektion mag uns arg übertrieben anmuten. Doch Wilhelm v. Humboldt, der Therese in dieser Phase kennenlernte, beschrieb sie in seinen Tagebüchern als eine sowohl leidenschaftliche als auch ungewöhnlich starke Persönlichkeit. Ihr „Stolz, sich allein genug zu sein", dünkte ihn ein Hauptzug ihres Charakters.[10] Sie erklärte ihm mehrfach, sie müsse ihren Freunden eine Stütze sein und bekomme selbst fast nichts zurück. Wie solche Stärke (männliche) Freunde unglücklich machen könne, vermochte oder wollte sich der Einundzwanzigjährige in männlicher Befangenheit nicht recht erklären. Er vermerkte auch Thereses Überzeugung, daß sie, obwohl sie ihr Kind unendlich liebe, sich im Falle des Verlusts „bald etwas anders schaffen [würde], woran sie hinge" (a.a.O). Mit ihrer Betonung der persönlichen Verantwortung bei gleichzeitiger Geringachtung gesellschaftlicher Verbindlichkeiten ging sie ihm allerdings zu weit.[11] Überhaupt gestand er wiederholt, daß er ihr in der „Neuheit und Kühnheit" ihres Denkens nicht folgen konnte und wollte,[12] was nicht zuletzt ihre Ansichten zu den Geschlechterrollen betroffen haben dürfte. Trotzdem war dieses „große, herrliche Weib" lang sein eigenes und seiner Verlobten „Studium".[13]

Während der Reise, die Forster zusammen mit Wilhelms Bruder machte und deren Eindrücke er in den *Ansichten vom Niederrhein, von Brabant, Flandern, Holland, England und Frankreich, im April, Mai und Junius 1790* verarbeitete, verliebte sich Therese in den Hausfreund Huber. Nach der Rückkehr ihres Gatten sah sie sich in einer „ménage à trois", für die sie nunmehr auch einen hohen physischen Preis zahlen mußte: drei Geburten innerhalb von zwei Jahren und fünf Monaten und infolge ihres geschwächten Zustandes eine ernste Lungenkrankheit. So starben auch das dritte und vierte Kind nach wenigen Wochen. Caroline Böhmer schrieb damals an Thereses früheren Freund Meyer:

> Ihre Gesundheit leidet, das ist nur zu wahr — Forster ist unerträglich — das ists nicht minder. Sie haben ihr jüngstes Kind an den inokulierten Blattern verloren. —

F. sorgt indes für Ersatz, und das ist zehnfach ärger — und wenn Sie das nicht für Leiden halten, wenn Sie F. billigen können, der doch wissen muß, daß er seines Weibes Herz nicht besitzt — nun so sind Sie ungerecht — wie die Männer alle.[14]

Revolution: Dilemma zwischen Emanzipation und Anpassung

Trotz der häuslichen Misere blieb Therese auch nach der Besetzung von Mainz durch die französischen Truppen unter General Custine Ende Oktober 1792 eine Revolutionsanhängerin. Georg trat nach reiflicher Überlegung dem Jakobinerklub bei und stürzte sich in Sitzungen, Reden und seine Zeitung, die wie mehrere parallele Unternehmungen das „Volk" für die Republik gewinnen sollte. Obwohl es Therese später verneinte und obwohl Frauen die Mitgliedschaft im Mainzer Jakobinerklub verwehrt war, könnte sie doch Sitzungen besucht haben. Zeitgenössische Bilder zeigen eine stattliche Anzahl Frauen im Publikum, und Klubpräsident Wedekind hielt es für nötig, die Trennung von Männern und Frauen auf der Zuschauertribüne zu fordern.[15] Ende November wurde Georg in die provisorische Administration der besetzten Gebiete berufen und leitete die umfassenden Propagandakampagnen. Bald sollten die Wahlen zum Rheinisch-Deutschen Nationalkonvent vorbereitet werden. Doch unter dem Eindruck der Greuel bei der Rückeroberung Frankfurts bestürmte Therese Georg, sie mit ihren zwei überlebenden Kindern in das sicherere Straßburg zu schicken, und setzte damit ihr persönliches Interesse über das ihres Mannes und das allgemein-politische. Caroline Böhmer kritisierte erbittert in einem Brief an den gemeinsamen alten Freund Meyer:

Menschlichem Ansehn nach, ist es der falscheste Schritt, den sie je getan hat, und der erste Schritt, den ich ohne Rückhalt mißbillige. Sie, die über jeden Flüchtling mit Heftigkeit geschimpft hat, die sich für die Sache mit Feuereifer interessierte, geht in einem Augenblick, wo jede Sicherheitsmaßregel Eindruck macht, und die jämmerliche Unentschiedenheit der Menge vermehrt — wo sie ihn mit Geschäften überhäuft zurückläßt — obendrein beladen mit der Sorge für die Wirtschaft — zwei Haushaltungen ihn bestreiten läßt zu der Zeit, wo alle Besoldungen zurückgehalten werden.[16]

Therese verweilte nur kurz in Straßburg. Sie bemühte sich um ein Ausreisevisum in die Schweiz, statt solange zu bleiben, bis sie Forster nach Paris folgen konnte. Nach ihrer späteren Darstellung handelte sie auf Anraten ihres Vaters, ohne Forsters Einwilligung abzuwarten und gegen die Einwände eines seiner Freunde am Ort, der wohl fürchtete, Forster werde „dann weniger Eifer in der Revolutionirung" des Rheinufers zeigen.[17] Der überarbeitete Forster reagierte auf die Nachricht von Thereses Sichabsetzen in die neutrale Schweiz mit einem gesundheitlichen Zusammenbruch (17, 309).

Schon bei Thereses Abreise aus Mainz hatte man vermutet, daß ihr Hauptmotiv die Trennung von Forster sei.[18] Im Ausland war sie vor dem Zugriff ihres „armen unglücklichen Tyrannen“[19] sicherer. Freunde, die einst in Göttingen studiert hatten, nahmen sie auf. Noch bevor Huber zu ihr kommen konnte, betrieb Therese die Scheidung – ähnlich ihre Freundin Meta. Mit diesem Bemühen standen sie weder unter deutschen noch unter französischen Frauen allein. Denn Aufklärung und Revolution zeitigten in den frühen neunziger Jahren diesbezüglich gewisse Erleichterungen: In Frankreich wurde die Scheidung 1792 eingeführt, in Deutschland bot beispielsweise das preußische Allgemeine Landrecht von 1794 mehr Möglichkeiten.[20]

Die Scheidung des Paares Forster war in Frankreich zu betreiben, da sie durch den Anschluß der Mainzer Republik französische Bürger waren, und der folgende Brief Thereses von Ende Juni 1793 zeigt noch einmal deutlich die Dichotomie zwischen den Errungenschaften der Revolution und ihrer persönlichen Freiheit: (Die Wörter in Klammern sind von ihr durchgestrichen.)

> Ich habe Deinen Brief erhalten, der mich erneut auffordert, Dich in Paris zu treffen. Ich erkenne darin wieder die unerschöpfliche Güte Deines Herzens. Bestehe nicht mehr darauf, mein Schicksal zu ändern. Ich will nicht zu Dir zurückkehren. Ich schätze Dich, ich ehre Dich, Du wirst immer mein Freund, mein Vertrauter sein, ich würde für Dich alle Gefühle der Freundschaft und der Dankbarkeit, der Bewunderung haben, aber ich kann nicht mehr Deine Frau sein. Ich will nicht nach Frankreich kommen. Wenn Du mir nur die Freiheit geben kannst, indem Du mich der Hoffnung beraubst, Bürgerin Eurer Republik sein zu können, dann verzichte ich feierlich darauf. [...] Niemals werden sich meine Gefühle für Eure Sache ändern. Die Frau, die mit (Ihnen) Dir gelebt hat, die (Sie) Du mit (Ihrer) Deiner Freundschaft, mit (Ihrem) Deinem Vertrauen ehrst, kann vor dem Tribunal der Vernunft nicht des Namens Bürgerin unwürdig sein. Diese Gesetze können mich, nach meiner formellen Weigerung, nach Frankreich zu kommen, verurteilen. (Wahrscheinlich.) Ich erwarte mit Festigkeit die Konsequenzen dieser Erklärung, die mich von (Ihnen) Dir trennt. Es lebe die Republik – aber ich verzichte auf ihre Segnungen. Weihe Du ihr Deine Fähigkeiten, sie hat wenig Mitstreiter, die so bürgerlich, so edel sind wie (Sie) Du. [...] Mein Herz liebt Sie zärtlich und [...] ich flehe (Dich) Sie an, mich nicht im Stich zu lassen, (zu) zu stärken mit Ihrer Freundschaft, Ihrer Menschlichkeit (eine) Ihre (Therese) Freundin.[21]

Der Umstand, daß sie den Brief auf französisch schrieb, läßt darauf schließen, daß Therese ihn auch zur Vorlage vor Beamten geeignet machen wollte. Die abschließende Bitte mag daran erinnern, wie sehr sich die stolze Selbstbehauptung an der wirtschaftlichen Abhängigkeit der Mutter von zwei Kindern rieb.

Therese befand sich im Zwischenland Schweiz in einer äußerst schwierigen Lage. Wie ihr Brief andeutet, konnte sie bei einem Rückkehrversuch nach Frankreich als Republikflüchtige bestraft werden, schlimmstenfalls mit dem Tod. Die Scheidung von ihrem „armen unglücklichen Tyrannen“ verzögerte sich, und Forster versuchte, sie und Huber zu einem Zusammenleben zu bewegen. Seine zahlreichen Briefe zeigen nicht nur, wie wichtig Therese für ihn auch als Gesprächspartnerin war, sondern darüber hinaus, wie sehr sein privates Unglück seine Revolutionsresignation verbitterte. Als Antwort auf Thereses Scheidungsinitiative schrieb er beispielsweise am 17. Juni:

> Ich habe Deinen Brief, meine teuerste Therese, worin Dein schönes Herz so ganz darliegt. Es hat das schmerzliche Gefühl meines grenzenlosen, unheilbaren Elends nur noch geschärft. Ich kann nicht mit Dir leben und kann Dich auch nicht entbehren; es ist unmöglich, daß ich je durch Liebe beglückt werde, denn nie kann ein anderer Gegenstand mich rühren und mein Herz so erfüllen — und ich liebte so ganz unbedingt und hingegeben! ich liebe noch ebenso mit dem zerfleischenden Bewußtsein, nie! nie! glücklich gewesen zu sein, nie Gegenempfindungen erregt zu haben, folglich nie erwecken zu können. Wünsche nicht diese Hölle zu fassen, sondern wünsche, daß ich einsehen lerne, womit ich sie verdient habe, damit ich ruhiger und mit dem Schicksal versöhnter sterbe. Ich war gewiß für häusliches Glück geschaffen, ich war nützlich als Mensch und wär' es als Mensch, als Vater und Freund, als Gatte immer mehr geworden. Alles ist zerrüttet, alles hin; ich kann nicht mehr die Ruhe der Seele finden, die zur Arbeit unentbehrlich ist; ich kann mich mit der toten Einsamkeit nicht aussöhnen und hasse sie doch noch weniger als die traurige Gesellschaft der Menschen.[22]

Angesichts solcher Äußerungen mußte sich Therese nach Forsters frühem Tod am 10.1.1794 fragen, wieweit sie mitschuldig daran war, daß er einsam und verzweifelt einer Infektion erlag. Nicht zufällig rollte sie in dem Brief, in dem sie Caroline Böhmer den Tod ihres Ehemannes mitteilte, die Geschichte ihrer Beziehung noch einmal auf und versuchte sich zu rechtfertigen.[23]

Sogar über Forsters Tod hinaus blieb Therese von ihm wirtschaftlich abhängig, nämlich durch die Notwendigkeit, aus seinen Geistesprodukten Geld zu schlagen. Weder sie noch er hatten viel aus Mainz mitnehmen können. Huber quittierte ihretwegen den ungeliebten diplomatischen Dienst. Als Erbwerbsmöglichkeit blieben Therese und Huber nur Publizistik und Schriftstellerei. Dabei hatten sie angesichts des großen Interesses an den Entwicklungen in Frankreich den Vorteil, daß sie durch Forster rasch direkte Information, Dokumente, Zeitungsberichte usw. bekamen (wie sie ihn ihrerseits über das Geschehen im Reich und in der Schweiz auf dem laufenden hielten). Hubers Auswahl von französischen Quellen vermochte dadurch sogar kanonbildend zu werden.[24] Von 1794 bis 1797 konnte er außerdem bei Voß Forsters kleine Schriften in sechs Bänden herausgeben.

Was Therese bei einer Rückkehr nach Deutschland drohte, demonstrierte das Schicksal Caroline Böhmers. Diese war wie Meta Forkel in Mainz geblieben und hatte sich um Forster gekümmert. Erst nachdem er als Deputierter nach Paris gegangen war, kehrte sie mit ihrer Tochter nach Deutschland zurück. Festgenommen, wurde sie in strengster Haft in Königstein Zeugin der Leiden zahlloser Revolutionsanhänger, die man fast zu Tode geprügelt hatte. Nur durch vielfache Bemühungen und ein großherziges Opfer ihres Bruders kam sie frei. Fast alle ihre Freunde wandten sich von ihr ab. Aus ihrer Vaterstadt Göttingen und aus Dresden wies man sie aus. Erst durch die Heirat mit August Wilhelm Schlegel 1796 wurde sie bis zu einem gewissen Grad rehabilitiert, was aber beiden längere Zeit zweifelhaft schien, so daß sie erwogen, nach Holland oder Amerika auszuwandern.[25] Während man aber Caroline lediglich eine Liebschaft mit Forster nachsagen konnte (zu Recht?), war Therese mit ihm, auf den sich als führenden Kopf der Mainzer Republik die besondere Wut richtete, sogar verheiratet (gewesen). Auch von ihr wandten sich die meisten Verwandten und Freunde ab. Ihren Vater sah sie erst nach zwanzig und Wilhelm v. Humboldt nach 37 Jahren wieder.

Die deutsche Antirevolutionspropaganda richtete sich nicht zuletzt dagegen, daß Französinnen (sowie einige deutsche Frauen) nicht bloß mit Forderungen für ihr Geschlecht, sondern mit neuen Verhaltensweisen im privaten und öffentlichen Leben hervortraten. Wie schon die ersten Berichte deutscher Revolutionstouristen verraten, störten die aktiven Französinnen ihr positives Revolutionsbild und lösten in ihnen beträchtliche Unsicherheit und Ängste aus.[26] Daß Frauen sich sogar Gewalttätigkeit „anmaßten", beunruhigte zutiefst, auch in Frankreich. Therese und ihre ebenso unkonventionellen Freundinnen Caroline und Meta wurden als exponierteste deutsche Revolutionsanhängerinnen sehr schnell Zielscheibe der öffentlichen Kritik und Diffamierung. Mit ihnen konnten Forster und die ganze Mainzer Republik – die erste Republik auf deutschem Boden – diskreditiert werden. 1793 erschien von einem unbekannten Verfasser ein tragikomisches Schauspiel mit dem Titel *Die Mainzer Klubisten zu Königstein oder Die Weiber decken einander die Schanden auf.* Es präsentierte die drei Freundinnen als liederliche Frauenzimmer und die Klubisten als üblen Haufen eitler Schwätzer, Therese überdies als die Kraft, die Forster in die Revolution getrieben hatte. Zerrüttung ehelicher Verhältnisse und schrankenloses Ausleben roher Triebe erschienen eng mit der politischen Revolution gekoppelt.[27]

Jedoch nicht allein Schreiberlinge versuchten, mittels der Frauen die Revolution und Forster herabzusetzen. Schiller, einst engstens mit Huber befreundet, sah diesen als passives Opfer Thereses und nannte sie noch 1805 in einem Brief an Christian G. Körner eine „schlechte Natur", durch deren Umgang man sich nur beschmutze und nichts als Verdruß gewinne.[28] Die literarische Öffentlichkeit warnte er 1796 im Musenalmanach mit folgendem geschliffenen Xenion:

PHLEGYASQUE MISERRIMUS OMNES ADMONET
O ich Tor! Ich rasender Tor! Und rasend ein jeder
Der, auf des Weibes Rat horchend, den Freiheitsbaum pflanzt![29]

Raffiniert diskriminieren sich in diesen drei Zeilen Revolutionsstreben und Weib gegenseitig.[30] In dem weiteren Xenion „Die dreifarbige Kokarde" präsentiert Schiller den Revolutionär am verdienten

Ort: wütend durch die ganze Hölle brüllend, die Kokarde mit grimmiger Faust zerzausend, offenbar nicht mehr als Individuum zu erkennen. Aus dem gleichen Umfeld stammt Schillers Bezeichnung für Caroline Böhmer: Dame Luzifer.

Gegen solche weibliche „Verirrungen“ galt es, die züchtige Hausfrau, die nur drinnen waltet, als Ideal zu propagieren. Sie würde per definitionem nicht zur Hyäne werden, die mit Entsetzen Scherz treibt und mitwirkt, daß nichts Heiliges mehr bleibt, sondern sich alle Bande frommer Scheu lösen und alle Laster frei walten („Lied von der Glocke“, 1799). „Dienen lerne beizeiten das Weib, gemäß seiner Bestimmung“ (*Hermann und Dorothea*, 1797). Sowohl im Hinblick auf die Schweizer, unter denen sie als dubiose, mittellose Emigrantin ohne ihren Ehemann, stattdessen bald unterstützt von Huber lebte, als auch im Hinblick auf ihre Familie, von der sie doch noch Hilfe zu bekommen hoffte, empfahl sich für Therese eine besonders enge Anpassung an dieses Muster.[31] Sie, die zuvor mehr Freiheit gehabt hatte als die meisten deutschen Frauen, mußte sich – zumindest nach außen – wieder bravstens in ihre Schar einreihen.

Ein Brief an die Frau des Züricher Theologen und Altphilologen Hottinger aus der Zeit, als sich das Ehepaar Huber vergeblich um die dortige Aufenthaltsgenehmigung bemühte (Frühjahr 1794),[32] bietet ein Musterbeispiel für Thereses Selbstverleugnung aus Furcht „vor den Folgen [...], die es für [sie] in Zürich haben konnte, wenn man [sie] für eine gelehrte und geistreiche Frau hielt“. Sie zeigte sich zutiefst beunruhigt, daß ein Bekannter sie in einem Atemzug „mit einer so zweideutigen Frau als Madame Staël und einer so kapitalen Närrin wie Frau von Berlepsch“, einer Schriftstellerin, genannt hatte, noch dazu unter dem Aspekt, daß sie alle nach Zürich strebten und die Stadt dann „drei Teufelsweiber an Geist und Wissenschaft“ beisammen hätte. Um „nicht vor so gefährlich gehalten [zu werden], wie mans glaubt“, betonte sie ihre mangelhafte Bildung und ihre Überzeugung, daß Wissen „eine große Nebensache für ein Weib“ darstelle, ja oft nur auf Kosten seiner eigentlichen Aufgaben erworben werde:

> Hätte ich je meines Mannes Haushalt schlecht geführt, je meine Kinder versäumt, je ein Hemd außer dem Haus nähen lassen, um derweile lesen zu können, so wär ich vielleicht, geliebts Gott, gelehrt geworden. Ich, des allen nichts, habe in acht Jahren meiner Ehe gearbeitet wie ein Bürgerweib.

Ihre Selbstverleugnung fand in folgender Äußerung einen traurigen Gipfel:

> Ich ehre mich mehr, weil ich schnell einen guten Strumpf stricke, als weil Goethe bei meinem unbefangnen Geschwätz gerührt nachdachte und meinen Geist pries.

Therese klagte ihren „Geist“ sogar an: *Er* habe Forsters Unglück bewirkt, und dieses sei dem Gatten nur durch ihr „weiches Herz“, ihren „häuslichen Fleiß“ und ihr „Leben als Hausweib“ aufgewogen worden.

Indem sie versicherte, sie sei jetzt durchaus in der Lage, sich „Stille, Häuslichkeit und Unbekanntheit zu wünschen", gestand sie indirekt ein früheres Streben nach Außenwirkung zu. Um ihre vergangenen Fehler und die „Mängel ihres Geistes" zu relativieren, bediente sie sich zusammen mit der Beteuerung ihrer weiblichen, häuslichen Tugenden auch einer gewissen Diffamierung der anderen intellektuellen Frauen:

> Ein Weib wie die Staël, wie die Berlepsch, wie alle berühmten Weiber hätte er freigelassen und vergessen, mich ließ er frei, ward mein Wohltäter und liebte mich bis im Tod.

Noch beschränkter präsentiert Huber seine Frau in einem Brief an ihren Vater[33] – nicht zufällig aus dem Jahr 1795, als sie, aus Neuchâtel ausgewiesen, in einem armseligen Dorf hausen mußten. (In Neuchâtel war eine patriotische Kommission gebildet worden, um Unruhen von seiten der Emigranten und ihrer Gesinnungsgenossen vorzubeugen, und man hatte ein Schreiben Benjamin Constants an Huber abgefangen.[34]) Zweck des Briefs an den Schwiegervater ist, ihn zu überzeugen, daß sich bei Therese nicht mehr der „geringste Anstrich von politischer Schwärmerei, von unhäuslicher, unweiblicher Gelehrsamkeitskrämerei" finde. Nach Hubers Aussage liest sie nie eine einzige Zeitung und auch kein Buch, weil sie vor häuslichen Pflichten keine Zeit dazu hat. Sie ist auf das angewiesen, was er ihr beim Stricken vorliest, und selbst dafür oft zu müde. Wenn er ihr „etwas Kühnes, Mutiges, Braves" vorliest, „jauchzt sie"; wenn er sich über die öffentliche Lage Sorgen macht, „lacht sie" nur über seine Klugheit. Am liebsten hört sie „eine hübsche Komödie" oder etwas „aus der älteren Geschichte".

Da er Thereses politisches Interesse ihrem eigenen Vater gegenüber nicht völlig ableugnen kann, stuft es Huber zur bloßen Gefühlssache herab, die von allem Politisieren so weit entfernt sei wie vom Hebräischlernen und überdies durch alle örtlichen und persönlichen Umstände in der unschädlichsten Sphäre eingeschränkt werde. Seine Frau verkehre vor allem als „Weib mit Weibern".

Bezüglich Thereses Schriftstellerei, in der Heyne einen „lächerlichen, unweiblichen Drang" sah, stellt Huber klar, daß das von ihr Hingeworfene erst brauchbar werde, wenn es von ihm „überarbeitet und aufgestutzt" sei, sich dann freilich als „sehr einträglich" erweise. Der selber als Dramatiker Gescheiterte resümiert:

> was einem Autorwesen so ähnlich sieht, wie das Feld zu pflügen der Haltung einer akademischen Rede – ihr das zum Verbrechen oder zum literarischen Ruhm anzurechnen, wäre wirklich gleich barbarisch.

Der Revolutionsroman „Die Familie Seldorf“

Zur Zeit beider Briefe arbeitete Therese an ihrem Revolutionsroman *Die Familie Seldorf.*[35] Im Schutz der Anonymität brauchte sie ihre Belesenheit und ungewöhnliche Informiertheit,[36] ihre Ideale und Überzeugungen viel weniger zu verleugnen. Angesichts des großen Revolutionsinteresses vieler Frauen konnten sie vielmehr nützlich sein, zumindest bis zu einem gewissen Grad. Die Handlung umfaßt die Jahre 1784 bis 1794 und zeigt die Revolution aus französischer Perspektive, beispielsweise auch die Kämpfe um Mainz und Frankfurt. *Die Familie Seldorf* ist aber nicht nur der einzige deutsche Frauenroman über die Revolution, sondern ein wesentliches Verdienst Thereses besteht darin, daß sie die neuen Frauenrollen, wie sie in diesem Umfeld möglich waren, facettenreich darstellt. Im Hinblick auf das deutsche Publikum war ein solcher Roman sehr gewagt. (Ein Vorabdruck und beide Bände erschienen 1794 bis 1796 in Tübingen bei Johann Friedrich Cotta, dessen Bruder Friedrich Christoph zu den Mainzer Jakobinern gehört hatte.) Ein Indiz für die Gewagtheit mögen wir darin sehen, daß der Verlag am Ende des zweiten Bandes eigens darauf hinweist, daß Ludwig Huber im Vorabdruck und auf dem Titelblatt des ersten Bands fälschlich als Autor aufscheint. Denn wegen der Vorurteile gegen Frauen hatte Therese ohnehin auch ihre voraufgegangenen kleineren Arbeiten unter dem Namen ihres Gatten veröffentlicht.

Bezeichnenderweise versuchte Therese in ihrem Vorwort als erstes die Gefahr abzuwehren, ihr Buch könne „manchen Lesern unmoralisch, oder wenigstens zwekwidrig vorkommen“. Gegenstand ihrer diesbezüglichen Befürchtungen waren insbesondere Leseraversionen dagegen, daß ihre Heldin Sara „ausgeartet ist“ und „ihrem Geschlecht entsagt“ hat. Die Reaktionen der Literaturkritiker gaben ihr recht.[37] Ein besonders deutliches Beispiel bietet aus vierzigjährigem Abstand Karl Gutzkow, ein wichtiger Vertreter des Jungen Deutschland, das an und für sich den politischen Fortschritt auf seine Fahnen schrieb. Seine Kritik läßt vor allem ex negativo Thereses Verdienste hervortreten.

Gutzkow lobt zwar Therese Huber allgemein als hervorragende Beobachterin von Frauen und Kindern. Er sieht sie „immer bewandert in den friedlichen Kreisen der Familie und der Haushaltung“ und (ohne Ironie seinerseits) unübertrefflich „in der Schilderung der Schwindsucht, des Nervenfiebers, der Kinderkrankheiten, und der kleinen Hausmittel dagegen“.[38] Er gesteht ihr außergewöhnliche Erfahrungen in „einem großen und merkwürdigen Zeitraum der Geschichte“ und Informiertheit „über Sitten und Gebräuche und selbst einige Vorurtheile ihrer Zeitgenossen“ zu. Trotzdem erwecken die Rollen, in denen sie Frauen darstellt, zumal außerhalb der Ehe, seinen heftigsten Widerwillen. Namentlich in *Die Familie Seldorf* jage „eine Unnatürlichkeit die andre". Gutzkow tadelt vor allem, daß Thereses Romane entweder „mit vollkommener Entsagung schließen" oder die Heldinnen einen wahrhaft liebenden Bewerber ablehnen und sich „einem Andern in die Arme werfen", um schließlich — verbraucht — reuevoll zurückzukehren. Das Frauenverhalten, das sie darstellt, empört seiner Ansicht nach „Sittlichkeit und Ehrgefühl" und sucht „in der Wirklichkeit vergebens nach Beispielen":

> Wie kann [in *Die Familie Seldorf*] Tugend mit so viel Laster, Männlichkeit mit so viel Schwäche bestehen? Wo gibt es ein Mädchen von der Bildung, wie sie Sara genossen haben soll, das sich so im Vorübergehen verführen läßt, wie diese selbe Sara? Wo gibt es einen jungen Mann, der bei so viel Edelmuth und Charakterstärke, wie Roger besizt, zugleich ein solcher Simpel ist, daß er eine Schamlose noch immer lieben kann, sogar mit ihrem Kinde spielt, und zulezt sich noch bereitwillig findet, sie zu heirathen? Solche Gemeinheiten würden empörend sein, wenn sie nicht unmöglich wären! (231-32)

Wogegen sich Gutzkow hier ereifert, ist, daß die Protagonistin ihr Recht behauptet, sich nicht mit einem Mann zu verheiraten, den sie zwar freundschaftlich liebt, dessen sexuelles Begehren ihr aber nur Widerwillen einflößt. Sara bewahrt sich trotzdem — wie ihre Autorin gegenüber Forster — die Liebe des Zurückgewiesenen und muß mit genügend Bekümmerung und Zerrissenheit für ihre Selbstbehauptung zahlen. Sie wird in der Tat von dem blendenden Adeligen L*** überrumpelt, aber erst nachdem er für sie und ihren Vater viel getan, sie eine tiefe, ausschließliche Liebe zu ihm entwickelt hat und er ihr schlechtes Gewissen wegen eines Mißverständnisses ausnutzen kann. Sara wird sich im Nachhinein der Schwere des Schritts bewußt, doch angesichts ihrer Liebe und der Beteuerungen ihres Geliebten hatte „ihr Fall ... ihr weder Tugend noch Selbstachtung gekostet, er hatte sie unauflöslich mit L*** verbunden" (1,268).

Gutzkows Beispiele erfassen nur den ersten Teil und den Schluß des zweiten. Zu den „Gemeinheiten" und „Unmöglichkeiten" des 2. Bandes, die er nicht einmal nennt, gehört, daß Sara trotz der Warnungen ihres redlichen Betreuers auf vage Eheversprechungen hin L*** nach Paris folgt und dort, ohne es zu wissen, als seine Mätresse lebt. Nachdem sie die private und öffentliche Verlogenheit ihres Geliebten erkannt hat, wird sie zunächst zu seiner fanatischen, aber verständlichen Verfolgerin und hernach zur überaus tapferen Patriotin, die angesichts des Ausschlusses der Frauen aus der Revolutionsarmee als Mann verkleidet kämpft. In ihrem Fanatismus der ersten Phase wird Sara von ihrer Autorin zwar immer wieder getadelt, doch sind ihre Verirrungen auch Teil der allgemeinen Verirrungen. Immerhin darf sie Forderungen äußern wie, „Rache und Recht kennt und braucht auch das Weib", und Jakobinern als Rächerin ihres Geschlechts erscheinen (2,147 u. 159). Sie schließt sich den Montagnards an und mischt sich auf politischen Versammlungen lautstark in die Auseinandersetzungen ein, was ihre

Schöpferin in direkten Kommentaren mißbilligt. Doch hat Therese zuvor das Ideal der liebevollen, sich nur um Mann und Kind kümmernden Hausfrau gerade von dem verschlagenen L*** preisen und für seine Zwecke ausnutzen lassen. Schon bei ihrer persönlichen Rache gewinnt Sara überdies mehrfach eindrucksvolle heroische Statur; so bei der Erstürmung des Gefängnisses, wo sie L*** weiß:

> Flüche, wildes Geschrei, schallendes Gelächter tobten um Sara, die schweigend mit gezüktem Dolch, im Ausdruk des bittersten Grimms vor ihnen hergieng — [...]
> Sara, mit fliegendem Haar, das weiße Gewand vom Blut der Erschlagnen, über welche sie schritt, beflekt, hebt den Arm, hebt das Eisen, das sie für diesen Augenblik rein bewahrt hatte. — Du bist mein, ruft sie, nur ich darf dich richten! (2,167-68)

Die Anklänge an Darstellungen von Charlotte Corday sind unüberhörbar. Doch während diese von Männern zunehmend zur Ausnahmefigur, von höheren Mächten gesandt, mythisiert und so als potentielles Vorbild für Frauen entschärft wurde, ist Sara ein Produkt der extremen Verhältnisse. Sie kämpft in der Vendée einen gerechten Kampf gegen den Widerstand machtgieriger Adeliger und „Pfaffen" sowie von ihnen aufgehetzter Bauern und bleibt „selbst in Verirrung und Raserei, sich und ihrem Gefühle treuer" als ihr Bruder, der sich aus Ehrgeiz den Royalisten angeschlossen hat (2,298-99).[39]

Gegen Schluß kehrt Sara zu einem einfachen ländlichen Leben mit dem legalen Söhnchen L***s zurück. Therese beläßt ihr dabei ihre Stärke: Sie lehnt auch jetzt den Heiratsantrag des treuen Roger ab — für Leserinnen sehr wohl überzeugend, da Roger ohnehin die meiste Zeit des zweiten Bandes fern von ihr war und ihr nicht hätte helfen können und auch seine Tapferkeit kaum vorgeführt wurde.

Therese Huber war ihr facettenreicher Revolutionsroman, der auch in die Terreur hineinreicht, möglich, weil sie wie Forster und im Gegensatz zu ihrer neuen Freundin Isabelle de Charrière letztlich von den Zielen der Revolution überzeugt blieb. Die niederländisch-schweizerische Schriftstellerin hingegen hatte Mitte des Jahres 1793 ihren Revolutionsroman *Henriette et Richard* im vierten Teil bei der Darstellung der Hinrichtung des Marquis de Favras abgebrochen. Nach Therese hatte Mme Charrière anfangs für die Revolution geglüht, sich später aber enttäuscht abgewandt, weil sie nicht in der Lage war, „einen über alle Leiden der Gegenwart erhabenen Standpunkt zu fassen".[40] Ähnlich hatte Benjamin Constant seinen geplanten Dialog zwischen Ludwig XVI., Brissot und Marat nicht vollendet, sondern an seine sechsundzwanzig Jahre ältere Freundin und Lehrerin Mme de Charrière im November 1793 geschrieben: „Mais comment voulez-vouz qu'on écrive au milieu des têtes qui roulent?"[41] Therese Huber dagegen publizierte *Die Familie Seldorf* in Jahre hinein, in denen die Revolutionstruppen linksrheinisch wieder auf dem Vormarsch waren und von Holland bis Neapel Schwesterrepubliken errichtet wurden, in denen in

Deutschland der Klerus noch große weltliche Macht hatte und in denen andererseits die Frauen nach den Prairialaufständen auch in Frankreich noch stärker aus der Öffentlichkeit zurückgedrängt wurden.

Ausblick

Die weitere Bahn Therese Hubers, die durch die Französische Revolution zur Schriftstellerin wurde und sie sich aus guten Gründen zum Gegenstand ihres ersten großen Werks nahm, kann hier nicht genauer verfolgt werden. Einiges sei aber herausgegriffen.

Die Revolution blieb insofern noch ein prägender Einfluß, als Therese und Ludwig Ferdinand weiterhin ihren Idealen treu bleiben wollten und sich doch immer mehr anpassen mußten, etwa wenn wieder einmal eine Zeitschrift, die Huber herausgab, verboten wurde. Noch 1798 stellte Schiller in einem Privatbrief bezüglich Huber fest: „Wie hat er sich doch seine ganze Lebensbestimmung verdorben. Er ist zu einer immensen Schriftstellerei genöthigt, um zu existiren".[42] Körner führte seinen frühen Tod auf die Schwächung infolge jahrelanger Überarbeitung zurück.[43] Therese ihrerseits mußte nicht nur entsprechend mitschaffen. Sie bezahlte die Gemeinschaft mit dem Mann ihres Herzens mit sechs weiteren anstrengenden Geburten innerhalb eines Dezenniums (und hatte in dieser Hinsicht weniger Glück als Caroline in ihrer Ehe mit Schlegel).

Obwohl von den insgesamt zehn Kindern nur vier überlebten, lag für Therese nach Hubers Tod 1804 in Anbetracht der geringen Pension und aufgrund ihrer Neigungen ein Weiterarbeiten nahe. Sie heiratete nicht wieder und wurde eine der ersten Zeitungsredakteurinnen in Deutschland. Bis zu ihrem Tod 1829 schrieb sie viele Erzählungen und Romane und konnte sich zu den berühmtesten Schriftstellerinnen Deutschlands zählen.[44] Wichtig an ihrer publizistischen Tätigkeit ist, daß sie weiterhin sehr viel aus dem fortgeschritteneren westlichen Ausland vermittelte und so zur Bildung weiter Kreise, auch in politischer Hinsicht, beitrug.[45] Als sie gegen Ende ihres Lebens Wilhelm von Humboldt nach 37 Jahren wiedersah, bemerkte sie in einem vertraulichen Brief wohl mit einigem Recht:

> Ich glaube, die Zeit ist an meinem Gemüt ohnmächtiger wie an dem seinen vorübergegangen, soviel weiter seine Kenntnisse und Wahrnehmungen in dem Zweig der menschlichen Gesellschaft, den wir Staatsleben nennen und der alles Wissen umfaßt, über meine Begriffe selbst erhaben sein müssen. Aber Mensch neben Mensch bin ich der reichere geworden. Man könnte sagen, daß er der bescheidenere sei, da er von Menschenwert, Menschenwürde und Menschenrecht gar kleine Begriffe hat und wenig Ansprüche macht. Er reduziert die Entwicklung, welche wir für den Menschen zu wünschen haben, auf eine gute Stallfütterung mit abgeteilten Raufen, wo der Adel

billig wo obenan steht und es auch Mittel gibt, daß der bessere Stier an eine bessere Raufe gelange; doch zum Stall dürfen nur einzelne vorzügliche — kurz, es ist der Begriff einer geistigen Aristokratie neben der der Kasten. Das Volk bleibt im Stall ohne Rechte und Denkmittel, die Geistesbildung bleibt eine Art Orden und die Pflicht der Regierung bleibt es, für gute Futterkräuter zu sorgen.[46]

Therese mochte hier den Bildungsreformer z.T. nach den von ihm nicht zu verantwortenden Verwirklichungen beurteilen. Konkreter Hintergrund ihrer Äußerung war jedoch Humboldts Weigerung, ihr die Druckerlaubnis für seine revolutionsbegeisterten Briefe an Forster zu geben.

Humboldt seinerseits erkannte auch damals noch das außergewöhnliche Talent dieser Frau an, die ihr Leben lang mehr oder weniger, bewußt oder unbewußt daran litt, daß ihr die Gesellschaft nur Rollen bot, die nicht die volle Entfaltung ihrer Gaben erlaubten. Humboldt stellte sie nicht nur an „Originalität des Geistes" weit über die in literarischen Zirkeln angesehenere Freundin Caroline, sondern auch über ihre beiden Ehemänner: „Sie standen beide in Tiefe und Umfang des Geistes und in Größe des Charakters dieser [= Therese] sehr nach."[47]

Da ihre literarischen Leistungen trotz mehrerer Untersuchungen aus unserem Jahrhundert, speziell jüngerer Zeit, noch lange nicht genügend gewürdigt sind, sei abschließend wenigstens ihre positive Wirkung belegt — mit dem unfreiwilligen Lob Gutzkows. Nach ihm ragt Therese Huber besonders hervor aus den zeitgenössischen „literarischen Damen", deren Torheiten sämtlich darauf hinauslaufen, „daß sie sich gegen ihre Bestimmung, nämlich gegen die Ehe, wie gegen das Uebel sträuben". Sie hat sich einen großen Namen erworben, indem sie den „ehelosen Stand" geradezu in ein System brachte.

Alle alten Jungfern, alle glücklichen Wittwen und unglücklichen Ehegattinnen haben sich bei ihr Trost und Muth geholt.[48]

Anmerkungen:

1 Alle Forster-Zitate nach Akademie der Wissenschaften der DDR (Hsg.), Georg Forsters Werke. Sämtliche Schriften, Tagebücher, Briefe, 1-, Berlin, 1968 — Hier: 17,379.

2 Königlich-preußische Akademie der Wissenschaften (Hsg.), Wilhelm von Humboldts gesammelte Schriften, 14, 3. Abt.: Tagebücher, 1, Berlin, 1916, S. 43.

3 Vgl. Albert Leitzmann, Georg und Therese Forster und die Brüder Humboldt. Urkunden und Umrisse, Bonn, 1936, S. 99.

4 4, Hannover, 1801, S. 263-78; nach Magdalene Heuser, „Jakobinerin, Demokratin und Revolutionär. Therese Hubers ‚kleiner winziger Standpunkt' als Weib um 1800", in: Viktoria Schmidt-Linsenhoff (Hsg.), Sklavin oder Bürgerin? Französische Revolution und Neue Weiblichkeit 1760-1830, Frankfurt/Marburg, 1989, S. 156, Anm. 33.

5 Forsters Werke 16,538; im Original „ihn" statt „ihre".

6 Forsters Werke 16,538.

7 Forsters Formulierungen im Empfehlungsbrief an einen Bibliothekar der UB Göttingen. 16,358.

8 Forsters Werke 18,382.

9 Andrea Hahn (Hsg.), Therese Huber: Die reinste Freiheitsliebe, die reinste Männerliebe. Ein Lebensbild in Briefen und Erzählungen zwischen Aufklärung und Romantik, Berlin, 1989, S. 148.

Ähnlich im Brief an Caroline Böhmer vom 25.2.1794, in dem sie der Freundin und Rivalin den Tod Forsters mitteilte und ihr Verhalten noch einmal rechtfertigen zu müssen glaubte: „Ich sah mich endlich vor eine Hündin an, die das Männchen niederwirft — ich sah es wie die Erniedrigung der Menschheit an — ich hatte einen Grad menschenhassender, alles Gefühl verabscheuender Bitterkeit, die seinem guten Herzen wohl meistens entging." A.a.O., S. 71-72.

10 Tagebücher, 1, S. 41-42.

11 Tagebücher, 1, S. 45.

12 Vgl. Tagebücher, 1, S. 41 und 45-47; Anna v. Sydow (Hsg.), Wilhelm und Caroline von Humboldt in ihren Briefen, 1, Berlin, ^{6}1910, S. 31-32 u. 148.

13 Wilhelm und Caroline, S. 31-32, 35-36 u. 356.

14 Sigrid Damm (Hsg.), „Lieber Freund, ich komme weit her schon an diesem frühen Morgen." Caroline Schlegel-Schelling in ihren Briefen, Darmstadt, ^{2}1981, S.111.

15 Vgl. Rainer Schoch / Gerhard Bott (Hsgg.), Freiheit — Gleichheit — Brüderlichkeit. 200 Jahre Französische Revolution in Deutschland, Nürnberg, 1989, S. 299 (= Abbildung) u. 335.

16 Damm (Hsg.), S. 127-28.

17 Forsters Werke 17,683. Nach Therese riet ihr auch ein englischer Freund zur Abreise, da er anläßlich eines „Meinungskrieges" bei ihr „die moralische Gefahr einer Steigerung des weiblichen Muthes, wenn Abscheu sich ihm zugesellt", erkannt habe. 17,661.

18 Damm (Hsg.), S. 128.

19 Formulierung Thereses in einem Brief 1806; s. Hahn (Hsg.), S. 147.

20 Eva Walter, Schrieb oft, von Mägde Arbeit müde: Lebenszusammenhänge dt. Schriftstellerinnen um 1800, Düsseldorf, 1985, S.218 und Helga Grubitzsch u. a. (Hsgg.), Grenzgängerinnen. Revolutionäre Frauen im 18. und 19. Jahrhundert, Düsseldorf, 1985, S. 210 und 297.

21 Entwurf, Hahn (Hsg.), S. 62-63. Vgl. das französische Original: Forsters Werke 18,584.

22 Hahn (Hsg.), S. 62.

23 Vgl. Hahn (Hsg.), S. 70-75 und oben, Anm. 9.

24 Paul Hocks / Peter Schmidt, Literarische und politische Zeitschriften 1789-1805, Stuttgart, 1975, S. 62.

25 Vgl. Sigrid Damm, „Carolines Kunst", in: dies. (Hsg.), S. 30-35 und Allgemeine Deutsche Biographie.

26 Vgl. Ursula Geitner, „‚Die eigentlichen Enragées ihres Geschlechts.' Aufklärung, Französische Revolution und Weiblichkeit", in: Grubitzsch u. a. (Hsgg.), S. 187 f.

27 Damm, S. 34 und Inge Stephan, „Faszination und Abwehr: Französische Revolution und deutsche Literatur", in: Schoch / Bott (Hsgg.), S. 105.

28 Hahn (Hsg.), S. 139.

29 Hahn (Hsg.), S. 82.

30 Die rasende Torheit des Freiheitsbaumpflanzens — akzentuiert durch sich steigernde Wiederholung und Verallgemeinerung — erscheint durch das Weib induziert, wobei die Verbindung von verderblichem weiblichem Rat und Baum unterschwellig Eva und das Urübel evozieren mag. „Horchend auf" steht in nächster Nähe zu „Gehorsam". Der verblendete, blinde Gehorsam gegenüber dem Weib hat den Revolutionär — Forster — in das tiefste Unglück gestürzt, und das Xenion bietet sich als seine Klage und Mahnung dar. Das Motto, das aus Vergils *Aeneis* (6,618) stammt, reduziert ihn zum jämmerlichen *exemplum monens:* ‚Im äußersten Elend ermahnt Phlegyas alle.' Als ein weiterer Phlegyas erscheint Forster überdies mit räuberischem Krieg gegen das Heiligste und Frevelei assoziiert, und gleichzeitig als einer, der aus der langen Geschichte nichts zu lernen vermochte.

31 Heyne, der sich zunächst für die Revolution begeistert hatte, fühlte sich durch seine Tochter kompromittiert und in seiner Position gefährdet. Forster, G.W. Böhmer und G.C. Wedekind hatten gleich im November 1792 übereifrig von Custine ein Schutzversprechen für die Universität Göttingen erwirkt, das deren Ruf, die Ideale der Revolution zu propagieren, noch verstärkte. Thereses Onkel Ernst Brandes, der Burke persönlich kannte, hatte als einer der ersten in Deutschland die Revolution auf publizistischer und diplomatischer Ebene bekämpft und wandte sich bald auch der Geschlechterrollendiskussion in konservativem Sinn zu. Zu Thereses Familienkontext vgl. in wissenschafts- und bildungsgeschichtlicher Hinsicht Renate Haas, V.A. Huber, S. Imanuel und die Formationsphase der deutschen Anglistik. Zur Philologisierung der Fremdsprache des Liberalismus und der sozialen Demokratie, Frankfurt, 1990, bes. S. 64 f. und 111 f.

32 Hahn (Hsg.), S. 76-79.

33 Hahn (Hsg.), S. 79-82.

34 Ludwig Geiger, Therese Huber, 1764 bis 1829. Leben und Briefe einer deutschen Frau, Stuttgart, 1901, S. 94.

35 Tübingen, 1795-96; Reprint Hildesheim, 1989.

36 Forster schilderte Therese seine direkten Eindrücke von Charlotte Corday und Théroigne de Méricourt (17,395-96 und 400-1). Obgleich sie interessiert nachhakte (vgl. 17,421-22), liefert er in den erhaltenen Briefen an sie nicht mehr viel weitere Information. Olympe de Gouges erwähnt er in ihnen gar nicht. Von Mary Wollstonecraft, der „Verfasserin der ‚Rechte des Weibes'" (17,339), schreibt er sehr wenig, obwohl er viel in ihrem Kreis verkehrte und sich nach W. v. Humboldt sogar in sie verliebt haben soll. Wilhelm v. Humboldt, Briefe an eine Freundin, Joachim Lindner (Hsg.), Berlin, 1986, S. 217.

37 Vgl. Helmut Peitsch, „Die Revolution im Familienroman. Aktuelles politisches Thema und konventionelle Romanstruktur in Therese Hubers Die Familie Seldorf", Jahrbuch der deutschen Schillergesellschaft, 28, 1984, S. 266.

38 Beiträge zur Geschichte der neuesten Literatur 1, Stuttgart, 1836; Reprint Frankfurt, 1973, S. 228.

39 Zu den Spiegelungen und Brechungen in den zahlreichen Nebenfiguren sowie zur direkten Kritik an Adel und „Pfaffen" vgl. Heuser, „Jakobinerin", S. 148-56. Hinsichtlich der Hinrichtung Ludwigs XVI., eines Wendepunkts im Roman, vgl. die briefliche Diskussion zwischen Therese und Forster: Klaus Harpprecht, Georg Forster oder Die Liebe zur Welt, Reinbek, 1987, S. 533.

40 Geiger, S. 108-9. Isabelle Charrière und Therese Huber waren sich in vieler Hinsicht ähnlich, wie letztere selbst anläßlich des Todes der Freundin 1805 in einem Brief feststellte. Die 1741 geborene holländische Adelige hatte in ihrer Jugend das Glück, „mehr Geistesfreiheit zu erlangen als die meisten ihres Geschlechts". Faszinierend und stolz, wies sie zahlreiche Verehrer ab und kämpfte dann um den rangmäßig bedeutend niedrigeren Mann ihres Herzens. Nachdem sich dieser als zu beschränkt für ihren Überschwang erwies, reiste sie viel, verliebte sich in andere Männer und betätigte sich als Autorin. Als Therese sie kennenlernte, hatten sie „die ängstliche *médiocrité* der Menschen um sich, der ewige Widerspruch, den ihre Wünsche, ihre Gewohnheiten, ihre Ansichten überall und auch in ihren nächsten Umgebungen fanden, ihr stets getäuschtes Herz, ihr nahendes Alter [...] *difficile* gemacht. Sie war kühn, wie nur möglich ist, in allen Urteilen". Therese und Ludwig Ferdinand wurden vorurteilslose Zeugen ihrer letzten Liebe, zu Benjamin Constant, den ihr 1795 Madame de Staël „entriß". Geiger, S. 105-9.

41 Roland Mortier, „Un roman inachevé sur la Révolution vécue: Henriette et Richard, par Madame de Charrière", Kolloquium Die Revolution in Europa — erfahren und dargestellt, Duisburg, 21.4.1989, ersch. in der Kolloquiumspublikation 1990 bei Peter Lang (Frankfurt).

42 Zit. nach Lydia Schieth, Die Entwicklung des deutschen Frauenromans im ausgehenden 18. Jahrhundert, Frankfurt, 1987, S. 379.

43 Schieth, S. 312.

44 Geiger, S. 240.

45 Vgl. Haas, S. 114-15.

46 Leitzmann, S. 125.

47 Briefe an eine Freundin, S. 217-18.

48 Beiträge 1, 229.

Clarissa Kucklich

Liebe und Freiheit: Madame de Staël und Heinrich Heine

> Ich küßte sie nicht bloß aus zärtlicher Neigung, sondern auch aus Hohn gegen die alte Gesellschaft und alle ihre dunklen Vorurteile, und in diesem Augenblick loderten in mir auf die ersten Flammen jener zwei Passionen, welchen mein späteres Leben gewidmet blieb: die Liebe für schöne Frauen und die Liebe für die französische Revolution.... (H. Heine, Memoiren, Bd. 11, S. 608).

Was mich in der Konfrontation von Germaine de Staël und Heinrich Heine interessiert, ist der Konflikt zwischem dem bis zum Äußersten geführten Subjektivismus und dem Gedanken an eine politische und soziale Umwälzung.

Damit stehen die Reflexionen auf die Bedingungen von Liebe und Freiheit im Mittelpunkt einer ethischen Fragestellung, die sich zugleich als eine Kritik an den Strukturen neuzeitlicher Subjektivität zu bewähren hat: Denn für das moderne Bewußtsein ist eine solche Art von Erkenntniskritik deshalb von Bedeutung, weil sie am Beispiel der Französischen Revolution die Unzulänglichkeiten der bürgerlichen Welt zu zeigen vermag, deren Ursachen in dem unvermittelten Verhältnis zwischen Person und Geschichte, Individuum und Gesellschaft, Besonderem und Allgemeinem zu suchen sind. Insofern kann von einem Überdauern jener Strukturen der Subjektivität gesprochen werden, die von uns aus – mit Blick auf die Geschichte – den Menschen sowohl als Täter als auch als Opfer jener Formen des bürgerlichen Subjektivismus entlarvt. Anders gesagt: Die wissenschaftliche Diskussion um die Subjekt-Objekt-Problematik hat davon auszugehen, daß die Verantwortung für jegliche Formen von Objektivationen der Welt dem Subjekt zuzuschreiben ist. Das gilt insbesondere für den wissenschaftlichen, den politischen, sowie für den kulturellen Bereich. Freiheit und Liebe sind demnach nicht bloß sozial-politische Begrifflichkeiten, sondern ethische Kategorien, weil sie, aus anthropologischer Sicht, auf die Humanität im Prozeß der Menschheitsgeschichte zielen:

> ...und wie es überhaupt in Europa keine Nationen mehr gibt, sondern nur zwei Parteien, wovon die eine, Aristokratie genannt, sich durch Geburt bevorrechtet dünkt und alle Herrlichkeiten der bürgerlichen Gesellschaft usurpiert, während die

andere, Demokratie genannt, ihre unveräußerlichen Menschenrechte vindiziert und jedes Geburtsprivilegium abgeschafft haben will, im Namen der Vernunft. Wahrlich, ihr solltet uns die himmlische Partei nennen, nicht die französische, denn jene Erklärung der Menschenrechte, worauf unsere ganze Staatswissenschaft basiert ist, stammt nicht aus Frankreich, wo sie freilich am glorreichsten proklamiert worden, nicht einmal aus Amerika, woher sie Lafayette geholt hat, sondern sie stammt aus dem Himmel, dem ewigen Vaterland der Vernunft.[1]

Mit dieser grundsätzlichen Überlegung beginnt Heine 1835, fast 25 Jahre nach dem Erscheinen des Deutschlandbuches von Madame de Staël, seine Auseinandersetzung mit ihrem Werk, besonders in seinen beiden Schriften: „Zur Geschichte der Religion und Philosophie in Deutschland“ und „Romantische Schule“. Diese Auseinandersetzung ist zugleich eine schriftstellerische Begegnung zweier Generationen, deren Protagonisten, aus unterschiedlichen sozialen Schichten und von unterschiedlichen politischen Positionen aus, auf die Ereignisse ihrer Zeit reagieren. Heine war Berufsschriftsteller, Poet und Bürger, zugleich ein Verfechter der Menschenrechte. Madame de Staël war Schriftstellerin, liberale Aristokratin und eine emanzipierte Frau. Ihren beiden Deutschlandbüchern gemeinsam ist, daß in ihnen versucht wird, dem französischen und europäischen Publikum das geistige Leben in Deutschland vorzustellen. Beide kämpften sie für die Liebe und die persönliche Freiheit, und dennoch sollte sich gerade in diesem Kampf ihre Gegnerschaft erweisen.

Ein Blick auf die Verschränkung von Lebens- und Zeitgeschichte beider Autoren kann diese bereits verdeutlichen:

Am 22. April 1766 wird Anne Louise Germaine Necker in Paris geboren. Ihr Vater, Jacques Necker, aus Genf stammend, ist bereits mit dreißig Jahren Vize-Direktor der Bank Thélusson in Paris; von 1777 an ist er vier Jahre lang Direktor der Finanzverwaltung des Französischen Staates. 1764 heiratet er Suzanne Curchod, die Tochter eines Schweizer Pastors. In den unruhigen Zeiten der Revolution steigt und fällt er mehrmals in der Gunst der Herrscher und des Volkes; er wird zur Abdankung gezwungen, dann wieder berufen. Im September 1790 nimmt er endgültig Abschied von der Politik und zieht sich in die Schweiz zurück.

Seine Tochter kommt zuerst durch ihn, den sie abgöttisch liebt, mit allen zeitgenössischen politischen Größen in Berührung und mehr noch in dem berühmten Salon ihrer Mutter. Dort versammelte sich an jedem Freitagabend alles, was in Paris auf den Gebieten der Kunst, der Wissenschaft, der Politik Rang und Namen hatte, u.a. d'Alembert, Buffon, Diderot, Thomas , dazu Diplomaten und Besucher aus aller Welt. Man stelle sich jenes vielgerühmte Bild vor Augen, wie die zehnjährige Germaine mit Diderot über Rousseau debattiert![2]

1786 heiratet sie den schwedischen Botschafter Baron de Staël-Holstein. Im Juli 1787 wird ihr erstes Kind, Gustavine geboren; ebenfalls im Juli 1790 der gemeinsame Sohn August. In den Jahren zwischen 1788 bis 1807 schreibt sie mehrere kleine essayistische Abhandlungen, Theaterstücke und Romane, darunter *Delphine* (1802 erschienen) und *Corinna oder Italien* (1806 erschienen). Ihr Hauptwerk, das Buch *Über Deutschland,* an dem sie schon viele Jahre gearbeitet hat, wird 1810 zensiert und durch Napoleon verboten. Erst 1813 kann es in London mit Hilfe A.W. Schlegels, der das Manuskript ausser Landes gebracht hatte, erscheinen. Ihre Ehe hält sie lange Jahre über nur zum Schein aufrecht. Sie hat mehrere Liebesbeziehungen, u.a. mit Talleyrand, ehemals Bischof von Auton und später Napoleons Polizei- und Außenminister, mit dem Grafen Louis de Narbonne, Kriegsminster im ersten Jahre der Revolution, nach dem Bruch mit ihm im Jahre 1797, mit Benjamin Constant. Ihre gemeinsame Tochter Albertine wird am 8.6.1797 geboren. Am 6. Dez. 1797 begegnet sie zum erstenmal Napoleon Bonaparte. 1810 lernt sie John Rocca kennen. Im April 1812, im Alter von 46 Jahren, bringt sie die gemeinsame Tochter zur Welt; vier Jahre vor der Eheschließung mit Rocca.

Germaine de Staël erlebt das Ancien Regime, die Revolutionsjahre und die republikanische Herrschaft. Am 4. Mai 1789 ist sie bei der Eröffnung der Generalstände dabei.

Die am 3. Sept. 1791 verkündete neue Verfassung, Vorbild aller bürgerlichen Verfassungen des 19. Jahrhunderts, wird zum größten Teil in ihrem literarischen und politischen Salon ausgearbeitet, der zugleich Treffpunkt der Gemäßigten ist. Im Juli 1792 bieten Mme de Staël, Narbonne und Malouet Ludwig XVI. einen Plan zur Flucht ins Ausland an, den dieser ablehnt. Im November desselben Jahres verläßt sie ihr Schloß Coppet, durchquert die Schweiz und trifft ihren Geliebten Narbonne, dem sie zur Flucht verholfen hatte, in Dover oder London.[3] „In Juniper Hall beherbergt sie Jaucourt und Lally-Tollendal, die sie gerettet hat, empfängt an der Seite von Narbonne Madame de La Chatre, Malouet, die Burneys, ... verbringt (sie) mit geistreichen Französen und einflußreichen Engländern vier glückliche, dem Schiffbruch des Lebens abgerungene Monate, und entwirft in dieser Zeit die Flugschrift zugunsten von Marie Antoinette: „Réflexions sur le procès de la Reine par une femme“, die im August 1793 anonym in Paris erschien“.[4] Im April 1793 ist sie wieder in der Schweiz, von wo aus sie die Turbulenz des politischen Geschehens verfolgt:

> Die Aufstände der Royalisten gegen die Republikaner, die Racheakte der Republikaner gegen verfassungstreue Städte wie Lyon, den Bürgerkrieg in der Vendée, dazwischen schlimmste Nachrichten über das Schicksal der Königin.[5]

Wegen ihrer royalistischen Aktivitäten wird gegen sie 1796 Haftbefehl erlassen. Sie flüchtet abermals in die Schweiz, kehrt aber Ende Dezember wieder nach Frankreich zurück. Jedoch darf sie nicht nach Paris. Von diesem Zeitpunkt an wird sie ständig von Napoleon überwacht, der ihre Wirksamkeit in der Öffentlichkeit unterbinden will. 1803 reist

Germaine de Staël erstmals nach Deutschland ins winterliche Exil: Begegnung mit Goethe, Schiller und anderen Persönlichkeiten. Erste Begegnung mit A.W. Schlegel am Berliner Hofe.

Erst 1804 erscheint ihre Schrift „Über Literatur, in ihren Verhältnissen mit den gesellschaftlichen Einrichtungen und dem Geiste der Zeit,“in der sie im Jahre 1800, rechtzeitig zum Staatsstreich Napoleons, den Rahmen für die fällige Neuorganisation von Staat und Gesellschaft nach dem Abschluß der revolutionären Periode in ihrem Sinne absteckt und gleichzeitig einen konstrastiv-vergleichenden Blick auf die anderen europäischen Länder wie auf die allgemeinen historischen Voraussetzungen der gegenwärtigen, durch die Revolution entstandene Problematik wirft“.[6]

Diese Schrift stößt auf wenig Gegenliebe bei dem Diktator, weil sie besonders die deutsche Literatur lobend erwähnt. So schrecken seine Zensoren auch nicht davor zurück, eine polemische, restaurativ-frauenfeindliche Kritik gegen diese Schrift zu veröffentlichen.[7] Wieder des Landes verwiesen, tritt sie 1807/8 ihre zweite Deutschlandreise an, die sie auch nach Österreich führt. Allein fünf Monate bleibt sie in Wien. Begegnung mit Jacobi, Friedrich Wilhelm und Caroline Schelling, ehemals Caroline Schlegel.

Bereits ihr 18o2 erschienener Roman *Delphine* stellt eine Aufarbeitung der Revolutionszeit dar und ist zugleich ein Plädoyer für die Ehescheidung. Literarisch betrachtet ist ihr Hauptwerk der Roman *Corinna oder Italien*, der 1807 erscheint und die Trennung von Kunst und Leben zum Inhalt hat. Ihre öffentlichkeitswirksamste Schrift bleibt jedoch ihr „Deutschlandbuch“, das zugleich eine Kampfansage gegen Napoleon Bonaparte darstellt. Im Oktober 1816 heiratet Germaine John Rocca. Nur knapp ein Jahr dauert diese Ehe. Sie stirbt am 14. Juli 1817.

1817, im Todesjahre von Germaine de Staël, ist Heine, ältester Sohn des jüdischen Kaufmanns Samson Heine und seiner Ehefrau Betty, gerade 20 Jahre alt und unglücklich verliebt in seine Cousine Amalie. Es ist das Jahr des Wartburgfestes der Deutschen Burschenschaften, die mit ihrer öffentlichen Kundgebung die Einheit Deutschlands sowie soziale und politische Emanzipation fordern.

Nachdem er das Gymnasium ohne Reifezeugnis verlassen hat, beginnt Heine 1815 eine Lehre als Kaufmann. Onkel Salomon richtet ihm 1818 ein Manufakturwarengeschäft ein, das jedoch wegen drohenden Bankrotts 1819 geschlossen werden muß. Auf Drängen der Familie beginnt er ein Jurastudium in Bonn, das ebenfalls der Onkel finanziert. Im gleichen Jahre wird der Schriftsteller von Kotzebue durch den Studenten Sand ermordet. Anlaß für die Regierung mit umfassenden Repressionen zu reagieren: Oppositionelle Intellektuelle werden verfolgt, liberale und demokratische Zeitungen verboten; kritische Professoren verlieren ihre Lehrstühle. Heine verfolgt diese Ereignisse mit politischem und schriftstellerischem Interesse; er leistet sozusagen literarischen Widerstand.

1820 immatrikuliert er sich an der Universität in Göttingen. Ab 1822 verkehrt er im Salon von Rahel Levin und Elisabeth Hohenhausen. Begegnung mit E.T.A. Hoffmann, Grabbe, A. Humboldt, Hegel u.a.. Im Juni 1825 tritt Heine zum evangelischen Glauben über und schließt gleichzeitig seine Promotion als Dr. jur. in Göttingen ab. 1827 übersiedelt er nach München, wo er sich eine Professur erhofft, die er aber wegen seiner sozialkritischen Reflexion der deutschen Verhältnisse — dies wird nicht offen ausgesprochen — nicht erhält. Wegen seines schlechten Gesundheitszustandes reist er wiederholt nach Helgoland und erfährt dort — 1830 — von der gescheiterten Julirevolution in Frankreich: Der vom Bürgertum erzwungene Sturz des reaktionären Königs wirkt auf Europa wie ein Warnsignal. In Deutschland, Italien, Belgien und Polen kommt es zu Aufständen. Unruhen in Braunschweig, Sachsen, Hannover und Kurhessen erzwingen neue Verfassungen. Die deutschen Liberalen und Demokraten gewinnen Anhang und Unterstützung in der Masse des Volkes.

Im Mai 1831 geht Heine nach Paris, wo er ständigen Wohnsitz nimmt und als Berufsschriftsteller und Korrespondent für verschiedene Zeitungen sein Geld verdient. 1832 Veröffentlichung seiner acht politischen Korrespondenzberichte *Französische Zustände* in der Augsburger Allgemeinen Zeitung. Im selben Jahr findet das „Hambacher-Fest“ statt, und entwickelt sich zu einer Demonstration für die Einheit und Freiheit Deutschlands.

1834 lernt Heine Mathilde, die mit bürgerlichem Namen Crescentia Eugenènie Mirat hieß, kennen, die er sechs Jahre später heiratet. Seine Schrift zur *Geschichte der Religion und Philosophie in Deutschland* erscheint 1835, in Frankreich trägt sie — wie das Buch G. de Staëls — den Titel: *De l'Allemagne.* Im gleichen Jahr verbietet der Deutsche Bundestag die Schriften des Jungen Deutschland. Auch Heines Schriften werden dazugerechnet. In den Folgejahren publiziert er unter Umgehung der Zensur bewußt die Form des Reiseberichts und der poetischen Verdichtung wählend. Sein Gesundheitszustand verschlechtert sich zunehmend. 1843 Begegnung mit Karl Marx. 1844 Aufstand der schlesischen Weber. Als 1848 die revolutionären Unruhen von Paris auf Deutschland übergreifen, erkrankt Heine an Rückenmarkschwindsucht und bleibt hinfort an seine „Matratzengruft“ gefesselt. Kurz vor seinem Tode beginnt Heines Freundschaft mit Mouche, seiner letzten Liebe. Er stirbt im Alter von 59 Jahren am 7. Februar 1856.

Während Heine Zeit seines Lebens mit der Feder die politischen Ereignisse in Europa festhielt und sich zum Dichter für das Volk entwickelte, lebte Germaine de Staël ein dramatisch betontes Gefühlsleben, litt an den Verhältnissen der revolutionären Zeit und lebte unter der Angst des Verlusts ihrer privaten und persönlichen Beziehungen. Die dadurch geprägte Persönlichkeitsstruktur erklärt ein wenig, weshalb sie einerseits als priviligierte Vertreterin ihres Geschlechts freiheitliche Grundprinzipien vertritt (Gleichberechtigung, freie Partnerwahl — so würden wir Heutigen es ausdrücken), andererseits aber dem aufbrechenden politischen Materialismus ihres Heimatlandes das Bild eines idealistischen und religiösen Volkes vor Augen hält. Ihre Auseinandersetzung mit der deutschen Philosophie führt konsequenterweise zu einem ‚Idealismus der Freiheit', der ihrem theoretischem Verständnis und ihrer subjektiv-freiheitlichen Idee entgegenkommt. Insofern ist ihre gesellschaftspolitische Auseinandersetzung kein Kampf um Frauenrechte. Ihr Thema ist die philosophische Freiheit schlechthin.

Das mußte Heines Unmut hervorrufen, war er doch ein Vertreter des objektiven Idealismus, in dem er die Möglichkeit einer Realisierung zum sensualistischen Materialismus, der den geistigen und leiblichen Bedürfnissen der Menschen entsprechen sollte, sah. Um dieses Problem, das er literarisch verarbeitete und als den Zusammenhang von Ich und Welt reflektierte, kreiste seine gesamte poetische Darstellung, auch in den essayistischen Schriften. In ihnen konkretisierte sich die Dialektik von Anthropologie und sozial-politischer Praxis. Heine war ein Anhänger der französischen Revolution, aber zugleich ein kritischer Beobachter hinsichtlich ihrer Auswirkungen. Er sah durchaus die Verzahnung von idealistischer Philosophie und Revolutionstheorie. Mit der Französischen Revolution begrüßte er die Zerstörung des feudalen Subjektivismus. Zugleich kritisierte er jedoch die rein formalen Prinzipien von Freiheit, Gleichheit und Brüderlichkeit, denn Revolution bedeutet für ihn nicht Aufruhr, sondern Umwälzung der Verhältnisse.

Damit richtet sich sein Revolutionsverständnis auf die Vermittlung von Theorie und Praxis, die nur durch eine Revolution des Bewußtseins erreicht werden kann. Für Heine ist eine Umwälzung der sozialen Verhältnisse nicht durch Gewalt zu erreichen. Die ‚Enthauptung der Fürsten und Könige' kann für ihn daher nur innerlich vollzogen werden, d.h. der ‚innere Kopf' muß von den feudal-hierarchischen Strukturen befreit und mit bürgerlich-emanzipatorischem Bewußtsein gefüllt werden. Denn Ziel der Revolution ist die Herstellung des Ichs, der Person und zwar geistig und physisch. Auch hier bleibt das Prinzip der Ich-Konstitution Grundlage der Poesie und Praxis, weil für Heine die Poesie praktische Philosophie ist.

Daß Germaine de Staël im Gegensatz dazu ein geistiges Deutschland gezeichnet hatte, das gerade im Hinblick auf die deutsche Philosophie und Literatur ein freies ‚Reich des Geistes' hervorhob, forderte ein neues Deutschlandbuch heraus, das zu schreiben sich Heine nicht nur in polemischer Absicht vornahm.

In gewisser Weise ist sein Deutschlandbuch aber auch eine Fortsetzung des ihrigen, weil er nicht unbedingt gegen ihre Entwicklungsgeschichte der deutschen Philosophie und Literatur anschreibt, sondern gegen deren Deutung und Rezeption. So fühlt er sich besonders als ‚letzter Dichter der Romantik' (mehr eine ironische Selbstbezeichnung) dazu aufgerufen, Germaine de Staëls romantisch-verklärendes Deutschlandbild zu korrigieren. Freiheit nur im Geiste oder als romantisches Ideal bedeutet zugleich Ablehnung des Spinozismus, einer praktischen Philosophie sozialer Bewegungen sowie eines pantheistischen Weltmodells, das von einer sozialen Gerechtigkeit und einer ganzheitlichen Konzeption des Menschen und des konkreten Lebens ausgeht. Was aber ist mit dem pantheistischen Weltmodell gemeint? Deutlich zeigt Heine, wie sehr sein pantheistischer Gottesbegriff, sein pantheistisches Weltbild, das Zentrum seines „mythologisch und poetisch erahnten, ... philosophisch bewußten“[8] Geschichtsverständnisses bildet. Die Idee, die hinter dieser anthropologisch-theologischen Weltsicht steckt, ist die poetische Konzeption einer Ganzheit des Lebens. In Abgrenzung zum subjektiven Idealismus zeigt sich hier, durch die Verbindung von Sinnlichkeit und Vernunft in der Poesie, Heines Nähe zu Hegel, dessen abstrakten, spekulativen Zugriff auf den Sinn des Lebens qua Vernunft Heine jedoch zugleich mit seinem mythologisch-poetischen Denkduktus überschreitet und damit Leben und Sinn konkretisiert. Zwar kommt „im Menschen die Gottheit zum Selbstbewußtsein“[9], doch ist es bei Heine nicht mehr das einzelne Subjekt, durch welches sich das „Selbstbewußtsein offenbart“.[10] Es ist die Menschheit, die im Zusammenwirken von Person- und Lebenswelt, d.h. durch die Konturierung der eigenen Persönlichkeit und durch die verantwortliche Gestaltung der Natur und der Gesellschaft, den göttlichen Schöpfungsgedanken in sich trägt. Mit den Mitteln der vermenschlichten Schöpferkraft entwirft der Dichter poetische Bilder, die eine Neugestaltung der Welt und Realität in Erscheinung bringt, und zwar mittels der Phantasie. Die materialistische und verdinglichte Erscheinungswelt wird quasi von unten, vom Menschen her transzendiert.

Heines Lebensphilosophie richtet sich damit gegen die in Germaine de Staëls Buch zum Ausdruck kommende Willensphilosophie und Pflichtethik. In ihrer Philosophie kommt Sinnlichkeit allenfalls als Apperzeption (als begrifflich urteilendes Erfassen) der Welt über die Sinne vor, nicht aber als schöpferisches Prinzip. In seiner Kritik scheut Heine deshalb auch nicht vor bissig-ironischen Überzeichnungen zurück:

> Als die gute Frau merkte, daß sie mit all ihrer Andringlichkeit nichts ausrichtete (bei Napoleon C.K.), tat sie was die Frauen in solchen Fällen zu tun pflegen, sie erklärte sich gegen den Kaiser, raisonierte gegen seine brutale und ungalante Herrschaft, und raisonierte so lange bis ihr die Polizei den Laufpaß gab. Sie flüchtete nun zu uns nach Deutschland, wo sie Materialien sammelte zu dem berühmten Buche, das den deutschen Spiritualismus als das Ideal aller Herrlichkeit feiern sollte, im Gegensatze zu dem Materialismus des imperialen Frankreichs. ... Die gute Dame sah bei uns nur, was sie sehen wollte: ein nebelhaftes Geisterland, wo die Menschen ohne Leiber, ganz Tugend, über Schneegefilde wandeln, und sich nur von Moral und Metaphysik unterhalten![11]

Germaine de Staël hatte letzendlich den christlichen Glauben als Mittelpunkt der deutschen Kultur betrachtet; das Christentum als eine Art romantische Universalpoesie.

Es ist leicht, (schrieb sie) zu sagen, was nicht Poesie ist; aber wenn man begreifen will, was sie ist, so muß man die Eindrücke einer schönen Gegend, einer harmonischen Musik, den Blick eines geliebten Menschen, und vor allem das religiöse Gefühl zur Hilfe rufen, das uns in uns selbst die Gegenwart der Gottheit empfinden läßt.[12]

Die junge deutsche literarische Bewegung hatte sich aber längst von diesem romantischen Poesieverständnis gelöst. Heine hob hervor, daß die junge Generation anders, nämlich pantheistisch dachte und fühlte. Sie betonte neben dem geistigen Sein das körperlich-sinnliche Moment und propagierte ein ganzheitliches Lebensgefühl.

Freiheit und Liebe beschränken sich für Heine nicht auf den privaten Bereich. Sie sind nicht Bestandteil eines nur privaten Glücks. Auch sind sie nicht Ausfluß bloß geistig und transzendentalphilosophisch begründeter Spekulationen. Sie bilden vielmehr die Basis zur Realisation der Menschenrechte und sind anthropologische Grundrechte eines jeden Einzelnen, kein Privileg.

Heine macht deutlich, daß Madame de Staël nur unter Verkennung der Wirkung des Pantheismus auf das Denken und Dichten in Deutschland eine romantische Literaturgeschichtsschreibung entwerfen konnte, die den poetisch-freiheitlichen Gedanken einer Versöhnung von Geist und Materie, Gedanke und Tat unterschlug: Denn schon Goethe vollendete den Gedanken der Freiheit und Liebe im Humanismus und verband die Kunst mit dem Leben. Napoleon vollstreckte ihn in der Tat!

Ein großes Heilmittel liegt in der politischen Bewegung und in der Kunst. Napoleon und Goethe haben trefflich gewirkt. Jener, indem er die Völker zwang, sich allerlei gesunde Körperbewegung zu gestatten; dieser, indem er uns wieder für griechische Kunst empfänglich machte und solide Werke schuf, woran wir uns, wie an marmornen Götterbildern, festklammern können, um nicht unterzugehen im Nebelmeer des absoluten Geistes ....[13]

Auch Heine hält an dem dialektischen Verhältnis von Kunst und Leben fest.

Es war nicht der Idealismus oder die Religion, wie Frau de Staël glauben machte, die die großen Gedanken des deutschen kulturellen Lebens prägten, sondern die Poesie der deutschen Dichtung. In ihr verbarg sich der revolutionäre Geist in Deutschland. Dies wollte Heine dem französischen Volk vermitteln.

Dagegen scheint ihm das Urteil von Frau de Staël in den Dingen der Kunst zu französisch und befangen in der Auffassung der Aufklärung. Ihr stand Schiller näher als Goethe. Seine ästhetische Theorie, die ganz den Einfluß Kants offenbart, indem sie die Idee des Schönen im literarischen Kunstwerk vollendet, war ganz nach ihrem Geschmack. Was sie von der Kunst erwartete, war sittliche Erhebung oder Unterhaltung. Heine schreibt:

Es ward dem Goethe in jenem Buche vorgeworfen: daß er keine edlen Gestalten, sondern nur vulgäre Figuren schaffen könne; daß hingegen Schiller die idealisch edelsten Charaktere aufgestellt und daher ein größerer Dichter sei. ... Die Schillerianer pochten auf die sittliche Herrlichkeit eines Max Piccolomini, einer Thekla, eines Marquis Posa, und sonstiger Schillerschen Theaterhelden, wogegen sie die Goetheschen Personen, eine Philine, ein Gretchen, ein Klärchen und dergleichen hübsche Kreaturen für unmoralische Weibsbilder erklärten. Die Goetheaner bemerkten lächelnd, ... daß aber die Beförderung der Moral, die man von Goethes Dichtungen verlange, keineswegs der Zweck der Kunst sei: denn in der Kunst gäbe es keine Zwecke, wie in dem Weltbau selbst, wo nur der Mensch die Begriffe ‚Zweck und Mittel' hineingegrübelt; die Kunst, wie die Welt sei ihrer selbst willen da, und wie die Welt ewig dieselbe bleibt, wenn auch in ihrer Beurteilung die Ansichten der Menschen unaufhörlich wechseln, so müsse auch die Kunst von den zeitlichen Ansichten der Menschen unabhängig bleiben; die Kunst müsse daher besonders unabhängig bleiben von der Moral, welche auf der Erde immer wechselt, so oft eine neue Religion emporsteigt und die alte Religion verdrängt.[14]

So richtet sich Heines Kritik gegen die Mittelmäßigkeit eines philisterhaften Deutschlands und gegen die Beschneidung der Literatur und Sprache, sofern sie der bloßen Erhaltung gesellschaftlicher Konventionen dient. In Madame de Staëls Deutschlandbuch entdeckt er einen Kunstbegriff, in dem die Kunst zur reinen innersubjektiven Reflexionsweise verflacht und so keinen Zusammenhang mehr zu schaffen vermag zwischen dem Individuum und der Allgemeinheit: zwischen Kunst, Leben, Liebe und Freiheit. Für Heine ist die Kunst frei, sofern sie keiner theoretischen Begründung bedarf. Zwecklos ist sie insoweit, als sie an keinen bestimmten Zweck gebunden ist. Sie widersetzt sich den normierten Verdinglichungsstrukturen und setzt gegen den rationalen Begriff die lebendigen Bilder. Insofern verfällt sie nicht einem Ideologieverdacht wie die Religion oder die Philosophie mit ihren Weltdeutungsmöglichkeiten. Vielmehr zeigt sich im Schaffen und Gestalten neuer — sprachlicher — Weltbilder die Freiheit im schöpferischen Denken. Ihren reinsten Ausdruck findet sie in der Poesie.

Der Versuch einer vergleichenden Interpretation einiger Aspekte in Heines Buch: *Ideen — Das Buch Le Grand* und Madame de Staëls *Corinna* soll die theoretischen Überlegungen in ihre poetische Entsprechung überführen.

Das Buch *Le Grand* ist nicht, wie in der Sekundärliteratur oft zu lesen ist, eine lockere, feuilletonistische Anreihung von Assoziationen und Einfällen, sondern ein in sich geschlossener, harmonischer Text, ein Bild. Es weist, wie auch die *Harzreise*, vier Etappen auf, die in einem fortwährenden Verweisungszusammenhang stehen.

Kapitel I — V befassen sich mit dem „alten Stück", mit der Liebesthematik. In ironischer Weise zeichnet Heine die himmlischen wie auch die zur Hölle werdenden Konstellationen der Liebe.

Kapitel VI — X zeigen den Zusammenhang von der Vergänglichkeit der Liebe und Geschichte.

Die Kapitel XI – XV eröffnen einen Blick auf die Verzahnungen von Schriftstellerei, Liebe und Geschichte. Das Bedingungsverhältnis von Öffentlichkeit und Kunst und die Wirkungsweise des Dichters auf die Gesellschaft sind hier die zentralen Themen.

Kapitel XVI – XX schließlich zeigen die durch die Geschichte hindurchgegangene Kraft der Liebe als Bedingung der Möglichkeit von Identität zwischen den Polen von Vernunft und Gefühl. Heines poetische Verzahnung aller Teile und Themen im Text stellt den Versuch dar, den Dualismus seiner Zeit synthetisch zu überwinden.

Heine macht den Vernunftschluß:

Ja, ich küsse, also leb ich![15]

Diese poetische Wendung des Descartes'schen Satzes: „Ich denke, also bin ich", betont die Einheit von Verstand und Gefühl. Heines „Ideen" beschäftigen sich zunächst mit der unglücklichen Liebe, wie sie zu allen Zeiten die Menschen berührte. Dabei ist nicht von einem realen Liebesverhältnis die Rede, sondern von der abstrakt austauschbaren Liebe und ihrer Ungleichzeitigkeit zwischen Liebenden:

Sie war liebenswürdig, und Er
liebte sie; Er aber war nicht
liebenswürdig, und Sie liebte
ihn nicht. (Altes Stück)[16]

Die Beziehungskonstellation, die Heine mit der Liebe und ihrer Kehrseite, dem Haß, aufzeigt, bezieht sich auf gesellschaftliche und politische Verhältnisse, auf die Ausdrucksformen des bürgerlichen Subjektivismus: auf Machtkämpfe und Konkurrenzdenken. Zwar schreibt Heine an Madame, dennoch aber ist es kein persönlicher Liebesbrief im ‚klassischen Sinne'. Es ist ein poetischer, der aus dem Leben heraus erzählt. Schreiben und Leben gehören für Heine zusammen. Und auch Madame ist eine Fiktion, eine Figur für die alles übergreifende Frage, nämlich für die Frage nach der Freiheit.

Der Brief ist für die Öffentlichkeit verfaßt. Der Dichter selbst steht in der Mitte zwischen dem Ideal der Freiheit und der sozialen Wirklichkeit. Alle Raum- und Zeitverhältnisse überschreitend, zeigt Heine durch seine Identifikation mit dem ‚Grafen vom Ganges' und dessen Reise durch die ganze Welt – „3000 Meilen entfernt vom Harem zu Delhi" und voller Enttäuschung über den Tod der schönen Sultanin, die schon „seit 3000 Jahren" tot sei – den Prozeß der Erstarrung der Weltverhältnisse. In Todesgedanken versunken, reißt ihn die Erzählung eines Einzelschicksals – ein Verurteilter soll hingerichtet werden – in die Wirklichkeit, in die Jetztzeit zurück. Mit den Mitteln der poetischen Darstellung verknüpft Heine das Verhältnis von Person und Geschichte. Mit dieser Triasstruktur des Erzählens: Heine ist Erzähler, Dichter und fiktionale Person zugleich, konfrontiert er den Tod mit dem

Leben. Im Wechsel von erzählter Zeit und Zeiterzählung, von Geschichte und Gegenwart, entwirft er ein Bild der Freiheit:

> ... da erblickte ich plötzlich sie! Sie trug ihr blauseidenes Kleid, und den rosaroten Hut, und ihr Auge sah mich an so mild, so todbesiegend, so lebenschenkend — Madame.[17]

Der Unfreiheit des Todes (des blutigen Terrors) wird die Freiheit zum Leben gegenübergestellt. Madame wird zum Symbol der Erlösung und der Freiheit. Nicht zufällig erscheinen hier die Farben blau, rot und weiß. Die Farben der Trikolore. Als Poet hat Heine es in der Hand ... „mit einem einzgen Worte, die ganze blühende Natur ... zu entzaubern“[18] oder zu beleben.

Aber ... „der Tod ist nicht poetischer als das Leben“.[19] Mit einem Hieb gegen die romantische Geistesmetaphysik und Poesie erscheint hier die neue Poesie, die moderne Kunst in ihrer Bezogenheit auf das Leben. Poetisch gesprochen kommt Heine durch den Tod hindurch zum Leben. Der privatistische Absolutheitsanspruch einer Liebe, den der Erzähler zugleich formuliert, bedingt ihre Nichtrealisierbarkeit. Erst die Bereitschaft, diesen Totalitätsanspruch aufzugeben, eröffnet die Dimension des Lebens, bringt es in Bewegung. Mit den Mitteln der Ironisierung führt Heine Gegensätzliches zusammen. Es handelt sich hier um eine poetische Logik des Widerspruchs. „Sie“ schenkt ihm das Leben. Dieses „Sie“ ist der Vestalinnentypus der antiken Religion und steht für die Freiheit. Die tödliche Verabsolutierung der eigenen Situation wird durch den Rückgriff auf die Geschichte, auf den Mythos als das Andere der Vernunft, aufgehoben.

Nicht zuletzt ist die Figur des „Trommlers Le Grand“ Garant für die Unüberhörbarkeit der Wahrheit der ‚Trommelpoesie‘ und zugleich die „Inkarnation politischer Freiheit und sozialer Gleichheit“.[20]

Natürlch ist Heines Schrift *Ideen — Das Buch Le Grand* eine durchweg politische. Geht es doch im Kern der Geschichtserzählung um die Napoleonische Kriege und damit um die Besetzung Deutschlands. Doch ist die Art der Reflexion bis in die Tiefenstrukturen einer verstehenden Geschichtsschreibung poetisch dargestellt. Die Metaphern, die Heine gebraucht, stehen unter dem Prinzip der Verfremdung. Der Leser hat also die eigentlichen Bezüge zwischen Literatur und Leben selbst und erneut herzustellen.

Heine zeigt das ‚Ganze‘ in seiner Zerrissenheit mit den Mitteln der ‚Verbildlichung‘ des Geschichtsprozesses. Durch das Abziehen des subjekthaften Bestandteils, der Willensstruktur, aus dem in Subjekt und Objekt entzweiten Ganzen können die Dinge wieder als das betrachtet werden, was sie eigentlich sind: Konstellationen. Diese Korrektur an den Objektivationen der Welt macht dann die ihr innewohnenden Entfremdungsmechanismen deutlich, indem sie sie poetisch überwindet. Eine Weise der erkenntnistheoretischen Überführung von Sinnkonstitution in unmittelbare Erfahrung leistet in nuce die Praxis der Poesie und gipfelt in der Poesie der Praxis. In ihr fallen Wahrheit und Erfahrung, Freiheit und Leben erst wieder zusammen. Eine auf die Ganzheit gerichtete Weltsicht wird damit möglich, denn auch die Dinge, die Materialität der Welt, erhalten ihre Eigenbedeutung zurück. Sie sind im Prozeß der poetischen Wesensschau nicht mehr ‚Spielzeug' des Menschen, und auch der Mensch ist nicht mehr Herrscher und Besitzer, sondern Teil des Ganzen.

> Wenn also Heine das „Ganze" ins Auge faßt, dann immer im Sinne eines Sichentwickelnden und nicht im Sinne jener veralteten ästhetischen oder religiösen Ganzheitskonzepte, die ein weitgehend statisches Weltbild voraussetzen ....[21]

Der Verlust des Wahrheitsgrundes hängt also elementar mit dem Verlust von Geschichtsbewußtsein zusammen. Dieser führt zum Rückfall in die Subjektivität und zur Spaltung der Identität. Der Versuch, Geschichte durch ein bloßes, rationales Faktenwissen einzuholen, muß nach Heine zwangsläufig scheitern. Poesie- und Erfahrungsverlust hängen demnach in einer durchrationalisierten und damit prosaischen Welt engstens zusammen.

In seinem *Buch Le Grand* wird im eigentlichen Sinne von rückwärts gelebt,

> und zwar weniger im romantisch-schlegelschen als im objektiv-dialektischen Sinn, für den das Vergangene nur dann eine Bedeutung hat, wenn man es in der Gegenwart um der Zukunft willen betrachtet, statt einer Fetischisierung des Ewig-Vorgestrigen zu verfallen.[22]

Dies erklärt auch Heines Verehrung für Napoleon, der als ästhetische Figur und zugleich literarisch-mythische Schöpfung, in seinen Werken einer dialektischen Interpretation unterzogen wird. Im Hinblick auf die Zeit des blutigen Terrors erscheint er als Erlöser. In Bezug auf ein mögliches Ausbrechen einer deutschen Revolution zur falschen Zeit als Retter. Als Herrschernatur aber offenbart er diese in seiner Person selbst liegenden Folgen einer instrumentellen Vernunft und seiner Willensstruktur: den ewigen Machtmenschen.

Das Ganze der „Ideen" Heines legt somit den Zusammenhang von Liebes-, Volks- und Weltgeschichte im Kontext ihres wissenschaftlichen, politischen und bürgerlichen Treibens offen.

Ganz anders ist die Liebes- und Freiheits-Thematik im Roman *Corinna oder Italien* von Frau de Staël angelegt. Sie entwickelt sich um das Ideenspektrum von „Vernunft, Fortschritt, Freiheit, Liebe, Freundschaft, Großmut, Leidenschaft, Glück, Enthusiasmus und Melancholie".[23] Den Rahmen bildet die Liebesgeschichte zwischen Oskar und Corinna.

Oskar erwartet in Rom die große Künstlerin, die er liebt. Er hat sie auf seiner ersten Reise von England nach Italien in Rom kennengelernt und ahnt nicht, daß sie die Schwester der Frau ist, der er auf Wunsch seines verstorbenen Vaters versprochen ist. Corinna hatte England als junges Mädchen verlassen. Nach dem Tode ihrer leiblichen Mutter war für sie kein Bleiben mehr in der Enge des Hauses und der gesellschaftlichen Ordnung ihres Heimatlandes. Unzweideutig handelt es sich in diesem Roman auch um eine literarische Verarbeitung des eigenen Lebens der Autorin, wobei zugleich auch ihr Weg in die selbständige Lebensführung gezeigt wird. „Corinnas“ Ruhm bestätigt ihre Entscheidung. Oskar wiederum kann sich aufgrund seiner gesellschaftlichen Konventionen nicht entschließen Corinna zu heiraten, weil er einerseits einer anderen Frau versprochen ist, die von ihren Eigenschaften her wohl auch besser zu ihm passen würde, andererseits aber hat er Probleme mit der freizügigen Lebensweise seiner Geliebten. So scheitert letztendlich ihre Beziehung. Oskar heiratet die Schwester Lucile. Corinna zieht sich zurück von öffentlichen Auftritten, erkrankt und stirbt völlig vereinsamt.

Das Leben Corinnas in Italien atmet eine zur Idylle verklärte Atmosphäre im Kreise des gehobenen Bürgertums und des Geldadels. Corinnas romantisierender Weltbezug hindert sie daran, eine Beziehung zum Leben, zur Liebe und zur gelebten Freiheit herzustellen. So wendet sich ihr Schicksal, aufgeführt in der Tragödie von Shakespeares Romeo und Julia, deren Hauptdarstellerin sie spielt, zur eigenen Tragödie.

Besonders das 7. Buch des Romans, in dem es um eine Literaturdebatte geht, zeigt Madame de Staëls poetisierende Darstellung des Verhältnisses von Kunst und Leben, Liebe und Freiheit.

Deutlich wird in dieser Diskussion, die ich hier nicht in einzelnen Schritten nachzeichnen kann, daß Madame de Staël ihren Kunstbegriff durch Oskar darstellen läßt. Für ihn „muß die Kunst den Geist anregen und befördern, sie muß Trost spenden und eine ‚Schule der Tugend‘ sein.“[24] Im Gespräch über Alfieris Schaupiele äußert Oskar:

> Die meisten seiner Auftritte haben die Absicht, Tugend und Laster im Gegensatz zu zeigen; diese Gegensätze sind aber nicht mit wirklichen Abstufungen gezeichnet. Wenn im wirklichen Leben die Tyrannen es duldeten, daß die Unterdrückten ihnen Dinge ins Gesicht sagen, wie es in Alfieris Trauerspielen geschieht, dann geriete man beinahe in Versuchung, sie zu bedauern. ... Und wären nicht durch eine vom Autor ausgesprochene Betrachtung tausend in der Seele der Zuschauer entstanden, allein durch das Schweigen der Rhetorik und die der Wirklichkeit entsprechenden Bilder?[25]

Für Oskar soll sich in der Literatur die Wirklichkeit abzeichnen. Sie soll nachgeahmt werden. Der Autor hat sozusagen die Aufgabe, Lehrformeln implizit zu vermitteln. Der Geist, nicht die Phantasie soll angeregt werden. Das Leben soll über ein Ideal geprägt, die hierarchischen Struktur aber nicht verändert werden.

Für Corinna dagegen „ist die Kunst etwas Subjektives, sie muß harmonisch sein und zur Ausgeglichenheit beitragen; das Sujet muß groß und einfach sein und ohne Schwierigkeiten verständlich.“[26]

Die beiden Figuren zeigen die unterschiedlichen Charaktere: Oskar ist der in positivistischen Konventionen befangene Zweckrationalist, der sein Glück in einer privatisierten Zweierbeziehung sucht. Corinna ist die Schwärmerin, die in Verklärung der Wirklichkeit jeglichen Realitätsbezug verliert. So stehen sich Kunst und Leben unvermittelt gegenüber. Diese letztlich doch bürgerlich-konventionelle Liebesbeziehung scheitert an der Unterwerfung unter die selbst geschaffenen Bedingungen. Die ins Private oder ins rein Ästhetische stilisierte bürgerliche Liebe erdrückt eine freiheitliche Entwicklung der Person (des Ich) und seines Verhältnisses zur Welt.

Germaine de Staëls Roman ist damit gleichsam Spiegelbild ihres subjektivistisch geprägten Kunst- und Literaturverständnisses, in dem es um eine rein theoretische Schau des Lebens, nicht aber um ein Erfassen der sozial-politischen Praxis geht. Der Versuch, die Liebe zu privatisieren und zu verobjektivieren, den anderen bloß haben zu wollen, ihm aber nicht vertrauen zu können, führt Corinna und Oskar in die Unfreiheit, in die Isolation.

Sowohl die Kunst als auch das Leben finden ihre Beschränkung in der Enge des privatistisch-idealistischen Lebensbezugs.

Wie sehr Germaine de Staël Opfer ihrer Leidenschaften war, soll abschließend ein Brief aus der großen Sammlung ihrer Briefe an Narbonne, geschrieben in den Jahren 1792 bis 1794, zeigen. Während um sie herum Europa aus den Fugen bricht, kreisen ihre Gedanken um die Erhaltung ihres privaten Glücks, die auch nicht vor einer völligen Unterwerfung zurückschrecken:

Rolle, 18. Okt. 1792

> ... Also, ich schwöre Dir, daß ich Dich verantwortlich mache, vor den Menschen, vor Gott, meinem Vater, meinen Kindern, vor allem was mich liebt. Wenn Du mir etwas vorzuwerfen hast, wenn Du planst, ein Leben ohne mich zu führen, mich zwingst, irgendein Alleinsein ohne meine Einwilligung auf mich zu nehmen, dann tötest Du mich. Du bist alles für mich. In der ganzen Natur würde alles, was ich ohne Dich erlebt habe, mir nur Furcht einflößen. Ich bin in eine mein ganzes Wesen verzehrende Leidenschaft für Dich geraten. Alles habe ich Dir zu verdanken, wenn Du Dich nie mehr von mir trennst. Bring mich von mir aus nach Irland, und Du bist mein Schutzgott — aber stoße mich vom Thron der Welt, und Du wärst mein Mörder ....[27]

Diese Liebe ist durchsetzt von einer kasuistischen Moral, die in der Paarung von Leidenschaft und Angst zur Selbstaufgabe der eigenen Person, also zur Unfreiheit führt. Sie verdeutlicht einen Rückzug in die subjektivistische Innerlichkeit.

Demgegenüber postuliert Heine, daß die aristokratische Zeit der (deutschen) Literatur, der Geist der Einzelnen, der Frau de Staël begeistert hatte, zu Ende ist: „Die Poesie ist jetzt nicht mehr objektiv, episch und naiv, sondern subjektiv, lyrisch und reflektierend;“[28] d.h. die Poesie ist weder abstrakt noch verklärend, sondern konkret und praktisch, sie ist Ausdruck einer jeden ich-gewordenen Person und ihr bewußtes

Verhältnis zum Leben, zur gesellschaftlichen und somit politischen Praxis.

Seine poetische Analyse der sozialen Wirklichkeit bewirkt ein Heraustreten aus dem abstrakten Reich der Ideen und wirft ihn auf das Leben selbst zurück. Dieses wird ihm zum Problem und zur Aufgabe. Soll das Leben nicht in seiner bloßen Faktizität erstarren, muß es als solches immer auch von etwas anderem als von der subjektiven Selbstbezogenheit her verstehbar sein und z.B. von der Geschichte der Menschheit her in ihrer Zerrissenheit gedeutet werden.

Zeit seines Leben kämpfte Heine mit seinen Schriften um die Freiheit im demokratischen Sinne, um die Freiheit jedes Einzelnen, um die Möglichkeit der Entwicklung der Persönlichkeit. So mußte er als Gegner religiöser und philosophischer Anschauungen, die das freie Recht der Sinne unterdrückten, zugleich auch ein Gegner Germaine de Staëls und ihres asketisch strengen Pflichtideals werden, an deren Orientierung sie ja selbst zerbrach.

Für Heine ist der deutsche Idealismus mehr als nur eine Aufklärungsphilosophie im positiven Sinne. Seine Kehrseite ist auch die den transzendentalen Denksystemen innewohnende Möglichkeit der Verselbständigung des Denkens zu starren Ideologien, ihre Folge sind Systemtheorien. Erkenntnistheoretisch bedeutet dies die „Zerstörung der Vernunft". Eine bloß auf Macht ausgerichtete und auf der Grundlage formaler Prinzipien beherrschte Subjektivität muß zwangsläufig das Leben verfehlen. Diese subjektivistische Denkstruktur führt, ins Politische übertragen, zum Nationalismus und zu imperialen Bestrebungen. Die deutsche politische Revolution wird

> Entsetzen und Bewunderung ... hervorrufen ... die deutsche Revolution wird darum nicht milder und sanfter ausfallen, weil ihr die Kantsche Kritik, der Fichtesche Transzendental-Idealismus und gar die Naturphilosophie vorausging. Durch diese Doktrinen haben sich revolutionäre Kräfte entwickelt, die nur des Tages harren, wo sie hervorbrechen können. Es werden Kantianer zum Vorschein kommen, die auch in der Erscheinungswelt von keiner Pietät etwas wissen wollen, und erbarmungslos, mit Schwert und Beil, den Boden unseres europäischen Lebens druchwühlen, um auch die letzten Wurzeln der Vergangenheit auszurotten. Es werden bewaffnete Fichteaner auf den Schauplatz treten, die in ihrem Willens-Fanatismus, weder durch Furcht noch durch Eigennutz zu bändigen sind; denn sie leben im Geist, sie trotzen der Materie, gleich den ersten Christen, die man ebenfalls weder durch leibliche Qualen noch durch leibliche Genüsse bezwingen konnte; ja solche Transzendental-Idealisten wären bei einer gesellschaftlichen Umwälzung sogar noch unbeugsamer als die ersten Christen, da diese die irdische Marter ertrugen, um dadurch zur himmlischen Seligkeit zu gelangen, der Transzendental-Idealist aber die Marter selbst für eitel Schein hält und unerreichbar ist in der Verschanzung des eigenen Gedankens. Doch noch schrecklicher als alles wären die Naturphilosophen, die handelnd eingriffen in eine deutsche Revolution und sich mit dem Zerstörungswerk selbst identifizieren würden. Denn wenn die Hand des Kantianers stark und sicher zuschlägt, weil sein Herz von keiner traditionellen Ehrfurcht bewegt wird; wenn der Fichteaner mutvoll jeder Gefahr trotzt, weil sie für ihn in der Realität gar nicht exi-

stiert: so wird der Naturphilosoph dadurch furchtbar sein, daß er mit den ursprünglichen Gewalten der Natur in Verbindung tritt, daß er die dämonischen Kräfte des altgermanischen Pantheismus beschwören kann, und da in ihm jene Kampflust erwacht, die wir bei den alten Deutschen finden, und die nicht kämpft, um zu zerstören, noch um zu siegen, sondern bloß um zu kämpfen.[29]

Befangen in der Selbstbewegung des Geistes führt dieses Denken in die Unfreiheit. Es kennt die Liebe nur als Idee, nicht aber als Ausweg in eine nichtsubjekthafte Wahrheit.

So weitreichende Konsequenzen konnte Germaine de Staël nicht sehen noch zukunftweisend formulieren. Ihre politische Analyse und gesellschaftspolitische Haltung beschränkte sich auf eine liberal-demokratische Systemkritik mit den Mitteln ihrer schriftstellerischen Tätigkeit, die die Strukturen der bürgerlichen Subjektivität in ihrem dialektischen Wechselverhältnis nicht zu sprengen, noch aufzudecken vermochten. Die „Wiederholung der Geschichte" aber, die sich für Heine in dem ständigen Wiederaufkeimen restaurativer Bestrebungen — insbesondere nach dem Scheitern der 1848er Revolution — zeigte, führte ihn zu neuen und anderen Erkenntnissen. Sein Buch *Le Grand* zeigt die Dialektik von Öffentlichkeit und Privatheit, von Individuum und Gesellschaft, besonders aber die Strukturen bürgerlicher Subjektivität, die zur Spaltung dieser Bereiche geführt hat.

Den historischen Hintergrund dafür hat Heine hinreichend in seiner poetischen Darstellung der *Geschichte der Religion und Philosophie in Deutschland* als Auseinandersetzung mit der Geschichtswissenschaft dargetan. Ebenso spiegelt das Eingangszitat meines Vortrags diese Problematik wider. Nicht nur als Motto meiner vorgetragenen Gedanken, sondern als Lebensmotto Heines selbst, dessen Leben von Liebe und Schmerz im Kampf um die persönliche und gesellschaftliche Freiheit durchzogen war. Nicht nur sein „Hohn gegen die alte Gesellschaft", sondern insbesondere seine Distanz von bürgerlich-verkrusteten Denkstrukturen, prägten sein kritisches Bewußtsein.

Das sind Gründe, die mich dazu geführt haben, mich von dem analogen Denken Heinrich Heines leiten zu lassen. Demgegenüber vermag das literarische Werk Madame de Staëls, zu dem hier vorgetragenen Themenbereich, wenig zu überzeugen. Bei aller Anerkennung ihrer eigenwilligen und selbständigen Lebensführung, konnte sie sich aus dem Bann der machtgeschützten Innerlichkeit nicht befreien.

Daß die Ereignisse 1848 nicht vollenden konnten, was die Französische Revolution verheißen hatte, lag in den Strukturen bürgerlicher Subjektivität selbst begründet.

Denn: Freiheit ohne Liebe, soziale Gerechtigkeit ohne Brüderlichkeit, Schwesterlichkeit, die gibt es nicht.

Anmerkungen:

1 Heine, Heinrich, Sämtliche Schriften, Bd. 9, S. 10 f.
2 Vgl. Kappler, Arno (Hrg.): Corinna oder Italien, München 1979, Nachwort S. 524f.
3 Vgl. Germaine de Staël: Rettet die Königin! Mit einem Nachwort von Ruth Schirmer, Zürich 1989, S. 115.
4 Ebd., S. 115 f.
5 Ebd., S. 117.
6 Bosse, Monika, Hrg., Madame de Staël: Über Deutschland. Vollständige Ausgabe nach der deutschen Erstübertragung von 1814, Nachwort, S. 819.
7 Ebd., S. 821.
8 Kaufmann, Hans, Heinrich Heine. Geistige Entwicklung und künstlerisches Werk, Berlin und Weimar 1976, S. 118.
9 Heine, Heinrich, a.a.O., Bd. 5, S. 569.
10 Ebd.
11 Heine, Heinrich, a.a.O., Bd. 11, S. 451-453
12 Bosse, Monika, hrg.: Madame de Staël: Über Deutschland, Frankfurt/Main 1985, S. 179.
13 Heine, Heinrich, a.a.O., Bd. 7. S. 41.
14 Heine, Heinrich, a.a.O., Bd. 5, S. 391/92.
15 Heine, Heinrich, a.a.O., Bd. 7, S. 527.
16 Heine, Heinrich, a.a.O., Bd. 3, S. 248.
17 Heine, Heinrich, a.a.O., Bd. 3, S. 252.
18 Heine, Heinrich, ebd.
19 Heine, Heinrich, a.a.O., Bd. 5, S. 413.
20 Gössmann, Wilhelm: Heine als Promotor der Literaturdidaktik, in: Text + Kritik. Zeitschrift für Literatur, hrg. von Heinz Ludwig Arnold, München 1982, S. 144.
21 Hermand, Jost, Heines „Ideen“ im „Buch Le Grand, in: Internationaler Heine-Kongreß 1972, hrg. Manfred Windfuhr, Hamburg 1973, S. 385.
22 Ebd., S. 380
23 Bosse, Monika, a.a.O., S. 543.
24 Bosse, Monika, a.a.O., S. 544.
25 Corinna oder Italien, S. 151/52.
26 Bosse, Monika, S. 544.
27 Germaine de Staël: Rettet die Königin, a.a.O., S. 71f.
28 Heine, Heinrich, a.a.O.,Bd. 5, S. 552.
29 Heine, Heinrich, a.a.O., Bd. 5, S. 638f.

Literaturverzeichnis

Heine, Heinrich: Sämtliche Schriften in 12 Bänden, hrsg. von Klaus Briegleb, Frankfurt/M; Berlin/Wien 1981

De Staël, Anne Germaine: Über Deutschland. Vollständige und neu durchgesehene Fassung der deutschen Erstausgabe von 1814 in der Gemeinschaftsübersetzung von Friedrich Buchholz, Samuel Heinrich Catel und Julius Eduard Hitzig. Herausgegeben und mit einem Nachwort versehen von Monika Bosse. Frankfurt/M. 1985

Madame de Staël: Corinna oder Italien. Aus dem Französischen übertragen von Dorothea Schlegel. Hrsg., überarbeitet, mit Anmerkungen, einer Zeittafel, Literaturhinweisen und einem Nachwort von Arno Kappler, München 1985

De Staël, Germaine: Rettet die Königin! Mit einem Nachwort von Ruth Schirmer, Zürich 1989

Gössmann, Wilhelm: Heine als Promotor der Literaturdidaktik, in: Text + Kritik. Zeitschrift für Literatur, München 1982

Hermand, Jost: Heine „Ideen“ im „Buch Le Grand“, in: Internationaler Heine-Kongreß 1972, Manfred Windfuhr, (Hg.), Hamburg 1973

Kaufmann, Hans: Heinrich Heine. Geistige Entwicklung und künstlerisches Werk, Berlin, Weimar 1976

Schied, Eugen: Heinrich Heine und das Buch der Frau von Staël „Über Deutschland“. Dissertation, Bonn 1927

Windfuhr, Manfred (Hg.): Heine und Hegel, in: Heine-Studien, Internationaler Heine-Kongreß 1972, Hamburg 1973

Frances Gouda

Frauen zwischen Schutz und Kontrolle:

Der Einfluß der Französischen Revolution auf die Reglementierung der Prostitution in Frankreich und in den Niederlanden im 19. Jahrhundert

„Die Prostituierte ist eine Priesterin der Menschheit, die am Rande der Gesellschaft vegetiert, so daß andere Frauen rein bleiben können".[1] Was der Sittenhistoriker W.E.H. Lecky im Jahre 1898 melodramatisch beschwor, entsprach der herrschenden Meinung der bürgerlichen Gesellschaft: In der moralischen Vorstellung des 19. Jahrhunderts gewährleisteten die Prostituierten dank ihrer sexuellen Verfügbarkeit die Tugendhaftigkeit der Mehrheit der Frauen. Die Prostituierte war ein Stützpfeiler im staatlich errichteten Gebäude doppelbödiger Vorschriften und gesetzlicher Regelungen. Indem sie die öffentliche Identifizierung von Unterschichtfrauen mit Laster und Unmoral ermöglichten, stärkten Prostituierte unbeabsichtigt die bestehenden Klassenstrukturen im Zeitalter des aufstrebenden industriellen Kapitalismus.

Wenn man zwei so unterschiedliche Fälle wie Frankreich und die Niederlande vergleicht — Frankreich als großes, politisch zentralisiertes und hauptsächlich katholisches Agrarland und die Niederlande mit ihrer kommerzialisierten und im wesentlichen protestantischen städtischen Struktur — dann wird ein gemeinsamer Nenner der sich herausbildenden bürgerlichen Gesellschaft offenbar: Eine Gesellschaft, die nur Männern die volle Staatsbürgerschaft zugestand, produziert ein Rechtssystem, in dem für Männer und Frauen unterschiedliche Standards gelten. Dieser gemeinsame Nenner: die Geschlechtsgebundenheit der bürgerlichen Gesellschaft, überdeckte regionale, konfessionelle und politisch-kulturelle Unterschiede. Obwohl der Code Napoleon gewaltsam in den Niederlanden eingeführt wurde, bleibt es doch bemerkenswert, daß er auch in den Niederlanden so lange gegolten hat und erst im späten 19. Jahrhundert revidiert worden ist. Eine Erklärung hierfür liegt darin, daß der Code Napoleon modellhaft die männliche Vorherrschaft in Politik und Gesellschaft rechtlich kodifizierte. Insofern man daran ein Strukturmerkmal des Geschlechterverhältnisses in der bürgerlichen Gesellschaft verdeutlichen kann, ist es nützlich, diese beiden historischen Fälle zu vergleichen, gerade weil sie unterschiedliche Ausgangsbedingungen hatten.

Die Reglementierung der Prostitution, d.h. das Bemühen, besonders Unterschichtfrauen, denen ihr Körper als Lebensunterhalt diente, zu überwachen und einem System der Kontrolle zu unterwerfen, war ein entscheidender Faktor für die Erhaltung der öffentlichen Ordnung. Folgerichtig kann man mittellose Frauen als ein Bindeglied in einem sozialen System identifizieren, das auf der Dominanz von Männern sowie der Unterwerfung von Frauen beruhte. Der Zwang zur Übereinstimmung mit den offiziellen Definitionen eines akzeptierten sexuellen Verhaltens wurde in Frankreich und in den Niederlanden im 19. Jahrhundert zu einem wesentlichen Element für die Aufrechterhaltung des unheilvollen „regime des moeurs".[2]

Die Französische Revolution und der Code Napoleon beeinflußten nachhaltig die rechtliche Behandlung von Frauen im allgemeinen und — als Sonderfall — von Prostituierten. Einerseits unterlagen Prostituierte und Frauen der Unterschichten den gleichen sozialen Kräften und ökonomischen Strukturen wie die Männer derselben sozialen Schicht: Sie verfügten über geringe Bildung, und es mangelte ihnen an Professionalität. Andererseits hatten die Revolution sowie das unter Napoleon kodifizierte Zivil- und Strafrecht Gesetze und Verbote zur Folge, die politisch und rechtlich Männer und Frauen *grundsätzlich unterschiedlich* behandelten. Die Erklärung der Menschen- und Bürgerrechte hatte in aller Form den gleichen Anspruch auf Staatsbürgerschaft für *alle* Menschen festgelegt, so daß — jedenfalls in der Theorie — keine ständische Hierarchie mehr bestand. Politisch durchgesetzt wurde dies jedoch nur für Männer. Jedem männlichen Bürger, ob reich oder arm, stand die freie Berufswahl ebenso offen wie das (zweifelhafte) Recht, am Wettbewerb der kapitalistischen Marktgesellschaft teilzunehmen.[3]

Das hatte weitreichende Folgen: In der Sprache männlich dominierter Politik wurde „laissez-faire" zum meistbenutzten Schlagwort der Epoche.[4] Seit dem Staatsstreich der Thermidorianer Mitte der neunziger Jahre wurden die Armen vom Staat kaum noch unterstützt, die Brotpreise nicht mehr kontrolliert. Die Revolutionsregierung hatte Zünfte und Korporationen verboten. Theoretisch erwartete man von den Arbeitern, daß sie für sich und für ihre Familien im Rahmen der Gesetze des freien Marktes zu sorgen in der Lage waren.

Die Kluft zwischen der von den Revolutionären entworfenen idealen Gesellschaft und der Wirklichkeit des täglichen Lebens war tief. Für die Armen der Gesellschaft waren die offiziell verkündeten Freiheiten, die nominelle Anerkennung der Sozialfürsorge als einer „heiligen nationalen Pflicht", bedeutungslose Proklamationen. Die Armen und Hungrigen wurden von den revolutionären Parolen nicht satt. Viel hatten sie auch von den freiwilligen Einrichtungen der Armenfürsorge des Ancien Regime nicht erhalten, aber jetzt fanden sie die Türen der Hospize nur noch selten offen, die Suppenküchen verschwanden, die kirchlichen Volksspeisungen hörten auf, und vom Staat erhielten sie nichts anderes als leere Worte.[5]

Hinzu kam, daß der politische Status von Frauen — aller Frauen: bürgerlicher wie proletarischer — sich infolge des revolutionären Umbruchs und der napoleonischen Gesetzgebung, die seit 1806 auch für die Niederlande galt, deshalb verschlechtert hatte, weil nun die Spielräume, die Frauen vorher in gewissem Ausmaße besaßen, durch Regelungen formalisiert und eingeengt wurden.[6] Obwohl Frauen in den ersten Jahren der Revolution vehement Bürgerrechte auch für die weibliche Hälfte der Menschheit gefordert hatten, wurden weiterhin *allen Frauen* die Bürgerrechte vorenthalten. Die Französische Revolution mag Männer „befreit" haben (wenngleich die neuen Rechte für die Armen und Besitzlosen eine höchst zweischneidige Errungenschaft waren). Frauen beließ sie ausdrücklich in untergeordneten Positionen.

Die unterschiedliche Behandlung von Frauen und Männern und besonders von Ehefrauen und Ehemännern wurde durch den Code Napoleon noch verschärft. Die Artikel 215, 217 und 218 des Zivilrechts, die die wechselseitigen Rechte und Pflichten der Eheleute regelten, verfügte die Machtlosigkeit von (Ehe-)Frauen im Hinblick auf Besitz und Eigentum. Artikel 215 legte fest, daß die Ehefrau ohne die Zustimmung ihres Mannes keinen juristischen Akt vollziehen kann. Artikel 217 fuhr fort, daß die Ehefrau weder unentgeltlich noch unter bestimmten Bedingungen Eigentum erwerben, verschenken oder hypothekarisch ohne die mündliche oder schriftliche Einwilligung ihres Ehemanns belasten kann. Artikel 218 legte fest, daß, falls der Ehemann seiner Frau die rechtliche Zustimmung vorenthielt, ein Richter diese erteilen könne.[7] Interessant ist, wie im 19. Jahrhundert diese Beschränkung der Handlungsfähigkeit der Ehefrau begründet wurde. Diese Begründung ist es wert, wörtlich zitiert zu werden:

> Diese Gebundenheit beruht nicht darauf, daß das weibliche Geschlecht eines *männlichen Beistandes bedarf.* Ebensowenig ist sie eine Folge des unter den Ehegatten bestehenden *Güterrechts*, sondern ganz unabhängig von diesem. Sie hat vielmehr ihren Grund darin, daß die Frau zur *Erhaltung des ehelichen Friedens* nicht ohne Zustimmung des Mannes über ihr Vermögen verfügen soll.[8]

In jedem Fall waren es also *Männer*, die die ausschließliche Verfügungsgewalt über Eigentum und Besitz von Frauen besaßen, handle es sich nun dabei um den Ehemann oder um einen Richter.

Diese Artikel zeigen anschaulich, auf welche Weise der Code Napoleon Frauen vom Eigentumsrecht ausschloß und ihnen keinerlei autonome Verfügung über ihre materiellen Ressourcen beließ. Der Code Napoleon war von bürgerlichen Juristen konzipiert, deren Interessen und Urteile hinsichtlich des Eigentums von Vorstellungen der Mittelschicht geprägt waren. In den Vorstellungen bürgerlicher Juristen wurden die geringen Besitztümer armer Frauen oder „öffentlicher Mädchen" gar nicht erst in Betracht gezogen. Die gesetzlichen Vorschriften über Rechte und Pflichten der Eheleute trafen auf Arme und Reiche in gleicher Weise zu.

In diesem Zusammenhang unterstreicht die Tatsache, daß Frauen die volle staatsbürgerliche Gleichheit vorenthalten wurde, die Ambivalenz der Politiker im Hinblick darauf, *wer* berechtigt sei, Armenfürsorge zu erhalten. Dies sei kurz erläutert: Theoretisch nahm die Fürsorgegesetzgebung keine Notiz davon, daß unter den Empfängern von Armenfürsorge per se Frauen überproportional vertreten waren. Frauen wurden oft als Mütter wahrgenommen, die besonders verletzlich und daher unfähig seien, in der „harten", männlich dominierten Welt des kapitalistischen Marktes zu bestehen. Folglich wurde besitzlosen Frauen eher der Status von „ehrenvollen Armen" – „les pauvres honteux" oder im Niederländischen „fatsoenlijke armen" zugebilligt, da vermutet wurde, daß sie schuldlos in Not geraten seien. Männer hingegen wurden, falls sie in Not gerieten, als faul, moralisch verkommen oder als lasterhaft angesehen. Das war zum einen eine Folge der sozialen Struktur der vorindustriellen Zeit, und zum anderen offenbart sich darin eine Wahrnehmung, die für Männer und Frauen „natürlicherweise" unterschiedliche Maßstäbe anlegt. Dieses Strukturmerkmal der Armenfürsorge (Frauen als die hauptsächlichen Empfängerinnen von staatlicher Unterstützung) setzte sich im 19. Jahrhundert in Frankreich fort. Historisch liegt eine Ursache hierfür darin, daß es in der agrarischen Gesellschaft Frankreichs in Zeiten ökonomischer Not üblich war, daß Männer ihre Familien zurückließen, um in anderen Landstrichen Arbeit zu finden. Frauen fielen dann oft der Armenfürsorge anheim.[9]

In den Niederlanden entwickelte sich die Armenfürsorge unter anderen Voraussetzungen. Hier war die Berechtigung, Armenfürsorge zu erhalten, an einen vierjährigen Aufenthalt an einem festen Wohnsitz gebunden. Im Falle von Bedürftigkeit zogen Arme es vor, am Ort, der ihnen die Berechtigung zur Armenfürsorge garantierte, zu bleiben, als sich an einem anderen Ort nach Arbeit umzusehen. Dies galt für Männer und Frauen in gleicher Weise. Aus diesem Grunde waren Frauen nicht, wie in Frankreich, numerisch in der Armenfürsorge überrepräsentiert.

Der patriarchalische Staat – zumindest in Frankreich – „schützte" Frauen als potentielle Arme. Indessen gab es noch eine andere Seite in der Haltung des Staates gegenüber armen Frauen der Unterschicht, in der die Ambivalenzen von Männern gegenüber Frauen in der bürgerlichen Gesellschaft offenbar wurden: Arme und alleinstehende Frauen, wenn sie Überlebensstrategien wie Betteln, Diebstahl, Kindesaussetzung, Teilnahme an Brotrevolten oder Prostitution (als extreme Form weiblicher Subsistenzsicherung schlechthin) entwickelt hatten, wurden aus bürgerlicher Sicht zur Inkarnation der „Unterwelt", die mutmaßlich aus Kriminellen, Bettlern, Arbeitsscheuen — dem moralischen Abschaum schlechthin — bestehe.[10] Die Ambivalenz männlichen Verhaltens gegenüber Frauen — einerseits Schutz vor Verelendung, andererseits Kontrolle — wurde überlagert von der Angst des Bürgertums vor den „unzuverlässigen" und „niederen" Ständen. In der Prostitution kristallisierte sich auf diese Weise die Furcht des Bürgertums vor moralischer Ansteckung wie vor physischer Ansteckung durch Geschlechtskrankheiten. Die Vorstellungen der Bürger von den Frauen der Arbeiterklasse als denjenigen, die für die moralische Verschmutzung verantwortlich waren und die zudem Krankheiten übertrugen, dienten der Rechtfertigung und diktierten die Logik eines staatlichen bzw. kommunalen Reglementierungssystems, das eine weitgehende Überwachung der meisten, allein in Städten lebenden Unterschichtfrauen zur Folge hatte. Alleinlebende Frauen aus den unteren Schichten wurden stets als potentielle Prostituierte angesehen.[11]

Den eigenen Körper zu verkaufen und Männern gegen Bezahlung sexuell verfügbar zu sein, war der äußerste Schritt, zu dem sich Frauen gezwungen sehen konnten, wenn ihre Not zu groß wurde und sie keine andere Arbeit in Aussicht hatten. Das schließt natürlich nicht aus, daß manche Frauen sich freiwillig dem Leben als Prostituierte zuwandten, weil es ihnen reizvoller und leichter erschien als mögliche Alternativen. Die Prostitution war aber für vom Elend bedrohte Arbeiterfrauen oft der letzte Ausweg. Unter der napoleonischen Rechtsprechung war der juristische Status der Prostituierten ebenso kompliziert wie einzigartig. Bürgerlichen Frauen war ebenso wie den Frauen der unteren Klassen die volle Staatsbürgerschaft vorenthalten. Das Gesetz behandelte die letzteren aber noch wesentlich härter als ihre bürgerlichen Geschlechtsgenossinnen. Besonders in großen Städten wie Paris behandelte die Polizei Arbeiterfrauen im allgemeinen und Prostituierte im besonderen oft miserabel: Der für Prostituierte gebräuchliche Begriff „öffentliche Mädchen" implizierte ein besonderes Verhältnis zwischen ihnen und den Behörden, was die juristische Verletzbarkeit der Prostituierten in besonderem Maße deutlich machte. Diese mußte sich strikten Regeln unterwerfen und war Restriktionen ausgesetzt, die für andere Frauen nicht galten. Die Pariser Polizei ging so weit festzulegen, daß Prostituierte sich außerhalb des Gesetzes befänden. Einer Prostituierten war es beispielsweise nicht erlaubt, mit Freundinnen in einer Gruppe zusammenzustehen, und sie hatte in ständigem Kontakt mit der Polizei zu bleiben.[12]

Auch unterlagen die „öffentlichen Mädchen" nicht der regulären Gerichtsbarkeit. Ihre Verfahren waren vor einem administrativen Sondergericht in der Polizeipräfektur anhängig. Der Prostitution angeklagt zu werden, war häufig bereits so gut wie der Schuldspruch selber, und der Gang des Verfahrens war in das Belieben des festnehmenden Beamten gestellt. Alles und jedes konnte Anlaß zu einer Strafverfolgung werden:

in flagranti ertappt zu werden, der pure Verdacht eines aufmunternden Blickes oder eine laszive Geste.

Bei der Anwendung des Rechts auf Prostituierte herrschte die reine Willkür. Das Leben der Prostituierten wurde überwacht, und ihr Bewegungshorizont war fest umrissen. Die Polizei konnte sich nach Belieben Zutritt zu den „maisons de tolérance" verschaffen (das waren Häuser, in denen die Präsenz von Prostituierten offiziell erlaubt war, die aber nicht notwendigerweise zugleich Bordelle sein mußten). Die Präfektur machte jede nur denkbare Anstrengung, um die Prostituierten von der Straße zu verdrängen und auf bestimmte Stadtbezirke zu begrenzen. In den großen Städten waren Prostituierte „öffentliche Frauen" im wahren Sinne des Wortes: Die Behörden besaßen in gewisser Weise die Verfügung über den Körper der „gefallenen" Frauen; ebenso konnten sie den Aufenthaltsort der Prostituierten bestimmen und ihren persönlichen Umgang kontrollieren.[13]

Die Überwachung der Prostituierten schloß Zwangsuntersuchungen aller Registrierten auf Geschlechtskrankheiten in den „dispensaires de salubrite" ein. Das hatte jedoch eine weiterreichende Konsequenz: Die Registrierung durch die Polizei und die regelmäßigen Untersuchungen durch die Gesundheitsbehörden setzten das stillschweigende Einverständnis der Behörden mit der Tätigkeit der Prostituierten voraus. Bezeichnenderweise wurde eine Prostituierte, die sich diesen Reglementierungen unterwarf, ein „unterworfenes Mädchen" (fille soumise) genannt.[14]

Der Grund für die Überwachung und die Reglementierung des Lebensraums der Prostituierten lag in zweierlei: Zum einen lag er sehr konkret in der Angst vor der Ausbreitung der Syphillis. Zum anderen spielten hier männliche Vorstellungen von der unbeherrschbaren Natur der weiblichen Sexualität, die in jedem Falle eingedämmt und kontrolliert werden müsse, eine Rolle.

Die Tatsache, daß Pariser Prostituierte meist Handwerkstöchter aus Paris oder der näheren Umgebung waren, widerspricht der rührseligen Vorstellung des hilflosen Mädchens vom Lande, das in der bösen Stadt verführt und verlassen, nun gezwungen sei, seinen Körper zu verkaufen, um seinen Lebensunterhalt zu sichern. Die letztere Vorstellung plazierte die Prostituierten in die gleiche soziale Kategorie wie andere Randgruppen der Gesellschaft, die nicht fähig waren, in der zunehmend komplexer werdenden städtischen Ökonomie ihren Lebensunterhalt zu sichern: Bettler, Vagabunden, Diebe oder schlicht Arbeitslose.

Die Prostituierten stellten jedoch eine ungleich größere und gefährlichere Bedrohung für die Sicherheit der Gesellschaft dar als alle Bettler und Diebe zusammen. Das unterschied sie von anderen Hilfsbedürftigen im Kampf ums Überleben. Die Angst vor Ansteckung und das Gespenst einer von Syphillis verseuchten Gesellschaft regte politische Vorschläge an, deren Spektrum von reiner Unterdrückung bis zu nach gerade lächerlichen Maßnahmen reichte: Routineuntersuchungen von Registrierten waren bereits unter Napoleon I. eine etablierte Praxis. Aber da die Behörden sich immer obsessiver auf die mit der Prostitution einhergehenden Gefahren der Sexualität konzentrierten, wurden folglich ihre Interventionspläne immer rigoroser.

Ein gewisser Dr. Davilo, ein eifriger Medizinstudent, der 1851 Pariser Prostituierte für seine Doktorarbeit untersucht hatte, schlug z.B. vor, daß jede unverheiratete junge Frau, die nicht bei ihren Eltern lebe, monatlich einmal einer Untersuchung unterzogen werden solle. Sein Kollege, Dr. Lagneau, ging so weit vorzuschlagen, daß jede infizierte Prostituierte mit einem gut sichtbaren Zeichen auf Bauch, Schenkel oder „sonstwo" gekennzeichnet werden solle, um den ahnungslosen Kunden zu schützen. Die wachsende Besessenheit mit den physischen und moralischen Gefahren der Prostitution ging im äußersten Fall davon aus, daß jede alleinlebende Frau oder zumindest jede alleinlebende Frau aus der Unterschicht eine potentielle, im Verborgenen ihrem Gewerbe nachgehende Prostituierte sei, die der Polizeiaufsicht entschlüpft sei. Indem man Frauen der Arbeiterklasse, bedingt durch ihre sexuelle Verfügbarkeit, mit Laster und Unmoral identifizieren konnte, wurde es auf diese Weise möglich, arme Frauen dazu zu benutzen, die vorherrschende Klassenstruktur der Gesellschaft zu bestätigen.[15]

Ähnliche Statuten und Gesetze wie in Frankreich bestimmten den Rechtstatus und die Lebensumstände von Prostituierten in den Niederlanden, nachdem der Code Napoleon dort eingeführt worden war. In Paris hatten bereits 1802 Gesundheitsbeamte die medizinische Überwachung von Prostituierten eingeführt. Als Holland 1806 unter das Regiment von Louis Napoleon kam und 1810 von Frankreich annektiert wurde, wurde das in Frankreich entwickelte System medizinischer Überwachung auch in den Niederlanden eingeführt.

Es gab im 19. Jahrhundert kaum jemanden, der daran gezweifelt hätte, daß die Prostitution eine gefährliche Bedrohung der moralischen Ordnung der niederländischen Gesellschaft sei. Wie im napoleonischen Frankreich erkannten jedoch auch in der Batavischen Republik Politiker und Beamte widerwillig an, daß die Prostitution ein notwendiges Übel sei, das geduldet werden müsse, aber das man aktiv einzugrenzen bestrebt war, vor allem insofern es um die möglichen unerwünschten gesundheitlichen Konsequenzen ging.[16]

Zu Beginn des 19. Jahrhunderts verlangten die städtischen Behörden von Bordellbesitzern, daß sie bei der lokalen Polizei gemeldet seien. Die im Bordell lebenden Prostituierten mußten das gleiche tun. Sie erhielten eine rote Karte, die sie zweimal wöchentlich dem Polizeiarzt bei der Untersuchung vorzulegen hatten. Dies kostete jedes Mal 15 Stuivers. Die Gesundheitsbeamten vermerkten das Ergebnis ihrer Untersuchung auf der roten Karte. Im Krankheitsfall entzogen sie der Prostituierten die rote Karte und ersetzten sie durch eine weiße, auf der sie die Art ihrer Krankheit eintrugen. Solange sie die weiße Karte hatte, durfte die Prostituierte ihrem Gewerbe nicht nachgehen. Übertrat sie dieses Verbot, so wurde sie in ein „Verbeterhuis", eine Besserungsanstalt, geschickt, und das Bordell wurde geschlossen.[17]

Diese Reglementierungen, die in Frankreich und in Holland auf ähnliche Weise funktionierten, stießen bereits in den ersten beiden Jahrzehnten des 19. Jahrhunderts auf Widerstand. Aufmerksame Zeitgenossen waren von der Vorstellung eines offiziell sanktionierten Prostitutionssystems abgestoßen, weil damit implizit die Prostitution als rechtmäßiges Gewerbe anerkannt wurde und dadurch Frauen ermutigt würden, ihre „unmoralische" Existenzweise fortzusetzen. Schlimmer noch: Indem die Reglementierung den Staat zum Komplizen der ihre Sexualität meistbietend verkaufenden Frauen machte, wurde er zum funktionalen Äquivalent des Zuhälters — „l'etat souteneur".[18]

Das nach französischem Vorbild konstruierte Reglementierungssystem wurde jedoch — jedenfalls was die offizielle Politik anging — nach der Niederlage Napoleons und dem Ende der französischen Verwaltung in den niederländischen Provinzen aufgegeben. Sorgen über die Ausbreitung von Geschlechtskrankheiten blieben aber bestehen, und wenige Jahre nach der Gründung des Königreichs der Niederlande versuchte Willem I. in der Frage der Reglementierung der Prostitution gewisse kohärente Regeln einzuführen. Mit einem Erlaß vom 26. Februar 1818 verkündete der König, daß er beabsichtige, für die Prostitution sowie für Bordelle Gesetze zu erlassen. Er forderte die Provinzialregierungen auf, die Modalitäten der medizinischen Überwachung in einigen größeren Städten daraufhin zu überprüfen, ob sie geeignet seien, landesweit angewandt zu werden.[19]

Das primäre Motiv des königlichen Dekrets lag in dem Versuch, nach wirksamen Wegen zu suchen, auf denen sich die Gesellschaft vor allem in Hinblick auf den Gesundheitszustand und die physische Kondition des Militärs schützen konnte. Ein Bericht des Bürgermeisters von Den Bosch (Bois le Duc), der Hauptstadt der Provinz Nordbrabant, unterstrich die Sorgen, die bereits in dem königlichen Dekret angeklungen waren. Der Bürgermeister schrieb einen ausführlichen Bericht an den König:

„Seit 1816 ist der Befehlshaber der Militärgarnison von Den Bosch besorgt über das Anwachsen der Zahl von Militärpersonen, die an Geschlechtskrankheiten leiden. Es wurden deshalb Maßnahmen ergriffen, um die von Soldaten aufgesuchten Frauen, von denen bekannt war, daß sie infiziert sind, von der Polizei verhaften und im städtischen Krankenhaus auf Kosten der Stadt behandeln zu lassen. Die Folge dieser Maßnahme war, daß im folgenden Jahr (1817) die Zahl der an Geschlechtskrankheiten Leidenden reduziert wurde. 1818 beklagte sich der Befehlshaber jedoch erneut. Weil die Behandlungskosten für die erkrankten Frauen das Budget der Stadt stark belasteten, mußten die Frauen aus dem Krankenhaus entlassen werden, ob sie geheilt waren oder nicht."[20]

Der Bürgermeister erwähnte dann, daß im Jahr 1818 erneut versucht worden sei, die Zahl der Prostituierten, die eine behördliche Arbeitserlaubnis hatten, zu begrenzen. Er tat weiterhin kund, daß seit 1818 die als Prostituierte bekannten Frauen, die nicht in Den Bosch unter die Armenfürsorge fielen, in ihre Geburtsstadt bzw. an den Ort, in dem sie zuvor vier aufeinanderfolgende Jahre lang gewohnt hatten, zurückgeschickt worden seien.[21] Außer der Sorge für den Gesundheitszustand des Militärs in Den Bosch zeigt diese Aktion des Bürgermeisters, daß in seiner Vorstellungswelt die Prostitution unmittelbar mit der Armenfürsorge verbunden war. Wenn die Prostitution armen Frauen, die keine andere Wahl hatten, als Subsistenzgrundlage diente, dann konnten — so der Gedankengang des Bürgermeisters — die der Armenfürsorge zugrundeliegenden gesetzlichen Regelungen auch auf die „öffentlichen Frauen" angewandt werden. Im wesentlichen zeigt diese gedankliche Verknüpfung, daß die Prostitution als eine Überlebensstrategie armer Frauen angesehen wurde und daß diese Auffassung in der offiziellen Reglementierung der Prostitution eine Rolle spielte.

So schrieb zum Beispiel der Innenminister 1822 an den König:

„Der Bürgermeister von Den Bosch hat die Frage aufgeworfen, ob die Reglementierung der Prostitution nicht das Laster begünstige. Diese Frage ist falsch gestellt. Wenn Bordelle überall zugelassen werden, besonders in Garnisonsstädten, so können die Behörden diese Bordelle Reglementierungen unterwerfen, ohne sich dem Vorwurf auszusetzen, sie begünstigten das Laster oder verbündeten sich mit dem Übel. Denn weitaus schlimmer wäre es, das Laster uneingeschränkt wuchern zu lassen."[22]

Da es an klar definierten Grundsätzen fehlte, wucherte in den Niederlanden nach 1815 die Debatte über das Für und Wider des „Reglementarismus". Medizinische Überlegungen veranlaßten manche Stellen, eine Reglementierung zu *befürworten*. Andere führten Argumente ins Feld, die sich *gegen* eine öffentliche Sanktionierung des Lasters, der Ausschweifung und des sexuellen Mißbrauchs von Frauen richteten. Angst und elementare Abwehr überwogen jedoch und führten gelegentlich zu unerfreulichen Szenen, wie der, die sich 1819 im Süden der Niederlande abspielte:

„Am 9. März 1819 hatte die Polizei von Charleroi einige sogenannte öffentliche Frauen in Gewahrsam genommen. Paarweise aneinandergebunden wurden sie von einem Ausrufer und einigen Polizisten durch die Stadt geführt. Nachdem sie von umherstehenden Arbeitern mit Abfällen beworfen worden waren, wurden sie zum Stadttor geführt und weggejagt."[23]

Im vorliegenden Falle kam zu dem an sich schon peinlichen und beschämenden Ereignis ein weiteres Problem hinzu: Das Einschreiten der Polizei war ohne die Zustimmung des zuständigen Gerichtsbeamten erfolgt und offenbar vom Bürgermeister der Stadt angeregt worden. Noch schlimmer waren zusätzliche Rechtswidrigkeiten: Wie dem Bericht des Gouverneurs von Henegouwen, Hainault, an den Justizminister im Haag zu entnehmen war, befanden sich unter den angeblichen Prostituierten auch Frauen, die zufällig in der Nähe der Straße, wo die Prostituierten aufgegriffen worden waren, entlang gegangen waren. Schlimmer noch: Zwei von ihnen waren junge Mädchen von einwandfreiem Ruf, die die gleiche Behandlung wie die „öffentlichen Frauen“ erdulden mußten, nachdem sie vorher gegen ihren Willen von Polizisten aus ihren Elternhäusern herausgeholt worden waren.

Nach Aussagen des Gouverneurs führte dieser Vorfall unmittelbar zu Auseinandersetzungen zwischen einigen Soldaten. Einige von ihnen wollten sich an den Frauen schadlos halten, andere versuchten, sie zu verteidigen. Dieser Vorfall zeigt nur, daß die öffentlichen Reaktionen auf die Prostitution und die vermeintliche Unmoral, als deren Konsequenz sie angesehen wurde, zugleich komplex und unberechenbar war.[24]

Wahrscheinlich haben sich die betroffenen Prostituierten – arm, der Lächerlichkeit wie der öffentlichen Verleumdung preisgegeben – an einem anderen Orte niedergelassen, um wieder ihrem Gewerbe nachzugehen. In einem promiskuitiven Milieu aufgewachsen, häufig ohne ein eigenes Bett sowie die Möglichkeit sich zurückzuziehen, waren einige Prostituierte schon von Kindesbeinen an an Entbehrung, Entwürdigung und die Fährnisse des Lebens gewöhnt. Angesichts von Arbeitslosigkeit und fehlender Armenfürsorge, die ihren Grund darin hatte, daß diese Frauen entweder ihren Geburtsort verlassen oder nicht vier Jahre lang am gleichen Ort gelebt hatten, blieb diesen Frauen häufig keine andere Wahl, als sich zu prostituieren. Wie oben erwähnt, konnte die Prostitution auch in einzelnen Fällen individuell *gewählt* worden sein, um dem niederdrückenden Dasein der Hausangestellten mit seinem nie enden wollenden Arbeitsalltag oder dem erschöpfenden Arbeitstag einer Fabrikarbeiterin zu entgehen.[25] Hatten sie sich jedoch erst einmal dem „Milieu“ zugewandt, so waren die Frauen der brutalen Behandlung durch die Bordellbesitzer ausgesetzt, vor allem deren Praktiken, die Prostituierten durch Verschuldung in ihrer Abhängigkeit zu halten. Aus medizinischen wie sozialen Gründen gleichermaßen meinten deshalb die Behörden, das Leben der Prostituierten dem beschriebenen System behördlicher Reglementierung unterwerfen zu müssen.

In der ersten Hälfte des 19. Jahrhunderts wurden auf verschiedenen Ebenen der niederländischen Bürokratie präzisere Pläne zur Reglementierung der Prostitution entwickelt. Den Haag stellte 1827 eine Reihe von städtischen Richtlinien für Prostituierte und für das Betreiben von Bordellen auf, in denen u.a. bestimmt wurde, wer für eine schwangere Prostituierte Sorge tragen mußte (die Bordellmutter) und was mit dem Kind nach der Geburt geschehen sollte (sobald das Kind entwöhnt war, wurde es der Mutter weggenommen)[26]. Die in der nördlichen Provinz Overjissel gelegene Stadt Zwolle unterbreitete dem Justizminister 1846 einen Entwurf detaillierter Richtlinien zur Reglementierung der Prostitution durch die städtische Polizei. Der erste Artikel setzte fest, daß ohne die Zustimmung des Polizeikommissars kein Bordell eröffnet werden dürfe und daß diese Erlaubnis jährlich zu erneuern sei. In Artikel 2 wurde festgelegt, daß jedes Jahr eine Statistik zu erstellen sei, woraus die Zahl der in den Bordellen tätigen Prostituierten, Mägde, Köche und Näherinnen hervorgehe. Weitere Artikel bestimmten, daß „öffentliche Frauen" polizeilich gemeldet sein müssen, um eine Arbeitserlaubnis zu erhalten. Diese wurde benötigt, um der Polizei einen Ortswechsel anzuzeigen. Des weiteren sollte die Polizei ein Dossier über alle in der Stadt ansässigen Prostituierten führen, das detaillierte Angaben zur Person enthalte: Namen, Spitznamen, Geburtsort, Alter, Größe, Form von Nase, Mund, Kinn, Stirn sowie Farbe der Haare und Augen und besondere Kennzeichen. Schließlich setzte Artikel 12 fest, daß jede Frau, die sich in der Öffentlichkeit wie eine Prostituierte benehme und durch obszöne Sprache und Gesten auffalle, fünf Gulden Strafe zu zahlen habe — eine am Durchschnittseinkommen von Frauen gemessen enorm hohe Summe.[27] Im Juni 1847 erhielt der Innenminister eine ähnliche Vorschriftensammmlung von der Stadt Rotterdam.[28]

Der Rotterdamer Polizeikommissar hatte sich im übrigen auf dem Gebiet der Prostitution und der schwierigen Fragen, wie man ihr durch Reglementierungen beikommen könne, autodidaktisch zu einem Experten entwickelt. Sein Sohn, das Interesse seines Vaters voraussetzend, hatte den Polizeipräfekten von Paris um eine Kopie der dort geltenden Vorschriften gebeten.[29] In einem ausführlichen und ernsthaften Memorandum an den Bürgermeister und den Rat der Stadt schlug der Polizeikommissar das Pariser Beispiel zur Nachahmung auch für Rotterdam vor. Unter Bezug auf das „großartige Werk" von Parent-Duchatelet plädierte er für zwangsweise Krankenhausbehandlung im Falle von Geschlechtskrankheiten. Wie in Paris sollten die Kosten dafür durch die Gebühren aufgebracht werden, die die Prostituierten für ihre obligatorischen medizinischen Untersuchungen zu zahlen hatten. Er stellte fest:

> „Frankreich, das Land, von dem wir so oft in der Vergangenheit gelernt haben, hat die anstehende Frage auf diese Weise gelöst. Die Kosten für die Stadt Paris, welche die Überwachung der Prostitution mit sich bringt und welche früher aus Steuern, die die Prostituierten und die Bordellbesitzer zu entrichten hatten, bestritten wurden, werden gegenwärtig in toto von der Stadt getragen, so daß nicht der geringste Betrag für die amtliche Erlaubnis, dem Laster anzuhängen, erhoben wird."[30]

Mit anderen Worten: Der Rotterdamer Polizeikommissar lobte die Stadt Paris dafür, daß sie zur Bestreitung der anfallenden Kosten nicht die Frauen, die die Genehmigung zur Prostitution einholten und die bereit waren, für dieses zweifelhafte Recht eine Gebühr zu entrichten, *direkt* besteuerte. Die Frage, ob die Erhebung von Gebühren für medizinische Zwangsuntersuchungen und eine direkte Besteuerung nicht letztlich auf das gleiche hinausliefen, stellte sich ihm nicht.

Für Politiker und Beamte, die sich ernsthaft mit diesen Dingen beschäftigten, enthielt die umfassende gesetzliche Regelung der Prostitution zwei Probleme: Erstens legalisierte eine behördliche Regelung implizit die Prostitution als Beruf. Zweitens legitimierte sie implizit — entsprechend den Grundsätzen des kodifizierten Rechts — alle Formen moralischen oder sexuellen Verhaltens, die nicht *ausdrücklich per Gesetz* verboten waren. Zudem bestand weiterhin das Problem, daß der Staat sich selber in die Rolle des Zuhälters brachte (l'etat souteneur): Wenn Prostituierte oder Bordellbesitzer mit einer Steuer belegt würden — gleichgültig ob auf direktem oder indirektem Wege — dann machte sich der Staat zum Komplizen. Noch eine weitere Sorge beunruhigte Bürgermeister, Stadträte und Beamte: Wenn das Verhalten der „öffentlichen Frauen" und das Betreiben von Bordellen unter die Aufsichtspflicht der lokalen Behörden fiel, dann mußten diese auch für die Behandlung der Frauen im Krankheitsfalle aufkommen — ein Kostenfaktor, der viele Beamte und Politiker schreckte. Tatsächlich waren genau diese Folgekosten der Grund dafür, daß die Stadt Amsterdam es ablehnte, Vorschriften zur Regelung der Prostitution zu erlassen.[31]

Angesichts solcher verbreiteten Vorbehalte gestand das Gesetz über die städtische Verwaltung von 1851 jeder Stadt die Entscheidung darüber selbst zu, ob sie ein Registrierungs- und Überwachungssystem einführen wolle oder nicht. Allerdings war diese Regelung von Anfang an umstritten: Der Jurist A. Pinto argumentierte 1853, daß die Überwachung der Prostitution in individuelle Rechte und persönliche Freiheiten eingreife, die auch für Frauen jeglicher Schicht gelten, und insofern zu denjenigen Bereichen gehöre, die auf nationaler Ebene durch eine Verfassung zu regeln seien, die jedenfalls nicht ins Belieben lokaler Behörden gestellt werden dürften.[32] Dessen ungeachtet hatten ungefähr 30 niederländische Städte um die Mitte des 19. Jahrhunderts eine Registrierungspflicht für Prostituierte eingeführt. Aber das Reglementierungssystem wurde in den Niederlanden nie so systematisch angewandt wie in Frankreich. Das war auf die lange Tradition städtischer Autonomie und lokaler Freiheiten zurückzuführen.

In den Niederlanden wie in Frankreich wuchs nach der Jahrhundertmitte die Empörung über die Reglementierung der Prostitution, und es wurde gefordert, daß der Staat sich aus dem Geschäft mit der Prostitution zurückziehe. Schließlich wurde sogar die Forderung nach der Abschaffung der Prostitution selber erhoben. Solche Stimmen nahmen an Gewicht zu, nachdem O.G. Heldring, ein wohlmeinender und in Fragen der öffentlichen Moral besonders engagierter reformierter Geistlicher, der 1842 in der Nähe von Zetten eine Einrichtung für „reuige" und umkehrwillige Prostituierte gegründet hatte, mit einem Pamphlet an die Öffentlichkeit getreten war.[33] In seinem Büchlein „Iser nog Slavernij in Nederland?“ warf er 1859 die Frage auf, ob es in den Niederlanden noch Sklaverei gab. Er bejahte dies und führte als Beispiel die bedrückende, aber auch recht rührselige Geschichte einer jungen Engländerin an, die nach Rotterdam in ein Bordell „verkauft“ worden sei. Nicht ohne einen Anflug von Sensationslust beschrieb Heldring ihren Einstieg in die Welt der käuflichen Liebe:

> Sie gelangte von einem Bordell zum anderen. Wie eine Ware ging sie von Hand zu Hand. Sie sehnte sich nach Freiheit, aber jede Möglichkeit des Entkommens war ihr versperrt. Niemals konnte sie einem Menschen genügend Vertrauen schenken, um ihm ihren Wunsch nach Freiheit und einem besseren Leben zu gestehen. Fortwährend dem Abschaum der Menschheit ausgeliefert und zum Laster gezwungen, erging es ihr nicht besser als den Tieren auf dem Felde. Sie war zum Schweigen verdammt.[34]

Heldring ging dann auf das von den staatlichen Behörden stillschweigend geduldete Bordellwesen ein und beschrieb die Methoden, mit denen die Bordellmütter die Prostituierten wie Tagelöhnerinnen und Sklavinnen hielten.

> „In den verschiedenen Städten unseres Vaterlands existieren große und kleine Bordelle. In den großen Freudenhäusern wird die Prostituierte tatsächlich wie eine Sklavin gehalten. Dort wohnen nur die jüngsten, hübschesten und die am besten erzogenen Mädchen. Sie sind seltener und haben deshalb einen höheren Wert. Sie werden ge- und verkauft, gehalten und bewacht wie zinsbringende Sachwerte.“[35]

Der ernsthafte und moralische Geistliche berichtete von dem „furchtbaren Mißbrauch“, der mit den Prostituierten getrieben werde, und verglich die Lage der Prostituierten mit derjenigen der Sklaven in Übersee. „Wir wollen keine Sklaverei“, wetterte er, „weder hier noch in Indien. Es ist die Pflicht eines jeden Christen, gegen die Entwürdigung von Menschen zu kämpfen.“[36]

Die kleine Schrift Heldrings, die von Übertreibungen und Sentimentalitäten nur so strotzte, markierte in den Niederlanden den Auftakt einer Debatte über die Abschaffung der staatlichen Reglementierung der Prostitution. Auch in Frankreich verschafften sich um die Mitte des Jahrhunderts kritische Stimmen zunehmend Gehör. Einige kritische und sozial sensibilisierte Zeitgenossen wiesen auf den Zusammenhang von wirtschaftlicher Not und Prostitution hin. Abgesehen davon, daß schließlich erkannt wurde, daß nicht nur die *Frauen* die Überträger der Syphilis seien — was einzelne Juristen und Politiker schließlich dazu veranlaßte, auch für die Kunden der Prostituierten eine medizinische Untersuchung zu empfehlen — entwickelte sich in Frankreich wie in den Niederlanden im Laufe des Jahrhunderts allmählich ein Bewußtsein dafür, daß Prostituierte nicht „wurzellose Außenseiterinnen der Gesellschaft seien, sondern arme Arbeiterfrauen, die in Städten mit geringen Arbeitsmöglichkeiten und einer feindlichen Einstellung gegenüber alleinstehenden Frauen um ihr Überleben kämpfen.“[37]

Da Frauen — ob dem Bürgertum oder der Arbeiterklasse zugehörig, ob arm oder reich — seit der Französischen Revolution und der napoleonischen Ära keine denjenigen der Männer vergleichbaren Bürgerrechte besaßen, wurden sie — sowohl in Frankreich wie in den Niederlanden — mehr *de facto* als *de jure* Objekte einer pauschalen gruppenspezifischen Gesetzgebung. Frauen waren — wie oben ausgeführt — verhältnismäßig häufiger als Männer Nutznießerinnen von Sozialfürsorge, da sie potentiell als „ehrbare" Arme galten, während von Männern erwartet wurde, daß sie sich in den Gesetzen des freien Wettbewerbs zurechtfänden. Gleichzeitig erleichterte eine Gesetzgebung, die für Männer und Frauen unterschiedliche Regelungen vorsah, es französischen wie niederländischen Politikern, ein umfassendes Reglementierungssystem für Frauen der Arbeiterklasse und für Prostituierte einzuführen. Obwohl auf der Ebene lokaler Reglementierung zahlreiche Ähnlichkeiten zwischen Frankreich und den Niederlanden bestanden, so gab es doch einen entscheidenden Unterschied: Aufgrund der langen Tradition demokratischer Selbstbestimmung oblag es — wie erwähnt — in den Niederlanden den einzelnen Stadtverwaltungen zu entscheiden, *ob* sie ein Reglementierungssystem einführen wollten oder nicht. Die Folge davon war, daß sich Prostituierte in verschiedenen Städten unterschiedlichen Regelungen gegenübersahen.[38]

In beiden Ländern war man sich zu Beginn des Jahrhunderts darüber einig, daß „gefallene Mädchen" die moralisch verwerflichste Randgruppe der Gesellschaft seien sowie daß die Folgen der Straffälligkeit und des sexuellen Lasters für Frauen grundsätzlich schwerer wiege als für Männer. Angesichts der zentralen Rolle, die Frauen in der bürgerlichen Vorstellungswelt zugedacht war, erwarteten die Politiker von Frauen generell, daß sie die Familie stabilisierten und sich auf diese Weise als Stützpfeiler der bürgerlichen Gesellschaft erwiesen.[39] Allein lebende Frauen, die noch dazu ihren Körper als Erwerbsquelle benutzten, verletzten sämtliche Vorstellungen, die darüber bestanden, wie eine „ordentliche" Frau in der Gesellschaft anständiger Bürger zu leben habe. Dabei wurde die Rolle, die die Prostitution zur Aufrechterhaltung eben dieses Modells der bürgerlichen Gesellschaft — genauer: der bürgerlichen Familie — spielte, geflissentlich übersehen.

Im Laufe des 19. Jahrhunderts nahm allmählich das Verständnis für die Lage der Prostituierten zu. Eine zunächst unscheinbare, aber bedeutungsvolle Veränderung in der Haltung gegenüber Prostituierten vollzog sich nach und nach. In der kollektiven Phantasie verloren die „öffentlichen Mädchen" den Nimbus des Exotischen und Anrüchigen, den sie besonders in der populären Presse gehabt hatten. Stattdessen wurden sie nun eher als unschuldige Opfer eines männerdominierten, unbarmherzigen Wirtschaftssystems wahrgenommen.[40] Sie verwandelten sich in der öffentlichen Meinung von „Freudenmädchen", die aufgrund einer fragwürdigen, persönlichen Neigung zur Prostitution gelangt seien, in mehr oder weniger normale Angehörige eines städtischen Proletariats.

In dieser neuen Sichtweise spiegelten sich veränderte Anschauungen im Hinblick auf Armut, Ungleichheit der Einkommen und ökonomische Abhängigkeit wider: Sexuelle Käuflichkeit und Unmoral kreidete man nun mehr der *Gesellschaft* an und nicht mehr in erster Linie dem einzelnen Individuum. Es wurde argumentiert, daß Prostituierte Opfer bestehender Klassenstrukturen, fehlender Arbeitsplätze und Beschäftigungsmöglichkeiten sowie männlicher Begehrlichkeit seien. Die Abschaffung des Reglementierungssystems und die Reintegration der „gefallenen Mädchen" wurde in der zweiten Jahrhunderthälfte zu einer hehren Aufgabe, da „jede Frau in ihrem Leib Generationen berge und in ihren Händen das Schicksal unzähliger Menschen liege".[41]

Anmerkungen

1 William Edward Hartpole Lecky: History of European Morals, 2 Bde., New York 1898, Bd. 2. S. 282f. Die Übersetzung dieses Beitrags aus dem Englischen besorgten Marieluise Christadler und Hanna Schissler.

2 Vgl. Frances Gouda: Directing the Trafic in Woman, in: The Women's Review of Books, Bd. 3, Nr. 6. 1985, S. 10.

3 T.H. Marshall, Class, Citizenship, and Social Development, New York 1964, S. 71f. Wie William H. Sewell gezeigt hat, standen die Arbeiter generell dem individualistischen Konkurrenzsystem feindlich gegenüber. Sie waren eher geneigt, Assoziationen zu bilden, die ihnen potentiell den Rückhalt gaben, der ihnen als vereinzelten Individuen fehlte. Vgl. Work and Revolution in France. The Language of Labor from the Old Regime to 1848, Cambridge 1980, S. 114-42.

4 Wie Alexis de Toqueville in seinen Erinnerungen geschrieben hat, war das Bürgertum „Herr der Gesamtheit, wie es der Adel niemals gewesen ist und vielleicht nie sein wird ... [Der Mittelstand] nahm, nachdem er ans Ruder gekommen war, das Wesen privaten Unternehmungstums an. Er verschanzte sich in seiner Macht und bald auch in seinem Egoismus, und alle seine Angehörigen dachten weit mehr an ihre privaten Geschäfte als an die öffentlichen Angelegenheiten, weit mehr an den eigenen Genuß als an die Größe der Nation." Alexis de Toqueville, Erinnerungen, mit einer Einleitung von Carl J. Burckhardt, Stuttgart 1954, S. 41. Allgemein zur Diskussion über das Entstehen der liberalen Wirtschaftsphilosophie siehe: Frances Gouda, The State of Being Poor: Theories of Poverty and Realities of Public Assistance in the Netherlands and France, 1815-1855, Cambridge 1990.

5 Olwen Hufton: Besprechung von J.K.J. Thompson, Clermont de Lodeve. 1633-1789: Fluctuations in the Prosperity of a Languedoc Clothmaking Town, und von C. Jones, Charity and Bienfaisance: The Treatment of the Poor in the Montpellier Region, 1740-1815 (beide Cambridge 1982), in: European Studies Review Bd. 13, Nr. 4, Oktober 1983, S. 200.

6 E.H. Kossmann, De Lage Landen, 1780-1940. Anderhalve eeuw Nederland en Belgie, Amsterdam/Brüssel 1975, S. 48-62.

7 Code Napoleon; Frankreich. Mit Übers., Einl. u. Anm. hrsg. v. Martin Wolff u.a., Mannheim 1928/1932 [Serie — Zivilgesetz].

8 Anton von Stabel, Institutionen des französischen Civilrechts, Mannheim 1871, S. 70f.

9 Vergleiche hierzu Frances Gouda, The State of Being Poor, Kapitel 4 sowie dies. und Barbara Brenzel, Women and Welfare Policy in the Nineteenth Century; Manuskript eines auf der Social Science History Association in Toronto, Canada, im Oktober 1984 gehaltenen Vortrages.

10 Leonore Davidoff, Class and Gender in Victorian England, in: Judith Newton, Mary P. Ryan und Judith Walkowitz, Hrsg.; Sex and Class in Women's History, London 1983, S. 19.

11 Eine detaillierte Schilderung der Reglementierung der Prostitution in Frankreich gibt Jill Harsin, Policing Prostitution in Nineteenth-Century Paris, Princeton 1985

12 Ebd., S. 6f.

13 Ebd., S. 20.

14 Ebd. Der „Dispensaire“ wurde durch Gebühren finanziert, die von Prostituierten bei den Routineuntersuchungen auf Geschlechtskrankheiten erhoben wurden. Diese Gebühren wurden als Äquivalente für solche Gebühren, wie sie etwa auf Kutschen erhoben wurden, angesehen, oder als solchen Einkünften vergleichbar, die aus der allgemeinen öffentlichen Gesundheitsüberwachung hervorgingen. Der lukrative Charakter dieser besonderen Einnahmequelle gab jedoch zu der Vermutung Anlaß, daß die Pariser Polizei der Prostitution Vorschub leistete, um die Einnahmen des „Dispensaire“ zu erhöhen.

15 Ebd., S. 249-62.

16 An Huitzing, Betaalde Liefde. Prostitues in Nederland, 1850-1900, Bergen 1983, S. 9.

17 H.W.J. Volmuller, Het oudste beroep. Geschiedenis van de prostitutie in Nederland, Amsterdam 1966, S. 26.

18 Huitzing, S. 10.

19 Allgemeines Reichsarchiv Den Haag: Archiv des Ministers der Justiz, 1813-1876, Nr. 4970, Dossier 16; Königliches Dekret Nr. 60 vom 26. Februar 1818.

20 Ebd. Der Bürgermeister von Den Bosch an König Willem I. (30. September 1822).

21 Ebd.

22 Ebd. Der Minister des Inneren an König Willem I. (30. August 1822).

23 Ebd. Der Gouverneur von Henegouwen an den Minister der Justiz (24. März 1819).

24 Ebd.

25 Huitzing, S. 32.

26 Allgemeines Reichsarchiv Den Haag: Archiv des Ministers der Justiz, 1813-1876, Nr. 4970, Dossier 16: Vorschläge hinsichtlich der Behandlung und des Verhaltens öffentlicher Frauen in Den Haag, 16. September 1838.

27 Ebd.: Zwolle, 15. Oktober 1846.

28 Ebd.: Rotterdam, 22. Juni 1847.

29 Dieses wird in Harsin, S. 80, berichtet.

30 Allgemeines Reichsarchiv Den Haag: Archiv des Ministers der Justiz, 1813-1876, Nr. 4970, Dossier 16: Bericht des Polizeikommissars von Rotterdam an den Bürgermeister und die Räte der Stadt (17. September 1847).

31 M.J. van Lieburg, De Syfilitische patient in de geschiedenis von het Nederlandse ziekenhuiswezen voor 1900, in: Tijdschrift voor Sociale Geschiedenis Bd. 8. 1982, S. 156-79.

32 A. Pinto, Themis, XIV (1853), S. 311 (zit. in W.H. Savornin Lohman, De Verhouding van de staat tot de prostitutie, Groningen 1881, S. 7).

33 Allgemeines Reichsarchiv Den Haag: Archiv des Ministers der Justiz, 1813-1876, Nr. 4970, Dossier 16. Otto Gerhard Heldrings „Is er nog slavernij in Nederland?“ wurde 1859 gleichzeitig als Pamphlet und als amtliches Zirkular Nr. 162 veröffentlicht. Der Justizminister schickte beide Dokumente gleichzcitig an einige Polizeikommissariate in einigen niederländischen Städten, um mittels einer Umfrage herauszufinden, ob es irgendwo Frauen gebe, die gegen ihren Willen in Bordellen festgehalten würden.

34 Heldring, S. 2.

35 Ebd. S. 4.

36 Ebd. S. 6.

37 Judith R. Walkowitz, Prostitution and Victorian Society. Women, Prostitution, and the State, New York 1980, S. 14.

38 Vgl. zum Konzept der korporativen Demokratie (consociational democracy) Hans Daalder, Building Consociational Nations, in: Samuel N. Eisenstadt und Stein Rokkan, Hrsg.; Building States and Nations, 2 Bd., Beverly Hills 1973, Bd. 2, S. 14-31 sowie Arend Lijphardt, The Politics of Accomodation: Pluralism and Democracy in the Netherlands, Berkeley 1968.

39 Estelle B. Freedman, Their Sister's Keepers: Women's Prison Reform in America, 1830-1930, Ann Arbor 1981. Was von einer „anständigen“ Frau erwartet wurde, stellt anschaulich dar Barbara Welter, The Cult of True Womanhood, in: American Quarterly 1966, S. 151-74.

40 Vgl. z.B. Nicolas-Edme Restif de la Bretonne, L'oeuvre de Restif de la Bretonne, hrsg. von Henri Bachelin, 9. Bde.; Bd. 3: Le Pornographe, ou idées d'un honnete homme sur un projet de réglement pour les prostitués, Paris 1931; Eugène Sué, Les Mystères de Paris, 2 Bd., Paris 1843; Alexandre-Jean-Baptiste Parent-Duchatelet, De la prostitution dans la ville de Paris, 2 Bde., hrsg. von A. Trebuchet und Poirat-Duval, 3. Auflage, Paris 1857.

41 Barbara M. Brenzel, Daughters of the State. A Social Portrait of the First Reform School for Girls in North America, 1856-1905, Cambridge 1983, S. 65.

Elisabeth Meyer-Renschhausen

Die fürstlichen Mahlzeiten der Revolutionäre

Höfischer Luxus und bürgerliche Nüchternheit im Ancien Régime

Wie zentral das Kochen als Voraussetzung des gemeinsamen Essens in bestimmten Gruppen in früheren Gesellschaften war, verrät uns die Wortgeschichte. Das „machen" kommt nämlich nicht von „Macht", wie in der Frauenbewegung hin und wieder vermutet wurde, sondern von einem Wortstamm, der „kneten" bedeutet. Kluge hatte in seinem etymologischen Wörterbuch noch gemeint, das Wort hätte ursprünglich das Kneten von Lehm für den Hausbau bedeutet.[1] Aber es dürfte einleuchtend sein, daß es vor allem das Kneten von Brotteig bezeichnete, eine Tätigkeit die etwa die südamerikanischen oder türkischen Fladenbrotbäckerinnen noch heute täglich verrichten. Tatsächlich meint Lévi-Strauss — und vor ihm meinten das schon viele andere — daß die menschliche Kultur mit dem Kochen begonnen hätte.[2] In den meisten älteren Gesellschaften war es Angelegenheit der Frauen. Erst das Entstehen einer höfischen Luxuskultur schuf den männlichen Koch.

Seit dem 13. Jahrhundert demonstrierte man bei Hofe Macht und Ansehen durch die Fülle des Mahles, schwelgte in Fleisch und Gewürzen und süßem Konfekt. Verfeinert wurde dieser Essensluxus während des Zeitalters des Barocks, als sich die herrschaftlichen Tafeln unter ihren Lasten — von längst vergessenen Kapaunen, Singvögeln aller Art, Trüffeln und feinstem Wildbret — zu biegen begannen.

Über diese höfische Luxuskultur wurde das Kochen zu einem Handwerk und damit zu einem geachteten männlichen Metier. Als vornehmer Zeitvertreib wurde es im 17. Jahrhundert geradezu zu einer Mode bei Hofe. Liselotte von der Pfalz (1652-1722)[3] erzählt in ihren Briefen vom Hofe Ludwig XIV. (1638-1715) in die Heimat, daß ihr Sohn auf das schönste kochen könne. Spätestens seit Ludwig XIV. galt die französische Küche „weltweit" als führend. Sogar der englische Hof schickte seine Köche nach Frankreich in die Lehre. Seither wetteiferten international renommierte Köche miteinander, die tollkühnsten Gerichte zu erfinden und in vielfach berühmt werdenden Kochbüchern festzuhalten.[4] Der „raffinierte" Geschmack der adeligen Gourmets wurde — um mit Barthes und Bourdieu zu sprechen — zu einem wesentlichen Zeichen wahrer Distinktion und „Lebensart".[5]

Aber das Bürgertum ließ sich nicht lumpen. Die allerdings noch lange winzige Ober-Schicht des mit dem frühneuzeitlichen Handel reich werdenden Stadt-Bürgertums imitierte die höfischen Sitten, sobald sie entsprechend zahlen konnte, und bald taten auch die weniger Begüterten es ihr nach. Bereits das 17. Jahrhundert zeigt uns in den wohlhabenden bürgerlichen Häusern Mitteleuropas heutige Eßstandards, nämlich das Essen mit Messer und Gabel von individuellen Tellern samt Tischtuch und Serviette in einem extra Speisezimmer. Zwar aßen etwa um 1772 in München die Armen, wie die meisten Landleute und Arbeiter, noch nach mittelalterlichem Brauch im Zwei-Mahlzeiten-System Getreide-Breie aus der gemeinsamen Schüssel, aber gleichzeitig speisten die reichen Münchener Bürger bereits nach internationaler höfischer Manier.[6]

Allerdings, das Bürgertum imitierte nicht nur. Es erfand auch Eigenes. Bestimmte Sitten des Essens und Trinkens sind eindeutig bürgerlichen Ursprungs. Im Zuge ihrer allmählichen Emanzipation aus adeliger Vorherrschaft bildeten die Bürger, zumal solange sie von der Macht ausgeschlossen waren, so etwas wie eine eigene „Kultur" aus, mit der sie sich von der alten Adelskultur absetzten. Das Bürgertum verdammte übertriebenen Luxus und untätiges Wohlleben des Adels, die galanten Liebeständeleien und „seelenlose Erotik" adeliger Männer. Sein Ideal war der tugendsame „natürliche" Mensch, der sensibel genug war, auf adelige Geziertheit verzichten zu können und eine einfache Lebensart zu führen. In den seit dem frühen 18. Jahrhundert in Deutschland erscheinenden „moralischen Wochenschriften", aber auch im Roman, im Drama, im Bild und als mitgehendes Theaterpublikum beschworen Bürger und Bürgerinnen „Mäßigkeit" und — entgegen den alten Standesvorstellungen — schlichte Menschlichkeit als neue Ideale. Sie predigten Abkehr von der steuernfressenden, ausbeuterischen Repräsentativkultur des Adels. Besondere Vermittlerinstanz dieser neuen bürgerlichen Kultur war die Familie, basierend auf neuer, gefühlsbetonter „Freundschaft" unter den Ehegatten, sowie — besonders in Paris und später auch in Weimar, Wien und Berlin — von Frauen geführte Salons.

In England wie in den deutschen und österreichischen Ländern und Provinzen begannen bürgerliche Frauen, Kochbücher zu schreiben, in denen sie — wenn zwar auch in Anlehnung an „adelige Manier" — eine eigene, nämlich einfachere Küche entwickelten[7]. Ebenso wie verschiedene adelige Frauen „die Front wechselten" und etwa „bürgerliche" Romane schrieben, z.B. Sophie la Roche, befanden sich auch unter den „bürgerlichen" Kochbuchverfasserinnen manche adelige Autorinnen, die sich bescheiden hinter bürgerlichen Pseudonymen versteckten.

Allerdings blieb in Frankreich selbst die Kochkunst bis zur Revolution aristokratisch. Der absolutistische Zentralismus zwang auch das aufstrebende Bürgertum an den Hof, die höfische Luxuskultur blieb dominant. Das Kochbuchschreiben blieb Männern vorbehalten, eine „bürgerliche Küche“ entstand nicht. Jedoch wurde der Kaffee zum Kultgetränk der städtischen Handels-Bürger und die Kaffeehäuser zu Orten einer demokratischen Öffentlichkeit,[8] wo jedermann ungeachtet seiner Herkunft und der Größe seines Geldbeutels einkehren konnte – vorausgesetzt, er konnte es sich überhaupt leisten.[9]

So unbestritten wichtig diese erste Vorform bürgerlicher Öffentlichkeit für die Männer war, sie hatte doch eine Merkwürdigkeit. Die neue Gleichheit, die in den coffee-shops praktiziert wurde, war keineswegs für alle gedacht. Von Anfang an fungierte sie unter Ausschluß der Frauen. Wir wissen, daß die Londoner Frauen 1674 gegen die Cafés mittels Flugschriften protestierten. Sie wandten gegen den Kaffee und seinen unmäßigen Gebrauch ein, daß er die Männer „austrocknen“ und ihrer „Leibeskraft“ berauben würde.[10] Auch die Armen wurden ausgeschlossen. In Bremen legten Verordnungen fest, daß Wein und Kaffee in den neuen Wirtshäusern vor den Toren der Stadt nicht etwa an die falschen Leute, die Bauern oder Armen ausgeschenkt wurden.[11] Der Kaffee, die Kaffeehäuser und die neue Kaffee- und Kuchen-Besuchs-Mahlzeit wurden zu dem entscheidenden Symbol eines neuen Selbstbewußtseins der „produzierenden Classen“.[12] Wie in Deutschland setzte sich der Kaffee auch in Frankreich durch. Der französische Historiker Michelet feierte den Kaffee als den großen Ernüchterer, das Getränk der Aufklärung, das die ehemaligen Untertanen von der verdummenden Saufkultur des späten Mittelalters befreit habe. Daher meinte er sogar, das ernüchternde Bittergetränk als eine der Ursachen der Französischen Revolution feststellen zu können.[13]

Hungern und Schlemmen in der Revolution

Die prunkvolle Rokoko-Kultur des Adels und das sich unter reichen Handels-Bürgern verbreitende „Protzentum“ wurde indessen von einem Prozeß zunehmender Verarmung und Unterversorgung des Volkes begleitet. Selbst dort, wo die Bauern trotz der immer maßloser werdenden Steuerforderungen des Adels und des Königs einen bescheidenen Lebensstandard bewahren konnten, gewöhnten sie sich an, ihre Häuser verfallen zu lassen und unbekannte Fremde aus Angst vor hinterrücks agierenden Steuereintreibern nur noch kümmerlich zu bewirten.[14] Andere Teile der europäischen Landbevölkerung verarmten völlig. Sie bevölkerten als „heimatloses Gesindel“ und Räuberbanden die Landstraßen und umlagerten als bedrohlich empfundene Bettlerheerscharen die

Städte. Die wachsenden landlosen Unterschichten waren auf die Getreideversorgung über die städtischen Märkte angewiesen, die trotz oder auch wegen der zahlreichen Reglements der Obrigkeit vielfach nicht klappte und während des ganzen 17. und 18. Jahrhunderts in vielen Gegenden Europas immer wieder zu Hunger und Hungerunruhen führte, während derer die Frauen vielfach die führende Rolle einnahmen.[15] Diese Hungerunruhen, die sich meistenteils an den Getreidepreisen festmachten und von den Frauen über und während der Märkte ausgetragen wurden, richteten sich weniger gegen feudale Ausbeutung als gegen die Auswirkungen der sich allmählich durchsetzenden, kapitalistischen Produktionsweise, die die alten Subsistenz- und Krisenbewältigungssysteme zusammenbrechen ließ.[16]

In Frankreich war es im gesamten Verlauf des 18. Jahrhunderts zu einer ständigen Verteuerung des Brotgetreides gekommen. Betroffen waren vor allem die Armen, die städtischen Unterschichten, die Kleinbürger und die Arbeiter der Manufakturen. Die Lebenshaltungskosten stiegen in der 2. Hälfte dieses Zeitraums um über 50%. Die Besitzlosen mußten bald die Hälfte ihres Einkommens und gegen Ende des 18. Jahrhunderts bis zu 88% ihres Einkommens für Brot, das Grundnahrungsmittel, ausgeben.[17] Die daraus resultierenden, mehrjährigen Versorgungspässe in Paris und vielen anderen Gegenden Frankreichs sowie die witterungsbedingte Mißernte von 1788 führten im Winter 1788/89 zu Hungersnot, Arbeitslosigkeit und verstärkter Bettelei und lösten schließlich die Revolution aus.

Die neue Nationalversammlung in Versailles war unfähig, die Kornverteilung schnell neu zu organisieren. Trotz guter Ernte im Sommer 1789 kam es bereits im September wieder zu langen Schlangen vor den Bäckerläden.[18] Am 5. Oktober 1789 zog ein Mädchen durch die Straßen von Paris, schlug eine Trommel und rief die Leute auf, etwas gegen die Brotknappheit zu unternehmen. Immer mehr Frauen schlossen sich ihr an, Frauen aller Stände, Fisch- und andere Marktweiber, Arbeiterinnen und Frauen von Männern mit vollen Bürgerrechten.[19] Sie standen bereits um 9.00 Uhr morgens vor dem Rathaus und verlangten Brot. Aus diesem „Aufruhr" entstand schließlich der legendäre Zug der „Marktweiber" nach Versailles, der die Radikalisierung der Revolution einleitete. Nur mit Mühe erhielt die Abordnung der Frauen Einlaß zur Nationalversammlung, die ein erneutes Ausfuhrverbot für Getreide und die Festsetzung des Getreidepreises versprach.[20] Aber der Umzug von König und Königin, mit den Termini der alten „sittlichen Ökonomie" „Bäcker und Bäckerin" genannt, samt der Nationalversammlung nach Paris, behob die Ernährungsengpässe nicht. Vielmehr blieb die Frage der Getreide-Versorgung der Bevölkerung während des gesamten Prozesses der Revolution Tagesthema der Pariser Bevölkerung und Hauptursache für das revolutionäre Engagement der Armen, der Sansculotten und vor allem auch immer wieder der Frauen, wie 1792, 1793 und 1795.

Die Wut des Volkes richtete sich anfangs besonders gegen die Aristokratie, die als Zehnt- und Grundherrschaft die Grundabgaben erhoben hatte und die gemeinsam mit den Getreidehändlern verdächtigt wurde, wucherischen Kornhandel zu betreiben.[21] Die Adeligen flohen. Ihre Köche flohen entweder zunächst mit oder blieben arbeitslos zurück. Da sie als ehemalige Höflinge Angst hatten, selbst in die Öffentlichkeit zu treten, machten ihre Frauen — in Anlehnung an die ältere Tradition der Garküchen des einfachen Volkes — Speisewirtschaften in Paris auf, in denen die Revolutionäre und Abgeordneten aus den Provinzen sich verköstigen konnten.[22] Vielfach bescheiden als Café firmierend, setzten diese Restaurants sich schnell durch. Die neue Elite ging — wie man sagte — zu den „Müttern" essen und ignorierte dabei selbstbewußt, daß hier nicht selten schwarz geschlachtetes Fleisch und auch sonst allerhand, was unter Umgehung der revolutionären Lebensmittel-Reglements eingekauft worden sein mußte, angeboten wurde. Die Mère Mérigot, Wirtin am Quai des Augustins, wurde feierlich zur „Cuisinière républicaine" ernannt.[23]

Währenddessen hungerte die Menge der Pariser und Pariserinnen als Folge der Revolutionskriege weiter. Schließlich sahen sich die revolutionären Frauenclubs gezwungen, sich für eine geregelte Versorgung der Pariser Bevölkerung einzusetzen, und das Einbehalten des „allgemeinen Preismaximus", die Festlegung u.a. der Lebensmittelpreise während der Jakobiner-Herrschaft zu überwachen. Das führte zu erheblichen Konflikten mit den Marktfrauen, die an einer Preisfestlegung nicht interessiert waren. Es kam zu Prügeleien zwischen Club-Frauen und Marktfrauen, bei denen es zwar vordergründig um die revolutionären Symbole (das obligatorische Tragen der Kokarde in den Farben der Trikolore auch für Frauen) ging, tatsächlich aber um grundsätzliche Interessenkonflikte zwischen den Frauen.[24] Diese Auseinandersetzungen führten dazu, daß die Frauenclubs verboten wurden und der revolutionäre Konvent die Frauen — getreu den Vorstellungen Rousseaus — allein auf das Haus als ihren angeblichen Bereich zurückverwies. Aber die Preisfestlegung nützte nur denen, die überhaupt noch etwas kaufen konnten. Der Zusammenbruch der Armenversorgung nach Enteignung der Klöster und der Kirche führte dazu, daß die armen Frauen sich schließlich — zumal in der Provinz — gegen die Revolution wandten.[25]

Die Lokale füllen sich — aber der Stuhl der Königin bleibt leer

In den Städten etablierten sich die Restaurants, die bald wieder von männlichen Köchen übernommen wurden. Ihren stärksten Auftrieb erfuhren sie während der Zeit des „gefrässigen Direktoriums" (Backhaus) und während der napoleonischen Herrschaft, als die städtische Oberschicht erneut einem unverfrorenen Luxusleben frönte. Jetzt kleidete sich nicht nur ganz Europa nach römischer Art im „Empire-Stil“, sondern aß auch entsprechend „imperialistisch“. Die Menus wurden wieder unverhohlen „königlich“, nur die Namen der Speisen blieben „revolutionär“. Ein Hammelfleischgericht, das ehedem nach der Methode der „Marquise de Sévigné“ bereitet wurde, entstand nunmehr nach den Richtlinien der „Bürgerin Villeroy“.[26] Für die immer noch zahlreichen Revolutionstouristen wurde der Restaurant-Besuch in Paris obligatorisch.[27]

Aber mit den Lokalen war etwas passiert. Während die neuen Restaurants an die Stelle der alten Garküchen des Volkes getreten waren, waren sie zu mehr oder minder exklusiven Männerräumen geworden. Im Ancien Régime hatten in den adligen Häusern zum galanten Speisen immer auch die Damen gehört. In den Restaurants der revolutionären Bürger gehörten die Frauen plötzlich nicht mehr dazu. Die Salons, in denen man vor der Revolution die neuen Philosophen diskutiert hatte, waren von Frauen geführt worden; zu den „Arbeitsessen“ der Bürger der ständelosen nachrevolutionären Gesellschaft waren die Frauen nicht mehr zugelassen.

Vor der Französischen Revolution hatte man in Frankreich ebenso wie in Deutschland für das „fortschrittliche“ England mit seiner konstitutionellen Verfassung, seinen schlichten Sitten, seinen moralischen Wochenschriften geschwärmt. Aber während der Revolution setzte sich nun keineswegs die in England und zu Teilen auch in Deutschland bereits erfundene bürgerliche Küche durch. Stattdessen vergaßen die meisten der wortführenden Revolutionäre ihre früheren Ideale. Die handels-bürgerlichen Girondisten speisten exquisit, und die Tafeln der radikalen Jakobiner waren auch nicht von armen Eltern.[28] Während jener Sitzung am 17. Januar 1793, als der Nationalkonvent nach stundenlanger Nachtsitzung mit nur einer Stimme Mehrheit die Hinrichtung des Königs beschloß, ging es auf den Zuschauerrängen noch ganz so galant zu wie ehedem in der Oper: die Herren traktierten die Damen aufs Liebenswürdigste mit Eis und Konfekt.[29]

Von Anfang an hatte die Revolution zumindest zwei Gesichter. Wohl war Robespierre, der „Unbestechliche“, ein Asket, aber sein Parteifreund und späterer Gegenspieler Danton galt als allen Sinnesfreuden zugeneigter Hedonist. Zwar setzten die Jakobiner zeitweilig ein Maximaleinkommen fest, aber die Kommissäre, die der Konvent in die Provinzen schickte, um widerspenstige Bauern zur Raison zu bringen, fuhren in sechsspännigen Kutschen und völlerten auf Festbanketten mit vielen Menüs; sie verzichteten weder auf Musik noch auf Freudenmädchen.[30] Tatsächlich setzte der ehedem adelige Kult der Gourmandise sich jetzt allgemein durch, was vor allem an der Art zu speisen, am Verhalten bei Tisch, der Art, sich bedienen zu lassen, ablesbar wurde. Seither kennt die Karikatur den völlernden bürgerlichen Gourmand, der, allein an einem Tisch sitzend wie im Mittelalter der König, einsam in sich hinein frißt. Die Feinschmeckerkunst wurde Lebensausdruck nicht nur der Reichen des dritten Standes, sondern auch des Kleinbürgertums.[31] Die gesamte Bourgeoisie begann in den öffentlichen Etablissements — im Falle minderer Mittel zumindest hin und wieder — „fürstlich" zu speisen.

Das ganze Bürgertum? Nun, das eben nicht. Während die Männer in den Restaurants Probleme wälzten und feierten, überließen sie ihren Frauen das „Bewahren und Hüten" jener Tugenden, die vor der Revolution konstitutiv für das bürgerliche Selbstverständnis gewesen waren.[32] Die Revolutionäre, und zwar ausgerechnet der radikale Konvent zur Zeit der Jakobiner, hatten die Frauen 1793 von der Politik ausgeschlossen. Politik und Tugendsamkeit wurden — nachdem die Jakobiner die Guillotine im Namen der Tugend bestätigt hatten — für die männlichen Bürger zu Gegensätzen. Die Tugend wurde aus dem öffentlichen Raum als ferne Utopie an den häuslichen Herd verbannt. Die realen Frauen wurden aus den Clubs, von den Zuhörerbänken des Konvents, von den öffentlichen Märkten und den Garküchen verdrängt. Stattdessen überschattete fortan eine merkwürdige Fiktion von „idealer Frau" den Alltag der Frauen: das Bild vom tugendsamen Weibe am häuslichen Herde.[33] Die Frau wurde zunehmend als Wesen begriffen, das, ohne je ein Entgelt für seine Arbeit zu erwarten, aus reiner Liebe den häuslichen Verrichtungen für die Familie nachgeht. Folgerichtig verlor die Hausarbeit im Verlaufe des 19. Jahrhunderts ihren Arbeitscharakter, wurde zur reinen Pflicht aus lauter Liebe und hatte mit dem „Wirtschaften" in den älteren Wortbedeutungen nichts mehr zu tun. Im Verlaufe des 19. Jahrhunderts wurde sie von der Nationalökonomie nicht mehr gerechnet, geriet zur „unproduktiven" oder allenfalls „reproduktiven" Arbeit, und gilt so bis heute als nicht rentenwürdig.

Im Wortstamm Wirtschaft hingegen steckt (nach Kluge) der germanische Wortstamm „verdar", was Mahlzeit bedeutet. Allerdings entwickelte sich schon im Mittelalter der Begriff „Wirt", der in den Enzyklopädien der Aufklärer als „Hausvater" und gleichzeitig als Vorstand seines Hauses figurierte und dem die Wirtin, die Hausfrau, untergeordnet war.[34]

Die Arbeit der Hausfrau, der Regentin des Hauswesens, wurde im 18. Jahrhundert noch als solche begriffen und galt insofern als „produktiv". Auch wenn die Französische Revolution den Bürgern schließlich nicht die erhoffte Beteiligung an den Staatsgeschäften brachte, insofern Napoleon wenige der revolutionären politischen Freiheiten bestehen ließ, brachte sie doch die Voraussetzungen zu jener Verdoppelung der bürgerlichen Ökonomie in eine privat-intime, nämlich die der Familie, und in eine gewissermaßen öffentlich-private, die der Privateigentümer.[35] Diese sich im Verlauf der Revolution neu konstituierende Gesellschaft der (männlichen) „Produzenten“, schuf sich den entsprechend halb privat, halb öffentlichen Raum in Clubs, Cafés und Restaurants, aus denen die Frauen folgerichtig ausgeschlossen blieben. Während zur Adelskultur des Ancien Régime immer auch die adelige Dame gehört hatte, blieb nun der Stuhl der Königin leer.[36]

Die Feudalisierung des Bürgers

Mit ihrer neuen, raffinierten Eßkultur demonstrierten die Männer, wenn auch nicht bewußt, daß ihnen mit der Revolution, trotz aller Rückschläge seit der Regierung des Direktoriums, das Wesentliche gelungen war, nämlich die Emanzipation des Besitzbürgers zum in ökonomischer Hinsicht „freien Mann“, also Fast-auch-König. Daher war es nur konsequent, wenn sie dazu übergingen, in ihren Lokalitäten „fürstlich zu speisen“ und Frauen wie Dienstboten unterdessen „souverän“ zuhause zu lassen. Für Frauen, Bauern, Sklaven und Tagelöhner, kurzum die Besitzlosen der neuen Gesellschaft, waren die teuren Restaurants nicht gedacht.[37]

Die berühmte Restaurantkultur des 19. Jahrhunderts wurde so nicht nur eine ausgesprochen (geld-)bürgerliche, sondern auch eine exquisit männliche Kultur. Indem man(n) mit den Frauen auch die Erotik ausschloß, wurde das Restaurant der Ort eines „ungezwungenen“ Herrenlebens, in dem sich eine soldatische Kultur des Zotenreißens etablieren konnte.[38] Die Revolution verfestigte damit eine ganz neue Form radikaler Geschlechtspolarisierung, die die alten Formen der Geschlechtertrennung des Ancien Régime bei weitem überflügelte. Zwar war und blieb dieses bürgerliche Restaurant zunächst eine mehr oder minder französische Einrichtung, bekam aber schließlich — nicht zuletzt durch berühmte Restaurantköche und ihre Schriften — gewissermaßen weltweite Geltung. Nicht zuletzt durch die Emigranten wurden erste neue Luxusrestaurants in Berlin wie in New York bereits Ende des 18. Jahrhunderts gegründet.[39]

Im Prinzip verlief die Entwicklung außerhalb der großen Städte langsamer. In England verschwand die alte Dorfschänke, in der noch alle Klassen und (zumindest gelegentlich) auch Geschlechter gemeinsam getrunken hatten, erst Anfang des 19. Jahrhunderts.[40] Erst nach 1850 war es für den Londoner tradesman selbstverständlich, in öffentlichen Etablissements unter seinesgleichen zu verkehren. Erst um 1880 bürgerte sich die französische Bezeichnung für die exquisiten Speiseräume der Hotels ein, begannen die alten Tavernen an Bedeutung zu verlieren. Besonders der englische Club wurde zum Treffpunkt des distinguierten Gentlemans, aus dem der Herr des Hauses eventuell noch nicht einmal zu den Mahlzeiten an den heimischen Herd zurückkehrte.

Der Club wurde als halb-öffentlicher, halb-privater Raum jene Öffentlichkeit, wo die radikale Geschlechtertrennung am konsequentesten praktiziert wurde. Bis 1883 – meistenteils jedoch bis ins 20. Jahrhundert hinein – blieben die Clubs exclusiv den Männern vorbehalten. Allerdings entstanden ab 1887 auch Frauen-Clubs, die vor allem nach 1900 einen rasanten Aufschwung erlebten.[41]

Auch in Deutschland setzte sich das neue kommerzielle Restaurant, später als in Frankreich, erst mit dem Aufkommen des bayrischen Bieres (!) gegen Mitte des 19. Jahrhunderts durch.[42] Aber wie bereits erwähnt, gab es Ausnahmen. Die Messestadt Frankfurt etwa erfreute sich bereits 1810 vornehmer Gasthöfe, die auch die „französischen Überfeinerungen" boten, und wo man – auf Reisen gelegentlich auch frau – an der table d'hôte mit 50-60 Personen internationaler Herkunft speiste.[43]

Aus dem alten dörflichen Gasthaus waren die Frauen nie völlig ausgeschlossen gewesen, zumal wenn sie auf Reisen waren. Aber auch die Dorfschänke fungierte bis in unser Jahrhundert vor allem als Treffpunkt der dörflichen Männerwelt.[44] Die Gaststuben waren zunächst vielfach von größeren Bauern nebenbei betrieben worden, wie etwa im Umland von Bremen noch Anfang des 19. Jahrhunderts. Dann aber setzte sich das neue, hauptberuflich von einem Wirt betriebene Gasthaus durch, und zwar zunächst in der Frankreich nahegelegenen Pfalz. Riehl verstand als deutliches Anzeichen für das Aussterben der alten Wirtshäuser zugunsten „feudalerer" Restaurationen deren Namensänderungen. Hatte man früher Namen, die aus der Heraldik stammten, bevorzugt, setzt sich nun in den 1840er und 50er Jahren die Mode der „Höfe" durch, wie etwa „Bayerischer Hof" oder „Hamburger Hof".[45] Wie die Restaurants waren in der zweiten Hälfte des 19. Jahrhunderts die deutschen Hotels nach französischen Vorbild eingerichtet mit Séparée, Chaiselongue und Bidet. Allerdings blieben in den großen Städten die alten, beim ehrbaren Bürgersmann als verdächtig geltenden „Spelunken", ehedem Anlaufstellen für die Fahrenden und Wanderarbeiter, bestehen, wie etwa in Wien die Beisln oder in Berlin die Bouillonkeller und die Kaffeeklappen.[46] Hier waren die Frauen nie ganz ausgeschlossen, sie standen beim Bürger allerdings auch entsprechend in Verruf.

Die französischen Restaurants wurden – wie in Wien, Budapest, Prag oder Berlin anfangs des 19. Jahrhunderts zunächst die Cafés – Orte von ausschließlich vornehmen Herrenkunden. Die Alterberliner Lese-Konditoreien waren Herrenkonditoreien. Im Café Kranzler vergnügten sich zwischen 1830 und 1850 junge Adelige und Offiziere bei Eis und dem als besonders vornehm geltenden Schokoladengetränk.[47] Die Damen gingen außer zu Festlichkeiten gar nicht in öffentliche Lokale, schon gar nicht als Alleinstehende. Sie hätten Mittagstische im Abonnement, wie sie für Junggesellen üblich waren, auch niemals bezahlen können. Mit dem Sich-Etablieren des Restaurantwesens und der damit vollzogenen neuen Geschlechtertrennung setzte allerdings auch bereits der gegenteilige Effekt ein.

Auch die Damen begannen auszugehen. Das erste, was bereits während des Biedermeiers statthaft wurde, waren morgendliche Konditoreibesuche, wie uns der Sohn eines Bremer Bierverlegers, Friedrich Rauers, in seiner fast 1000-seitigen Geschichte der Gaststätte berichtet.[48] Über den Umweg der vor den Toren der Stadt gelegenen Kaffeegärten, aus denen die Frauen nie völlig ausgeschlossen waren, (obschon hier außer Kaffee auch Bier ausgeschenkt wurde) eroberten die Frauen und anderes „Volk" sich gegen Ende des 19. Jahrhunderts zumindest Teile des Cafés zurück, besonders die billigen, kleinen Vorortcafés.

Währenddessen blieben in Wien und anderen europäischen Städten die eigentlichen „Kaffeehäuser" bis weit ins 20. Jahrhundert hinein männliches Refugium. Allerdings entstanden oder wurden nun (einige) vornehme Konditoreien zu „Frauenräumen", wie etwa in Wien oder Berlin.[49] Um 1879 war es in Gebieten städtischer Miethauskultur gemeinhin üblich, daß Hausfrauen nachmittags mit ihren Handarbeiten in die Cafégärten gingen.[50] Bis heute aber ist das gutbürgerliche Restaurant, nicht zuletzt über das Institut des steuerlich absetzbaren „Arbeitsessens", nachhaltig „Männerraum" geblieben.[51]

Sogar die häuslichen Essens-Rituale wurden durch die Restaurant-Kultur geprägt. Einem Familienzirkel, einem Mittagessen mit „Hausmannskost" und sogenanntem „guten Tischwein" ging in Berlin sogar während des „bescheidenen" Biedermeiers jeder aus dem Weg, — da es allein auf „Renommisterei" ankomme, meinte Ernst Dronke sarkastisch.[52] Die großen Diners hielten auch in die vornehmen Bürgerhäuser Einzug. Nachdem die Frauen die Arbeit gehabt hatten, trennten sich die Geschlechter nach dem Essen. Während die Frauen sich zum Teetrinken zurückzogen, verblieben die Herren zum Rauchen, Trinken und Debattieren im Salon, wie die jugendliche Helene Lange in den 1860er Jahren in einem südwestdeutschen Pastorenhaushalt verwundert feststellte.[53]

Nicht alle Frauen wurden indessen aus den Restaurants ausgeschlossen. Die „Demi-Monde", die Vertreterinnen der „Halbwelt", wurden als Nachfahrinnen der Kurtisanen der adeligen „petites Maisons" charakteristisch für die französische, aber auch deutsche Restaurantkultur des 19. Jahrhunderts. Allerdings saßen sie dort als Gegenbild der tugendsamen Ehefrau, der diese Räume ebenso verschlossen blieben wie umgekehrt die des bürgerlichen Leben den galanten Damen.[54] So berichtet Dronke von „Salons und eleganten Restaurationen, wo die vornehmen Lebemänner ihre Abende zubringen", entweder einfach beim Wein und zur Nacht speisend oder aber im „eigenen, gesonderten Zimmern", wo sie nie oder höchst selten ohne Spieler oder gefällige Frauen sitzen.[55] Während die Herren nach außen hin, gegenüber der Öffentlichkeit, bürgerliche Wohlanständigkeit vorspiegelten, renommierten sie untereinander in der Halböffentlichkeit des spärlich beleuchteten Restaurants mit wirklichen oder fiktiven, „galanten" Abenteuern.[56] Während die citoyens gegenüber „Volk" und „Weibervolk" Tugend predigten, bewiesen sie sich untereinander ihre neu errungene Macht durch die Übernahme ehedem gescholtener adeliger Untugenden. Das ganze 19. Jahrhundert hindurch glaubten die jungen Bürgersöhne ihre durch die Französische Revolution aufgewertete Männlichkeit durch Partizipation am Ideal von „Wein, Weib und Gesang" in Kneipen beweisen zu müssen, wie uns etwa der spätere Frankfurter Soziologie-Professor Franz Oppenheimer in seinen Erinnerungen gesteht.[57]

Schließlich entstand daraus die „kompakte Genußsucht" der Gründerzeit, die sich in der „Dosierung von Speisen und Getränken" als „skrupellos" erwies, wie Egon Friedell es ausdrückt.[58] Bismarck, der Titelheld der Zeit, war ein extrem „starker Esser" (und litt bald an den entsprechenden Krankheiten). Vier Gänge zur Mittagsmahlzeit waren in wohlhabenden Bürgerhäusern das Gewöhnliche; bei festlichen Anlässen wurden daraus acht bis zwölf. Das Menü eines Banketts aus dem Jahr 1884 enthält: gemischte Vorspeisen, Kraftbrühe, Seezunge, gedämpftes Huhn, gespickte Rindslende, Gefrorenes mit Kümmel (zur Anregung des Appetits), Fasanenbraten, Yorker Schinken, Ananasbombe, Schweizer Törtchen, Nachtisch, Kaffee. Ein ‚Kapitäns-Dinner' besteht aus Hummercocktail, frischer Erbsensuppe, Rheinlachs, garniertem Kalbsnierenstück, Austernpastete, Erdbeerensorbet, Schnepfen mit russischem Salat, Ochsenzunge mit Stangenspargel, Rehziemer mit Kompott, Rahmeis, Käseplatte, Früchtchen Kaffee."[59] Und das in einer Zeit, in der sich eine alleinstehende Frau an der Spitze der damaligen weiblichen Berufshierarchie, eine „bürgerliche" Lehrerin in Blumenthal bei Bremen, allenfalls einmal pro Woche ein Schnitzel, „aber nicht dicker als zu 40 Pfennigen" leisten konnte und ihren Teppich verkaufen mußte.[60] Ganz zu schweigen davon, daß manche Arbeiterfrauen ihren Familien oft wochenlang nichts anderes als Kartoffeln und Getreidekaffee auftischen konnten.[61]

Der Protest der Frauen

Kein Wunder, daß gegen diese absonderliche Verteilung der Güter dieser Welt und ihre kostspieligen Demonstrationen in Restaurants und bei häuslichen „Abfütterungen", wie Louise Peters sie verächtlich nannte, in der zweiten Hälfte des 19. Jahrhunderts Frauen weltweit in Frauenbewegung, Anti-Alkohol-Bewegung und Sittlichkeitsbewegung protestierten. In zahlreichen Artikeln berichteten sie einander empört, wie sie als Alleinstehende, als „Frau ohne Begleitung", der Lokale verwiesen wurden, wie sie zu Hause stopfen mußten, damit der Herr Bruder beim Studium seinem Herrenleben nachgehen konnte. Erstaunt mußten sie feststellen, daß männliche Armenpfleger allein schon deshalb gegen die Teilnahme der Frauen in der Armenpflege waren, weil sie ihre gemütlichen Kneipenrunden gefährdet sahen, in denen sie die „Armenfrage“ zu verhandeln pflegten.[62]

Die Frauen erboste das umso mehr, als sie selbst zwecks Garantie der bürgerlichen Reputierlichkeit ihrer Gatten und Brüder in die häuslichen vier Wände verbannt waren. Während vor der Revolution der Adel quasi gezwungen gewesen war, an der aristokratischen Luxuskultur zu partizipieren, indem er ein „Haus“ führte[63], das oft über seine Verhältnisse ging, renommierten nun die Herren Bürger voreinander auf Kosten ihrer Frauen, Schwestern und Geliebten. Die Konvention gestattete den Männern erst dann zu heiraten, wenn sie einen kompletten Haushalt einrichten und zu bestreiten in der Lage waren. Viele konnten deshalb erst mit etwa 40 Jahren heiraten[64], denn es war ein Haufen von roten Plüschmöbeln, der für die gründerzeitliche Zimmerflut zu kaufen war.

Nach der Eheschließung hatten die oft sehr viel jüngeren Ehefrauen einen doppelten Schein aufrecht zu erhalten. Einerseits verdienten die Männer beispielsweise des deutschen Bildungs- und Beamtenbürgertums nicht genug, als daß die Ehefrau die Hausarbeit an mehrere Dienstboten hätte abgeben können; andererseits aber mußte sie nach außen so tun, als regiere sie über den Haushalt wie ehedem die adelige Dame.[65] Einerseits mußte sie sparen, um die etwa halbjährlichen, großen Diners finanziell ermöglichen zu können, die für den Aufstieg ihres Mannes nötig waren, andererseits hatte sie auch beim täglichen Familienmahl den Schein doch zumindest insoweit aufrechtzuerhalten, daß das „Familienoberhaupt“ sein hausherrliches Regententum in Form eines Fleischstückes serviert bekam, währenddessen der Rest der Familie sich mit Kartoffeln begnügte.

So wurde täglich symbolisch zelebriert, was das Ergebnis der Französischen Revolution gewesen war: der Bürger hatte sich zu einer Art kleinem Fast-auch-König „emanzipiert“ — auf Kosten seiner Frau. Vollendet wurde diese Entwicklung mit dem bürgerlichen Gesetzbuch von 1900, das wie Marianne Weber feststellte, in viel krasserem Maße als sämtliche älteren Rechtsbücher zuvor, die völlige „Feudalisierung“ der Ehefrau bedeutete, indem es die Ehefrau wie ehemals den Hörigen ihrem geneigten Gatten auslieferte. Denn ohne dessen Zustimmung konnte sie weder einen Erwerb aufnehmen, noch über ihr Geld verfügen, noch ihren Wohnort bestimmen. Sie hatte nicht einmal das Recht an ihren Kindern.[66] Kein Wunder, daß die privilegierten Frauen begannen, auf diese Art von Arbeitsteilung und damit auf Ehe und Kinder zu verzichten.

Anmerkungen

1 Friedrich Kluge, Etymologisches Wörterbuch der deutschen Sprache, 21. Aufl. hrsg. von Walter Mitzka, Berlin / New York 1975

2 Claude Lévi-Strauss, Mythologica, 4 Bde, Bd. 1, Das Rohe und das Gekochte, 1964, Frankfurt 1976

3 Vgl. Wolfgang Schivelbusch, Das Paradies, der Geschmack und die Vernunft — Eine Geschichte der Genußmittel, Frankfurt / Berlin / Wien 1983

4 Stephen Mennell, Die Kultivierung des Appetits, Frankfurt 1988

5 Roland Barthes, Pour une psycho-sociologie de l'alimentation contemporaine, in: Annales 16.1961, S. 986 - 997; Pierre Bourdieu, Die feinen Unterschiede, Frankfurt 1972

6 Hans J. Teuteberg, Günter Wiegelmann, Der Wandel der Nahrungsgewohnheiten unter dem Einfluß der Industrialisierung, Göttingen 1972, S. 256

7 Reay Tannahill, Kulturgeschichte des Essens, Wien / Berlin 1976, S. 292; Stephen Mennell, Kultivierung, a.a.O., S. 135ff

8 Friedrich Rauers, Kulturgeschichte der Gaststätte, 2 Teile, Berlin 1941

9 Wolfgang Schivelbusch, Das Paradies, a.a.O., S. 51ff; Elena Croce, Italienische Künstlercafés, in: Caféhäuser, fotografiert von Manfred Hamm, hrsg. von Jürgen Boettcher, Berlin 1979, S. 8 - 12

10 Wolfgang Schivelbusch, Das Paradies, a.a.O., S. 47

11 Hans Meyer, Gastliches Bremen, Bremen 1959

12 Günter Wiegelmann, Alltags- und Festtagsspeisen — Wandel und gegenwärtige Stellung, Marburg 1967

13 Sidney W. Mintz, Die süße Macht — Kulturgeschichte des Zuckers, Frankfurt / New York 1987, S. 224

14 Vgl. den Bericht über sich arm stellende Bauern von Jean-Jaques Rousseau, Bekenntnisse, Berlin 1803; vgl. Die Französische Revolution 1789 - 1799, hrsg. von Ulrich Friedrich Müller, München, S. 26 - 28

15 Vgl. dazu u.a. Gisela Bock, Barbara Duden, Arbeit aus Liebe — Liebe als Arbeit: Zur Entstehung der Hausarbeit im Kapitalismus, in: Frauen und Wissenschaft — Beiträge zur Berliner Sommeruniversität für Frauen / Juli 1976, Berlin 1977, S. 118 - 199

16 Vgl. Edward P. Thompson, Die sittliche Ökonomie der englischen Unterschichten im 18. Jahrhundert, in: Wahrnehmungsformen und Protestverhalten, hrsg. von Dieter Puls u.a., Frankfurt 1979, S. 13 - 80

17 Albert Soboul, Die große Französische Revolution, 1962, 5. Aufl. Frankfurt 1988, S. 31, Angaben nach Berechnungen von Labrousse

18 Albert Soboul, Französische Revolution, a.a.O., S. 128

19 Jules Michelet, Die Frauen der französischen Revolution, Brüssel / Leipzig 1854; vgl. Gisela Bock, Barbara Duden, Arbeit, a.a.O., S. 138f

20 Susanne Petersen, Marktweiber und Amazonen — Frauen in der Französischen Revolution, Köln 1987, S. 71f

21 Albert Soboul, Französische Revolution, a.a.O., S. 111f

22 Helmuth M. Backhaus, Das Abendland im Kochtopf — Kulturgeschichte des Essens, München 1978, S. 150ff

23 Ebda, S. 152

24 Brunhilde Wehinger, Der kurze Sommer der revolutionären Frauen, in: 1789 / 1989 — Zweihundert Jahre französischer Revolution, Ausstellungkatalog Staatliche Kunsthalle Berlin, Berlin-West 1989, S. 47 - 58; Susanne Petersen, Marktweiber, a.a.O., S. 196ff

25 Owen Hufton, Weiblicher Alltag — Die Schattenseiten der Französischen Revolution, in: Listen der Ohnmacht, hrsg. v. Claudia Honegger, Bettina Heintz, Frankfurt 1981, S. 138 - 159

26 Helmut M. Backhaus, Das Abendland, a.a.O., S. 160

27 Vgl. Reiseziel Revolution — Berichte deutscher Reisender aus Paris 1789 - 1803, hrsg. v. Heiner Boehncke, Harro Zimmermann, Reinbek 1988

28 Helmut M. Backhaus, Das Abendland, a.a.O., S. 151

29 Egon Friedell, Kulturgeschichte der Neuzeit — Die Krisis der europäischen Seele von der schwarzen Pest bis zum 1. Weltkrieg, Ungekürzte Sonderausgabe in einem Bd., München 1979, S. 859

30 Egon Friedell, Kulturgeschichte, a.a.O., S. 870

31 Hartmut Kiltz, Das erotische Mahl, Frankfurt 1983, S. 15
32 Vgl. dazu u.a. Arnold Hauser, Sozialgeschichte der Kunst und Literatur, 1953, 2. Aufl. München 1975, Kap. VI.
33 Vgl. dazu u.a. Barbara Duden, Das schöne Eigentum, in: Frauen Kursbuch 47, Berlin 1977, S. 125 - 140; siehe auch Gisela Bock, Barbara Duden, Arbeit, a.a.O., sowie Karin Hausen, Die Polarisierung der „Geschlechtscharaktere“ — Eine Dissoziation von Erwerbs- und Familienleben, in: Sozialgeschichte der Familie in der Neuzeit Europas, hrsg. Werner Conze, Stuttgart 1976
34 Vgl. Gertrud Benker, Der Gasthof — Von der Karawanserei zum Motel, München: 1974, S. 10 und Otto Brunner, Das „Ganze Haus“ und die alteuropäische „Ökonomik“, in: Familie und Gesellschaft, hrsg. von Ferdinand Deter, Tübingen 1966, S. 23 - 56
35 Jürgen Habermas, Strukturwandel der Öffentlichkeit. Neuwied und Berlin: 5. Aufl. 1971
36 Marie-Jo Bonnet, Die Malerinnen in der Französischen Revolution, in: 1789 / 1989, S. 79 - 86
37 Vgl. auch Maria Mies, Die Französische Revolution und der Abstieg der Frauen, in: Kommune, Jg. 1989, H 6, S. 6 - 9. (heute verrichten laut Uno-Statistik die Frauen 2 / 3 aller Arbeit, bekommen dafür 1 / 10 des Lohns und besitzen ein Hundertsel !! des Weltvermögens)
38 Hartmut Kiltz, Das erotische Mahl, S. 48 ff
39 Friedrich Rauers, Gaststätte, T. 1, S. 535; Helmuth M. Backhaus, Das Abendland, a.a.O., S. 181 ff
40 Brian Harrison, Drink and the Victorians — The Temperance Question in England 1815 - 1872, Pittsburgh, 1971, S. 45
41 Encyclopaedia Britannica, vol. 5, 1968
42 Friedrich Rauers, Gaststätte, T. 2, S. 1 381
43 Robert Diehl, Frankfurt im Spiegel alter Reisebeschreibungen vom 15. bis 19. Jahrhundert, Frankfurt 1939, S. 129; vgl. Gertrud Benker, Der Gasthof, S. 197 u. 206
44 Vgl. etwa Albert Illien, Utz Jeggle, Leben aus dem Dorf, Opladen 1978, S. 175
45 Wilhelm Heinrich Riehl, Die Pfälzer — Ein rheinisches Volksbild, 1857, 4. Aufl. Stuttgart / Berlin 1925, S. 156
46 Hubert Ch. Ehalt, Roland Girtler, Wiener Beisln, in: Essen & Trinken, Kulturjahrbuch 7 — Wiener Beiträge zu Kulturwissenschaft und Kulturpolitik, hrsg. von Hubert Christian Ehalt u.a., Wien 1988, S. 137 - 139; Friedrich Rauers, Gaststätte, T. 2, S. 1 331
47 Ernst Dronke, Berlin, Frankfurt 1846, Nachdruck Darmstadt und Neuwied: 1974, S. 46 ff; vgl. auch Friedrich Rauers, Gaststätte, a.a.O., T. 2, S. 1 330
48 Friedrich Rauers, Gaststätte, a.a.O., T. 2, S. 1 380
49 In Spanien etwa blieben die alten Kaffeehäuser reine Männerräume, bis sie während des Franco-Regimes generell verschwanden. Vgl. José Maria Carandell, Die alten spanischen Cafés, in: Caféhäuser, a.a.O., S. 13 - 15
50 Mathilde Lammers, Etagenwohnungen und Kaffeegärten, in: Nordwest 2. Jg. 1879, S. 285 - 288
51 zu „Frauen-Cafés“ vgl. Elisabeth Meyer-Renschhausen, Weibliche Kultur und soziale Arbeit — Eine Geschichte der ersten Frauenbewegung am Beispiel Bremens 1810 - 1927, Köln / Wien 1989, S. 192 ff
52 Ernst Dronke, Berlin, a.a.O., S. 57
53 Helene Lange, Lebenserinnerungen, Berlin 1921, S. 74; Hartmut Kiltz, Das erotische Mahl a.a.O., S. 41
54 Vgl. Hartmut Kiltz, Das erotische Mahl, a.a.O., S. 25 f
55 Ernst Dronke, Berlin, a.a.O., S. 57 f
56 Hartmut Kiltz, Das erotische Mahl, a.a.O., S. 16
57 Franz Oppenheimer, Mein wissenschaftlicher Werdegang, Leipzig 1929, S. 79
58 Egon Friedell, Kulturgeschichte, a.a.O., S. 1 304
59 Ebd., S. 1 304; vgl. entsprechende Schilderungen bei Fontane, Thomas Mann und in Gabriele Tergits „Effingers“.
60 Tami Oelfken, Traum am Morgen, Gütersloh 1947
61 Vgl. etwa Franz Rehbein, Geschichte eines Landarbeiters
62 Nach einem Bericht von Alica Salomon, vgl. dazu Elisabeth Meyer-Renschhausen, Weibliche Kultur, a.a.O., S. 179 ff, 252ff, 270ff
63 Vgl. Norbert Elias, Die höfische Gesellschaft, Neuwied / Berlin, 1969
64 Vgl. u.a. Herrad-Ulrike Bussemer, Frauenfrage, Frauenbewegung und Frauenberufstätigkeit in Deutschland 1865 - 1875, Stuttgart 1986
65 Siehe dazu Sibylle Meyer, Das Theater mit der Hausarbeit — Bürgerliche Repräsentation in der Familie der wilhelminischen Zeit, Frankfurt / New York 1982
66 Marianne Weber, Ehefrau und Mutter in der Rechtsentwicklung, Tübingen 1907

Valentine Rothe

Die Auswirkung der Menschenrechtsdiskussion auf die deutsche Frauenbewegung

Am 4. Juli 1776 verkündete der amerikanische Kongreß die Unabhängigkeitserklärung, in der es unter anderem heißt: „Wir erachten die Wahrheit als unzweifelhaft: daß alle Menschen gleich geschaffen sind, daß sie vom Schöpfer mit gewissen unveräußerlichen Rechten begabt sind, so mit Leben, Freiheit und dem Streben nach Glück." Diese Deklaration leitete auf dem europäischen Kontinent einen Umbruch ein. Im Jahre 1789 erwies sich auch in Frankreich die Weiterführung der bisherigen Politik als unmöglich: angesichts der Interessen des neu aufgekommenen Bürgertums wurden Feudalismus, Absolutismus und merkantile Wirtschaftspolitik als überholt und ungerecht angesehen, so daß sich am 17.6.1789 die Vertreter des Dritten Standes zur Nationalversammlung erklärten und die alten Vorrechte außer Kraft setzten. Am 11. Juli schlug Marquis de Lafayette der Nationalversammlung vor, die zukünftige Verfassung mit der Menschenrechtserklärung einzuleiten. Am 26.8. wurde die *Deklaration der Menschen- und Bürgerrechte* von der Nationalversammlung angenommen. Lafayette war einer derjenigen, die bei Ausbruch des amerikanischen Unabhängigkeitskrieges nach Amerika gegangen waren, um sich dort für die Sache der Freiheit einzusetzen. Er hatte sich mit Jefferson angefreundet und war später in der Lage, das amerikanische freiheitliche Gedankengut in Frankreich zu verbreiten.[1]

Die wichtigsten Artikel der Menschen- und Bürgerrechte lauten:

1. Die Menschen werden frei und gleich an Rechten geboren und bleiben es. Die gesellschaftlichen Unterschiede können nur auf den gemeinsamen Nutzen gegründet sein.
2. Der Endzweck aller politischen Vereinigung ist die Erhaltung der natürlichen und unabdingbaren Menschenrechte. Diese Rechte sind die Freiheit, das Eigentum, die Sicherheit, der Widerstand gegen Unterdrückung.
3. Der Ursprung aller Souveränität liegt seinem Wesen nach beim Volke. Keine Körperschaft, kein einzelner kann eine Autorität ausüben, die nicht ausdrücklich hiervon ausgeht.
4. Die Freiheit besteht darin, alles tun zu können, was einem anderen nicht schadet. Also hat die Ausübung der natürlichen Rechte jedes Menschen keine Grenzen als

jene, die den übrigen Gliedern der Gesellschaft den Genuß dieser nämlichen Rechte sichern. Diese Grenzen können nur durch das Gesetz bestimmt werden.

6. Das Gesetz ist der Ausdruck des allgemeinen Willens. Alle Staatsbürger sind befugt, zur Feststellung desselben persönlich oder durch ihre Repräsentanten mitzuwirken. Es soll für alle das gleiche sein, es mag beschützen oder bestrafen. Da alle Bürger vor seinen Augen gleich sind, so können sie gleichmäßig zu allen Würden, Stellen und öffentlichen Ämtern zugelassen werden auf Grund ihrer Fähigkeit und ohne anderen Unterschied, als den ihrer Tugenden und ihrer Talente.
14. Alle Bürger des Staates sind berechtigt, entweder selbst oder durch ihre Repräsentanten, sich von der Notwendigkeit des öffentlichen Beitrages zu überzeugen, ihn frei zu bewilligen, seine Verwendung zu überwachen sowie Anteil, Umlage, Eintreibung und Dauer zu bestimmen.
17. Da das Eigentum ein geheiligtes und unverletzliches Recht ist, so kann niemand dessen beraubt werden; es wäre denn, daß die öffentliche, gesetzlich festgestellte Notwendigkeit es klar erforderte, und unter der Bedingung einer gerechten und vorsorglich festgesetzten Entschädigung.

(Übers. entnommen: F. Hartung, Die Entwicklung der Menschen- und Bürgerrechte, Göttingen, 1964.)

Seit der Französischen Revolution gehören die Menschenrechte zum unverzichtbaren Bestandteil des politischen Lebens. Sie legitimieren die Volkssouveränität, sie garantieren wirtschaftliche wie kulturelle Freiheit und schützen das Eigentum. Diese Teile der Erklärung verraten ihre Genese aus dem vernunftbegründeten Selbstinteresse der bürgerlichen Gesellschaft. Bis heute sind die Menschenrechte in hohem Maße konsensfähig, was sich einem utopischen Moment bzw. der

Abstraktheit ihrer Formulierung verdankt. Daher hat die Generalversammlung der Vereinten Nationen die Menschenrechte am 10.12.1948 ihrerseits angenommen und proklamiert. In Artikel 2 heißt es: „Jedermann hat Anspruch auf die in dieser Erklärung proklamierten Rechte und Freiheiten ohne irgendeine Unterscheidung, wie etwa nach Rasse, Farbe, Geschlecht, Sprache, Religion, politischer oder sonstiger Überzeugung, nationaler oder sozialer Herkunft, nach Vermögen, Geburt oder sonstigem Status."

In ihrer konkreten historischen Entstehung und Wirksamkeit haben die Menschenrechte allerdings ein merkwürdiges Doppelantlitz gezeigt: Gegenüber dem Absolutismus und dem Privilegienmißbrauch des Ançien régime bedeuteten sie einen qualitativen Sprung in der Entwicklung des Selbstbewußtseins und im Wunsch nach Selbstbestimmtheit, worin nun die Würde des Menschen erblickt wurde. Dies ist ein nicht zu verlierender und nicht hintergehbarer Bestandteil der Selbstdefinition des neuzeitlichen Menschen. Problematisch im Sinne eines Doppelantlitzes, einer „Dialektik der Aufklärung" ist jedoch u.a. der Tatbestand, daß die Errungenschaften der bürgerlichen Revolution nur einer sozialen Gruppe zugute kamen, eine Tatsache, die Friedrich Engels später so kommentierte: „Wir wissen jetzt, daß das Reich der Vernunft weiter nichts war als das idealisierte Reich der Bourgeoisie."[2]

Hatte man die Vorrechte des Adels der Kritik unterworfen und revolutionär unwirksam gemacht, so gab man sich nun der Illusion hin, mit dem Siegeszug des Bürgertums seien humane Ansprüche und Bedürfnisse ein für allemal abgegolten. Gemäß dem Diktum von Thomas Hobbes, daß der Mensch dem Menschen ein Wolf sei, erwies sich aber das bürgerliche Denken und Handeln als ein an egoistischen Motiven und wirtschaftlichen Zwecken ausgerichtetes. Seine wirtschaftliche und in Deutschland erst spät zum Zuge gekommene politische Macht verdankte das Bürgertum seinerseits massiven Ausgrenzungs- und Unterdrückungsmaßnahmen. Hier sind in erster Linie zu nennen: das Proletariat und die Frauen.[3]

Es ist bekannt, daß der deutsche Weg in der Folge der Französischen Revolution durch die Abweisung des naturrechtlichen Denkens bis ins 20. Jahrhundert hinein bestimmt war. Das Zerbrechen der jahrhundertealten Herrschafts- und Wirtschaftsordnung, die Vernichtung des bisherigen Sozialgefüges im Nachbarland stellten internationale Werte und Ordnungen in Frage und ließen Politik, auch im nationalen Rahmen, unberechenbar erscheinen.[4] Die Schreckensherrschaft der Jakobinerdiktatur und die Revolutionskriege hatten es scheinbar zur Genüge bewiesen. Fragen wir also nach dem Erbe des Naturrechts, den Menschenrechten auf deutschem Boden, so war mit ihnen „kein Staat zu machen".

Welches Verhältnis hatten die Frauen in Deutschland zu den Errungenschaften der Französischen Revolution und den Menschenrechten?

Wenn ich im folgenden trotz des antirevolutionären Grundzugs der deutschen Geschichte einerseits und der sehr späten Rezeption von Olympe de Gouges' *Déclaration des droits de la femme et de la citoyenne* andererseits die Auswirkung der Menschenrechtsdiskussion in der deutschen Frauenbewegung erörtere, so nicht unter dem Aspekt der weiblichen Menschenrechte, sondern dem der „allgemeinen männlichen".[6] Dabei möchte ich mich vor allem auf Louise Otto Peters und Clara Zetkin beziehen.

Mit Renate Möhrmann ist festzuhalten[7], daß die Tatsache der Emanzipation des dritten Standes in Frankreich initiierend auf die Emanzipation der Frauen in Deutschland eingewirkt hat. Ihr zufolge lag „der eigentliche Beginn der Frauenemanzipation in Deutschland" im Jahrzehnt vor der Achtundvierziger Revolution. Besonderen Aufschwung verliehen ihr die Juliereignisse 1830 in Frankreich.

Doch bevor wir uns diesen Emanzipationsvorstellungen zuwenden, die eng mit den Menschenrechtserklärungen verbunden waren, sei zuvor noch ein Blick auf Bekundungen deutscher Frauen geworfen, die die Französische Revolution als Zeitgenossinnen aus der Ferne beobachteten und kommentierten. Zwei Beispiele aus der Zeit der Jakobinerherrschaft seien hier erwähnt. Am 1.4.1793 schrieb Charlotte von Schiller:

> Man möchte fast lieber von der Aristokraten-Partie sein, weil sich die Gegenpartie in so schlechtem Lichte zeigt. Seit dem grausamen Tod Ludwigs haben die Franken ihren Kredit bei mir verloren. Auch die Art, wie sie in den Rheingegenden zur Freiheit bekehren wollen, empört. Wenn das nicht Despotismus ist, so ist's gewiß der, den die Könige ausüben und ausübten, noch weniger (an Christophine Reinwald, Jena, 1.4.1793).

Und Johanna Schopenhauer bemerkte in ihren Erinnerungen:

> Etwas Mord, einzelne Greueltaten, die bei der Eroberung der Bastille vorgefallen waren und noch täglich, leider in immer steigender Anzahl sich erneuerten, wurden als in solchen Zeiten unvermeidlich nicht sonderlich beachtet. Verjährte Krebsschäden sind nicht mit Rosenwasser zu heilen, war ein damals sehr beliebter Kernspruch. Und was war denn die Hinrichtung eines oder zweier Elender, die, strotzend von erpreßtem Reichtum und Wohlleben, das hungernde, nach Brot schreiende Volk zur Zielscheibe ihres Witzes zu wählen sich erkühnt hatten. Was war sie, verglichen mit dem unheilvollen Geschick jenes Greises, der bei der Zerstörung der Bastille im dunkelsten Keller aufgefunden worden war?
> (Jugenderinnerungen, 264).[8]

Ob die Ereignisse in Frankreich Zustimmung oder Empörung auslösten, die Reaktionen zeigen, daß die deutschen Frauen, weil rechtlos, nur aus einer Zuschauerrolle heraus die Ereignisse in Frankreich kommentierten. Mit eigenen Forderungen traten die deutschen Zeitgenossinnen des revolutionären Geschehens nicht an die Öffentlichkeit, von wenigen Ausnahmen abgesehen, wie z.B. Bettine von Arnim in ihrem Werk *Dies Buch gehört dem König*, das aber auch erst 1843 nach massiven Zensurproblemen veröffentlicht werden konnte. Hierin forderte sie das „Volkskönigtum“, „Geistesfreiheit“, Aufhebung der Tyrannei der Kirche, Einstellung des Zensurwesens, religiöse Toleranz und Judenerlasse.[9] Ferner sprach sie als besondere Probleme den Bildungsmangel und die soziale Verelendung an. Diese petitionsartigen und teilweise pathetischen Ausführungen stehen im Kontext einer locker gefügten literarischen Arbeit, die vom Engagement und der Orgiginalität der Schreiberin zeugt: In fingierten Gesprächen konversiert Goethes Mutter mit einem Pfarrer und einem Bürgermeister über die oben angesprochenen Probleme und Zustände. Das Neue erblickt Renate Möhrmann sicher zu Recht in der Tatsache, daß „es in diesem Fall nicht der Mann ist, der die politische Initiative übernimmt, sondern die Frau.“ Was also zählt, so ebenfalls Renate Möhrmann, „ist das Phänomen, daß mit diesem Buch eine Frau die ihr zugestandene Domäne der Herzensangelegenheiten überschritt und mit einem politischen Anliegen von höchster Relevanz in die Öffentlichkeit trat.“[10]

Eigene politische und gesellschaftskritische Entwürfe zu formulieren und einen wirklichen Durchbruch auf dem Weg zur Anerkennung der weiblichen Emanzipation im Kontext menschenrechtlicher Einlösungen zu erzielen, gelang erst Louise Otto Peters. Es gab damals kaum ein frauenrelevantes Thema, zu dem sie nicht Stellung nahm. Dabei hatte Louise Otto keine systematische Bildung genossen sondern war zusammen mit ihren Schwestern vom Vater, einem Meißner Justizrat, unterrichtet worden. Der fortschrittlich gesonnene Jurist feierte z.B. die 1831 für Sachsen erlassene Verfassung, die auch die Aufhebung der Geschlechtsvormundschaft für Frauen vorsah, im Kreise seiner Familie. Diese Feier machte auf Louise Otto einen nachhaltigen Eindruck.

War das politische und rechtliche Engagement im Elternhaus prägend für Louise Otto gewesen, so erlangte sie ihre Selbstbestimmung und äußere Unabhängigkeit durch den frühen Tod der Eltern. Sie war damals 16 Jahre alt.

1847 veröffentlichte Louise Otto Peters die *Lieder eines deutschen Mädchens.* Eines davon heißt: Freiheit für alle. Darin spiegeln sich die Errungenschaften der Französischen Revolution wider; aber aus Frauensicht auch ihre Defizite:

Freiheit für alle

Wo wieder aber ward der Ruf vernommen:
„Für Alle Freiheit“ klang es fast wie Hohn,
Denn für die Männer nur war er gekommen
Im Wettersturm der Revolution.
Denn schien auch Joch auf Joch hinweggenommen,
Und stürzte auch in Trümmer Thron um Thron:
Dem Männerrecht nur galt das neue Ringen,
Das Frauenrecht blieb in den alten Schlingen.

Wohl grüßten freie Männer sich als Brüder,
Nur Bürger gab es, nicht mehr Herr und Knecht;
Wohl sangen sie der Liebe Bundeslieder
Und fühlten sich als ein erneut' Geschlecht.

Doch auf die Schwestern blickten stolz sie nieder,
Der Menschheit Hälfte blieb noch ohne Recht,
Blieb von dem Ruf: „Für alle!" ausgenommen —
Ihr muß erst noch der Tag des Rechtes kommen.

Der Frauen Schar, die in den Staub getreten,
Ward nur erhoben an des Glaubens Hand.
Die besten lernten fromm zum Himmel beten,
Weil ja die Erdenwelt sie nicht verstand;
Die andern aber ließen sich bereden,
Sie seien nur bestimmt zu Spiel und Tand,
Es sei ihr höchstes Ziel, im süßen Minnen
Des ganzen Lebens Inhalt zu gewinnen.

Doch wiederum wird einst der Ruf erklingen:
So wie vor Gott sind wir auf Erden gleich!
Die ganze Menschheit wird empor sich ringen,
Zu gründen ein erneutes Liebesreich,
Dem Weibe wie dem Mann sein Recht zu bringen,
Zu wahren mit des Friedens Palmenzweig.
In lautrer Wahrheit stolzem Siegesschalle
Tönt's noch einmal: „Erlösung kam für alle!"

Auch in ihren übrigen Schriften und Zeitungsartikeln beklagte Louise Otto Peters die Rücksichtslosigkeit der Männer, die Gesetze nur für sich machten und die Frauen rechtlos hielten. Zum Beispiel werde ihnen die Gleichheit vor dem Gesetz vorenthalten, da sie kein Recht besäßen, über ihr Eigentum frei zu verfügen. Wenn das Volk wählen dürfe, so sei dieses Recht auch auf die Frauen anzuwenden. „Ein Recht, das jetzt den Unwissendsten im Volke zusteht, muß auch für das Weib da sein."[12]

In der Frauenzeitung, die Louise Otto Peters von 1849 bis 1852 herausgab, bis ein reaktionäres Pressegesetz die Suspendierung der Zeitung erforderlich machte, setzte sie sich für die „unteilbare Freiheit" ein, wie sie es ausdrückte. Aber sie kämpfte nicht nur für die Rechte und Freiheiten der Frau gegen die männliche Vorherrschaft, sondern äußerte sich auch allgemein zum Verhältnis von Freiheit und sozialer Gerechtigkeit. In einem Artikel vom 2. Juni 1849 bezog sie sich ausdrücklich auf die französischen Menschenrechte, deren Verkünder, der „ewige Jean Jacques Rousseau, ... in Elend und an der Menschheit verzweifelnd gestorben"[13] sei. Mit Saint-Simon stellte sie fest „daß es nicht genug sei, die Menschen von der Willkür einer tyrannischen Regierung, eines gekrönten Herrschers zu befreien, sondern daß es gelte, sie frei zu machen von der Tyrannei des Kapitals, das so gut die Fürsten wie die Völker beherrscht und das auch da noch Sklaven macht, wo es keine Königsthrone mehr gibt." Ihre besondere Kritik gilt den Leuten

„des Geldadels — sie sind es, welche das Volk verführen — um es auszubeuten. Sie sind es, welche den Bürger, den Landmann vor denen warnen, die der neuen Zeit und mit ihr der Freiheit dienen!“[14] Für Louise Otto hatte sich der Geldadel mit dem „Materialismus und der Selbstsucht“ verbündet gegen einen „Gemeingeist“, der die „Standesinteressen“ zu überwinden habe.

An diesen Überlegungen Louise Otto Peters lassen sich die Zustimmung, aber auch die Zurückweisung der Menschenrechte in ihrer bisherigen Verwirklichungsform ablesen. Daß sie das Menschenrecht auf Freiheit den Frauen vorenthalten wußte, davon war schon die Rede. Die Beschäftigung mit den französischen Sozialisten hatte Louise Otto Peters auch auf weitere Konsequenzen der oben benannten Doppelgesichtigkeit der Freiheitsrechte gestoßen: sie erkannte den ausbeuterischen Charakter eines sich auf Freiheit berufenden Kapitalismus als ungerecht und unsozial. Sie glaubte jedoch, dieses Problem dadurch aus der Welt schaffen zu können, daß sie an die Vaterlandsliebe und den Gemeingeist aller aufrechten, bürgerlichen Demokraten und aller Klassen appellierte. Das Menschenrecht auf Freiheit, das seine naturrechtliche Legitimation aus einem vernünftigen, universalen Gerechtigkeitsanspruch bezog, wird bei Louise Otto Peters national umgedeutet. Ihr Freiheitsethos definiert sich über den Patriotismus, wobei die Werte des Bürgertums in keiner Weise in Frage gestellt werden. Die Mißstände des Kapitalismus erscheinen als unüberwindbare Begleiterscheinungen und können beseitigt werden, wenn der wirtschaftende Bürger die nationalen Werte bejaht und so zur sozialen Tugend findet. Revolution ist nicht Barrikadenbau, so Louise Otto Peters 1849, sondern „die friedliche Demokratisierung des ganzen Volkes“.[15]

Diese Auffassung wirft ein Licht auf die Tatsache, daß Louise Otto Peters trotz der Vielfalt der Initiativen, die sie für Frauen ergriff, hinter Möglichkeiten zurückblieb, die bei einer konsequenteren Denk- und Vorgehensweise in Hinblick auf die Verwirklichung der Menschenrechte vielleicht Wirklichkeit hätten werden können. Mit Recht warf Clara Zetkin später den Frauen der Achtundvierziger Revolution in ironischem Tone vor, daß es ihnen „als besonderes Verdienst angerechnet wird, daß sie zu den Besitzenden und Gebildeten gehörten und nur durch ihr Mitgefühl für die Leiden des Volkes, nicht aber durch Klassensolidarität mit diesen verbunden waren“.[16]

In diesen Kontext gehört, daß trotz des verführerisch progressiven Titels eines Aufsatzes, „Die Teilnahme der weiblichen Welt am Staatsleben“, den Louise Otto Peters 1847 veröffentlichte, es hier keineswegs um den menschenrechtlich begründeten Einbezug von Frauen in das politische Leben ging, sondern letztlich nur um eine Begründung des Rechtes auf eine qualifiziertere, zeitgemäßere Bildung in öffentlichen Bildungsanstalten. Möglichen Gegnern einer solchen Idee hielt sie entgegen:

Es ist sehr lächerlich, zu behaupten, daß ein höherer fortgesetzter Unterricht... den Mädchen Zeit und Lust, den häuslichen Pflichten obzuliegen, rauben würde. Beides läßt sich recht wohl vereinigen; die Teilnahme für Beides ist in der weiblichen Natur so eng verbunden, daß eben nur eine widernatürliche Einrichtung das Eine auf Kosten des Anderen ausbilden kann. Das Haus ist vorzugsweise der weibliche Wirkungskreis — aber sich geistig immer mehr zu vervollkommnen, ist die Aufgabe eines jeden Menschen, die heilige Forderung der Natur, ja unserer christlichen Religion, an uns Alle.[17]

Die Schule sollte wirkliche Bildung vermitteln und nicht „Nebensachen“ wie „Französisch- und Englischsprechen, Tanzen, Musicieren, Zeichnen und Stricken.“ Wahre Bildung sollte von vaterländisch gesinnten Frauen vermittelt werden. Louise Otto plädiert für eine Anstalt, „in der vorzugsweise deutscher Sinn und schwesterliche Gleichheit in edler einfacher Sitte walte“. Sie beschwört die „deutsche(n) Männer und Frauen, in deren Herzen Liebe zum Vaterland lebt und die ihr Euch gewachsen fühlt zu dem heiligen Werk der Erziehung“, eine Anstalt ins Leben zu rufen, in der deutsche Mädchen ihres Vaterlandes und der eigenen weiblichen Würde werth erzogen werden können“. Bestehe erst einmal „ein solches Erziehungshaus, aus dem edle deutsche Jungfrauen hervorgehen“, und dann würden bald andere folgen, „weil Jedermann sich schämen wird, seine Töchter neben diesen edlen Jungfrauen als unwissende, leichtsinnige Zierpüppchen zu sehen...“[18]

Wie wir sehen, ist die Forderung nach Ermöglichung einer besseren Mädchenbildung bei Louise Otto Peters zwar mit naturrechtlichen Vorstellungen verknüpft, aber der Gedanke des Rechts auf Bildung im Sinne weiblicher Selbstentfaltung wird eingetauscht gegen patriotische Begeisterung. In einem Artikel der Frauenzeitung vom 5. Mai 1849 stoßen wir auf den eigentlichen Beweggrund für die Forderung nach einer besseren Mädchenbildung: Die Frauen sollen etwas lernen, um im eigenen Heim die Kinder zu guten Demokraten zu erziehen, ihnen vaterländische Gesinnung einzupflanzen und die Ehemänner zum Dienst am Vaterland zu ermutigen. In dem Artikel heißt es:

Säumt nicht!

An euch, ihr deutschen Frauen und Mädchen, die ihr lebhaft teilnehmet am Wohl und Wehe des teuren Vaterlandes und die ihr euch gedrungen fühlt, mitzuwirken nach euren Kräften für seine Befreiung, an euch richte ich diese Worte.

Sind euch auch die Kreise des öffentlichen Wirkens verschlossen und ihr auf eure stille Häuslichkeit angewiesen, so erschließt sich doch, eben in eurem Hause, ein weites schönes Feld für eure Tätigkeit, in welchem ihr mehr zu wirken im Stande seid, als ihr vielleicht selbst glaubt.

Ihr Mütter, die ihr teure Söhne zu erziehen habt, macht es euch zur schönen Aufgabe, in den jungen Herzen eurer Kinder die glühende Liebe zur Freiheit anzufachen ...

Lehrt sie, ihr Vaterland mehr als das Leben, ihre deutschen Brüder mehr als sich selbst lieben, und erzieht so, den Müttern Spartas gleich, begeisterte Kämpfer für Vaterland, Freiheit und die heiligen Rechte des Volkes...

Und ihr, ihr Schwestern, ihr Bräute, bekämpft in den Herzen eurer Lieben die zum Fluch des deutschen Volkes gewordene Lauheit und Unentschlossenheit. Zeigt ihnen,

> daß ihr den Mann verachtet, der sich feig vom Kampfe für die Freiheit zurückzieht und ihr heiliges Banner verläßt. Ruft ihnen ins Gedächtnis, wie der Name der Deutschen zum Hohn und Spott Europas, ja selbst ferner Weltteile geworden und daß sie die Schuld dieser Schmach auf sich laden durch ihre Halbheit und Gleichgültigkeit. — Und das große Werk wird gelingen. — Ein junges großes, einiges Deutschland wird erstehen aus dem Schutt und den Trümmern des in Knechtschaft versunkenen; einig durch die Liebe zur Freiheit und groß durch die Kraft der Freiheit, ein Deutschland, wie es eure Väter, eure Gatten wohl träumen, doch nicht schaffen können, denn sie sind nicht mehr die kräftigen Söhne Germanias.[19]

Im folgenden wollen wir uns einer Position zuwenden, die sich ebenfalls vom Boden der Menschenrechte aus für die Frauenbefreiung einsetzte. Die Sozialistin und Kommunistin Clara Zetkin gehörte schon einer Frauengeneration an, die eine gründlichere Bildung erfahren hatte. Clara Zetkins Auffassung der Menschenrechte und des durch sie mitbegründeten Sozialismus standen ganz in der Marxschen Tradition. Ebenso wie Friedrich Engels hatte Karl Marx die individuellen Freiheitsrechte der Menschenrechtserklärung als bürgerlich egoistisch und separatistisch gebrandmarkt. In seinem Aufsatz *Zur Judenfrage* schrieb Marx: „Keines der sogenannten Menschenrechte geht also über den egoistischen Menschen hinaus, über den Menschen, wie er Mitglied der bürgerlichen Gesellschaft, nämlich auf sich, auf seine Privatinteressen und seine Privatwillkür zurückgezogenes und vom Gemeinwesen abgesondertes Individuum ist. Weit entfernt, daß der Mensch in ihnen als Gattungswesen aufgefaßt wurde, erscheint vielmehr das Gattungsleben selbst, die Gesellschaft, als ein den Individuen äußerlicher Rahmen, als Beschränkung ihrer ursprünglichen Selbständigkeit."[20] Sicher nahm Marx hier die Vorstellung von Kant auf, daß die Natur nicht das Überleben des Individuums verfolge, sondern das Überleben der Gattung. Dementsprechend mußten sich die Menschenrechte bei Marx auf die Solidargemeinschaft, auf ein Ganzes, also den Sozialismus beziehen. Die Vorherrschaft einer ökonomisch orientierten Klasse war danach nicht zu tolerieren, auch nicht in Gestalt des bürgerlich-demokratischen Staates. Auch die gegenteilige These von der anzustrebenden Herrschaft des Proletariats war unter diesen Bedingungen nur zulässig als Übergangsstadium auf dem Weg zur freien Gesellschaft im Sozialismus. Dementsprechend bekannte Clara Zetkin in ihrer Zeitschrift, *Die Gleichheit:* ‚Die Gleichheit' tritt für die volle gesellschaftliche Befreiung der Frau ein, wie sie einzig und allein in einer im Sinne des Sozialismus umgestalteten Gesellschaft möglich ist, wo mit der ökonomischen Abhängigkeit eines Menschen von einem anderen Menschen die Grundursache jeder sozialen Knechtung und Ächtung fällt."[21]

Solidarität mit der bürgerlichen Frauenbewegung hat Clara Zetkin entschieden abgelehnt und zeit ihres Lebens alles daran gesetzt, ein gemeinsames Vorgehen, das in ihren Augen eine Vereinnahmung der proletarischen Frauen bedeutet hätte, zu vermeiden. Protestiert hat sie aber auch gegen ein Verbot der Frauenarbeit, obwohl sie die Unterdrückung und die unheilvollen Folgen der Frauenarbeit erkannte. Sie wies darauf hin, daß „die von ihrer ökonomischen Abhängigkeit dem Manne gegenüber befreite Frau" sich nun der „ökonomischen Herrschaft des Kapitalisten unterworfen" habe, aber diese Unterwerfung teile sie mit der des Mannes und sei ihm deshalb nicht untergeordnet, sondern seinesgleichen.[22] Daraus zog Clara Zetkin das Fazit: „Es gibt also einen wirklichen Gegensatz zwischen den Interessen der Arbeiter und der Arbeiterinnen nicht; sehr wohl aber existiert ein unversöhnlicher Gegensatz zwischen den Interessen des Kapitals und denen der Arbeit."[23]

Aus grundsätzlichen Erwägungen sollten Frauen nicht auf ihre ökonomische Selbständigkeit verzichten, die ihnen die „ökonomische und soziale Gleichstellung mit den Männern sichere." „Denn die eigentliche Emanzipation der Frau wie die des ganzen Menschengeschlechtes wird ausschließlich das Werk der Emanzipation der Arbeit vom Kapital sein." Deshalb bliebe der Frau nichts anderes übrig, als sich der Arbeiterpartei anzuschließen, „der einzigen, welche die Emanzipation der Arbeiter anstrebt."[24]

Die Argumentation Clara Zetkins erscheint scharfsinnig, aber vor allem taktisch. Weil sie die Sache des Sozialismus durch Solidarität stärken will, stellt sie den Geschlechtergegensatz am Beispiel der Frage, Frauenarbeit ja oder nein, hintenan – wobei die noch immer unterdrückten Frauen auf die Zukunft vertröstet werden. Clara Zetkin übersah auf der einen Seite die Tatsache, daß bei Lohn- und Arbeitskämpfen sich die Männer auf Kosten der Frauen Vorteile zu verschaffen suchten, auf der anderen, daß die Frauenunterdrückung älter ist als der Kapitalismus.

Resümieren wir abschließend, wie zwei Vertreterinnen der deutschen Frauenbewegung die Forderungen der Menschenrechtserklärungen 1789 aufgegriffen haben, so kommen wir zu folgendem Ergebnis: Louise Otto Peters bezog die Menschenrechtsforderungen 1. auf den männlichen, bürgerlichen Stand und Staat, wobei sie beides nicht in Frage stellte. Die verbleibenden Ungerechtigkeiten gegenüber dem Proletariat und dessen soziale Verelendung würde eine ausgebaute bürgerliche Demokratie ihrer Meinung nach durch gemeinsame Vaterlandsliebe, soziale und sozialreformerische Maßnahmen überwinden. Es war Louise Otto Peters 2. klar, daß die Menschenrechte als männliche Rechte die bürgerlichen Frauen ausgrenzten. Hier sollte Bildung für die Frauen Abhilfe schaffen. Außer als Grundlage für die Erwerbstätigkeit der Unverheirateten sollte sie dazu dienen, Frauen ein vaterländisches Bewußtsein einzuprägen, das sie als Gattinnen und Mütter weitergeben sollten. Eigene politische Mitsprache sah Louise Ottos Freiheitskonzept nicht vor. Für die Proletarierinnen forderte sie eine allgemeine Schulbildung vor allem, um die Liebe zum Vaterland in den Ungebildeten zu wecken.

Clara Zetkin ging ebenfalls von der Befreiung einer Klasse aus, nämlich der proletarischen, deren Verelendung und Ausbeutung sie im Namen der Menschenrechte anprangerte. Die Unterdrückung der Frau war für sie das Ergebnis der bürgerlichen Klassenherrschaft und nicht Ausdruck des Patriarchats. Sie hielt die Frauenfrage für gelöst, wenn die bürgerliche Klassenherrschaft der sozialistischen, brüder- und schwesterlichen Gemeinschaft weiche.

Weder im bürgerlichen noch im sozialistischen Lager kam es im Namen der Menschenrechte zu einem Abbau der Herrschaftsverhältnisse zwischen Männern und Frauen. Den Frauen gelang in der Folgezeit zwar das Eindringen in die männlich vorgeprägte Sphäre der Öffentlichkeit, aber sie konnten weder den politischen Bereich in ihrem Sinne korrigieren, geschweige denn eigene Initiativen ergreifen.

Erst die neue Frauenbewegung führte zu einer solidarischen und grundlegenden Revision der Bestimmung der Frau im Sinne der Verwirklichung der Menschenrechte. Die Anerkennung des Begriffs der Arbeit hat inzwischen die Frauentrennung nach Klassen aufgehoben: 1986 arbeiteten in der Bundesrepublik 54 % der Frauen. Sie definieren ihre Selbstbestimmung über ihre ökonomische Selbständigkeit. Das Frauenrecht auf Arbeit im Sinne von Clara Zetkin gilt inzwischen für alle.

Der Kampf um die Menschenrechte für Frauen hat erwiesen, daß die Unterdrückung der Frau keine Klassen-, sondern eine Machtfrage ist. Auch diese Erkenntnis hat die Solidarität der neuen Frauenbewegung gestärkt, wobei dieser Vorgang selbst sich als eine Anwendung der Menschenrechtsforderung begreift.

Die erlangte politische Teilhabe der Frauen hatte zwar zunächst die Enge des Familienverbandes überwunden, aber Defizite in Hinblick auf befreiende Frauenforderungen waren geblieben, so z.B. das Recht auf Selbstbestimmtheit in Hinblick auf den eigenen Körper und Schutz desselben vor ungewollten Zugriffen, das Recht auf Arbeit unter frauenspezifischen Bedingungen, gleiche Mitsprache in allen Belangen des privaten und öffentlichen Lebens, keine Diskriminierung des weiblichen Geschlechts in Wort, Bild und Tat. Die Frauen brauchen nicht nur formale Rechte, sondern auch faktische Macht, um hier Abhilfe zu schaffen. Quotierung ist ein Mittel, das den Anteil der Frauen sichern soll, der dazu nötig ist, damit sie ihre Belange verfolgen können.

Kürzlich war zu lesen, daß die sowjetische Regierung bereit ist, den Haager Gerichtshof anzuerkennen, der Menschenrechtsverletzungen innerhalb der Mitgliedsstaaten ahndet. Sollte dies der Beginn einer systemübergreifenden Anerkennung der Rechte sein, die proklamiert worden sind, um alle Menschen zu erfassen, ohne den faktischen Ausschluß nach Geschlecht, Rasse und politischen Systemen? Die Zuerkennung und Einlösung der Menschenrechte für die Frau bedeutet, die Menschenrechte ihrer Doppelgesichtigkeit zu entkleiden, die Person, auch in ihrer Spezifik, zu achten und die Gattung Mensch zu bewahren und zu humanisieren.

Anmerkungen

1 vgl. Willi Strzelewicz, Der Kampf um die Menschenrechte, Frankfurt 1968, S. 39
2 Friedrich Engels, Die Entwicklung des Sozialismus von der Utopie zur Wissenschaft, MEW, Bd. 19, Berlin 1972, S. 190
3 Zum Scheitern von Olympe de Gouges' Versuch, die „Erklärung der Rechte der Frau und Bürgerin“ in die zweite revolutionäre Verfassung Frankreichs einzubringen, vgl. den Aufsatz von M. Christadler in diesem Band sowie: Olympe de Gouges, Schriften, hg. v. Monika Dillier, Basel 1980, S. 44
4 W. von Hippel (Hg.), Freiheit, Gleichheit, Brüderlichkeit? Die französische Revolution im deutschen Urteil, München 1989, S. 11 f.
5 Zur Rezeption der Ideen Olympe de Gouges' vg. die Vorbemerkung der Hg.Margarete Wolters/Clara Sutor in: Marie Olympe de Gouges (1748 - 1793) Politische Schriften in Auswahl, Hamburg 1979, S. 15 f.
6 Dazu Bärbel Clemens, Menschenrechte haben kein Geschlecht, Pfaffenweiler 1988
7 Renate Möhrmann (Hg.), Frauenemanzipation im deutschen Vormärz. Texte und Dokumente, Stuttgart 1978, S. 3
8 zit. in: Eva Walter, Schrieb oft, von Mägde Arbeit müde, Düsseldorf 1985, S. 161f.
9 Bettine von Arnim, Dies Buch gehört dem König, Frankfurt 1982
10 Renate Möhrmann, Die andere Frau. Emanzipationsansätze deutscher Schriftstellerinnen im Vorfeld der Achtundvierziger Revolution, Stuttgart 1977, S. 35
11 zit. in: Renate Möhrmann, Frauenemanzipation, a.a.O., S. 59f.
12 ebd., S. 61
13 Dem Reich der Freiheit werb' ich Bürgerinnen. Die Frauenzeitung von Louise Otto, hg. v. Ute Gerhard u.a., Frankfurt 1979, S. 86

14 ebd., S. 87
15 zit. in: Cordula Koepcke, Louise Otto Peters, Freiburg 1981, S. 70
16 Clara Zetkin, Zur Geschichte der proletarischen Frauenbewegung Deutschlands, Frankfurt 1971, S. 19
17 Louise Otto Peters, Die Teilnahme der weiblichen Welt am Staatsleben, in: Vorwärts! Volkstaschenbuch für das Jahr 1847, hg. v. Robert Blum, 5. Jg., Leipzig 1847, S. 54
18 ebd., S. 56
19 Dem Reich der Freiheit werb' ich Bürgerinnen, a.a.O., S. 56 f.
20 Marx / Engels Gesamtausgabe, 1. Abt., Band 1, Frankfurt 1927, S. 595
21 zit. in: Dokumente der deutschen Arbeiterbewegung zur Frauenfrage 1848 - 1974, Leipzig 1975, S. 34
22 ebd., S. 30
23 ebd., S. 31
24 ebd., S. 32

Hanna Schissler

Natur oder soziales Konstrukt?

Zum Verhältnis der Geschlechter zwischen bürgerlichen Emanzipationsbewegungen und industrieller Gesellschaft

In historischer Perspektive ist der Rahmen, in dem Männer und Frauen in westlichen Industriegesellschaften ihre Handlungsspielräume definieren und ausfüllen, durch die bürgerlichen Emanzipationsbewegungen seit der Französischen Revolution abgesteckt sowie durch die spätindustrielle Gesellschaft in ihrer sozialstaatlichen Überformung. Im Hinblick auf das Geschlechterverhältnis war die Entwicklung der bürgerlichen Gesellschaft seit dem ausgehenden 18. Jahrhundert in sich äußerst widersprüchlich. Sie gab Männern politische und soziale Rechte, die sie Frauen explizit vorenthielt. Sie versah diese Rechte aber gleichwohl mit einem universalistischen Geltungsanspruch für alle Menschen. Im 19. und 20. Jahrhundert geriet die bürgerliche Gesellschaft in schwer auflösbare Konflikte mit der sich entfaltenden Industriegesellschaft, die ihrerseits für Männer und Frauen verschiedene Ausgangsbedingungen schuf und unterschiedliche Auswirkungen hatte.

Die bürgerliche Gesellschaft seit dem 18. Jahrhundert hat zwischen den Geschlechtern ein „harmonisches Ungleichgewicht“ herausgebildet, das sich besonders im 19. Jahrhundert durch beachtliche Stabilität auszeichnete.[1] Im 20. Jahrhundert wurde die Stabilität des Machtungleichgewichts zwischen den Geschlechtern erschüttert, v.a. durch die Entwicklung der Arbeitsmärkte und durch die Weltkriege. In seinen Grundstrukturen existiert es als inhärentes Merkmal zwischen den Geschlechtern bis heute; wobei dieses Machtungleichgewichts bzw. die „Harmonie“ des Ungleichgewichts zwischen Frauen und Männern seit einigen Jahren durch eine Reihe von Faktoren, darunter vor allem die neue Frauenbewegung, – zusätzlich durch säkulare Trends der wirtschaftlichen und sozialen Entwicklung insgesamt – gründlich in Frage gestellt worden ist.

Meine Überlegungen sollen die Konfliktlagen zwischen Männern und Frauen, wie sie im letzten Drittel des 20. Jahrhunderts in entwickelten westlichen Industriegesellschaften aufbrechen, benennen helfen. Wir selber sind in diesen Konflikten Zeitzeugen wie Akteurinnen und Akteure gleichermaßen — manchmal heftig involviert, gelegentlich ratlos, oft resigniert. Meine These lautet, daß gegenwärtig in den Auseinandersetzungen um die soziale Plazierung der Geschlechter, die vordergründig als „Emanzipationskämpfe" der Frauen erscheinen, sich überlagernde Konfliktzonen der bürgerlichen und der (spät-)industriellen Gesellschaft aufbrechen.[2] Ihnen historisch auf die Spur zu kommen und damit Handlungsspielräume auszuloten wie Restriktionen zu erkennen, ist der Zweck dieses Beitrags.

I.

Gesellschaften plazieren Menschen gemäß ihrer sozialen Stellung, ihrem Alter und ihrem Geschlecht. Herauszufinden, nach welchen Kriterien die Geschlechterplazierung stattfindet, ist — neben Fragen der Klassenzugehörigkeit und der Ethnizität — eine der vordringlichsten und sicherlich eine der interessantesten Aufgaben der Geschichts- und Sozialwissenschaften in den letzten 20 Jahren geworden.[3] In dem Maße, in dem Ungerechtigkeiten und Disparitäten in der Plazierung von Männern und Frauen in der Gesellschaft bewußt wurden, stellte sich zum einen die Frage: wie groß waren die Handlungsspielräume von Männern und Frauen in der Geschichte? und zum anderen: welche Möglichkeiten der Veränderungen im Geschlechterverhältnis gibt es in der Gegenwart und in der Zukunft? Sowie: Wo liegen schwer zu überschreitende Begrenzungen von Handlungsspielräumen?

Zu ihrem Bestand und zu ihrem Funktionieren benötigt jede Gesellschaft ein Mindestmaß an Gewißheit über Grundstrukturen, also eine Verläßlichkeit im Hinblick darauf, was ihre Mitglieder (Individuen, aber auch Gruppen) tun dürfen und wie sie mit anderen Teilen der Gesellschaft verwoben sind, sowie eine kulturelle Orientierung über die Werte und Normen, die von möglichst vielen Mitgliedern der Gesellschaft geteilt werden.[4]

Im Hinblick auf das Geschlechterverhältnis erleben wir in Teilen der Gesellschaft im letzten Drittel des 20. Jahrhunderts in westlichen Gesellschaften einen Zusammenbruch der Strukturen und Normen, die eine einigermaßen sichere Orientierung zu gewährleisten schienen. Das Anwachsen der Scheidungszahlen, die Zunahme der Einpersonenhaushalte, neue Formen des Zusammenlebens, die Veränderung in der Zusammensetzung der einer Erwerbstätigkeit nachgehenden Bevölkerung, v.a. die Zunahme der außerhäuslichen Erwerbstätigkeit von Frauen mit relativ kleinen Kinder, der Anspruch von Frauen auf materielle und nicht nur formale Gleichheit, die Veränderung in der Alterspyramide und anderes mehr, sind nur einige Indizien, die das Verhältnis der Geschlechter einerseits verändern und andererseits als Folge eben dieses veränderten Verhältnisses anzusehen sind. Daneben ist auch das Fortbestehen traditioneller Kooperationsformen und Machtverhältnisse zwischen den Geschlechtern zu beobachten, für das es viele Gründe gibt, nicht zuletzt sich verengende Arbeitsmarktchancen von Frauen.

Es ist jedoch unbestreitbar, daß eine neue Unübersichtlichkeit an die Stelle vormals angeblich „klarer" Verhältnisse zwischen den Geschlechtern getreten ist. Auf die Plazierung der Geschlechter, auf ihr Mit- und Gegeneinander in privaten und öffentlichen Räumen wirken sehr unterschiedliche und häufig konträre Kräftefelder ein.[5]

Männer und Frauen müssen heute eine Situation aushalten, die sie häufig in scharfe und schmerzhafte Konflikte gegeneinander führt; die zu gestalten sie keine Vorbilder und keine Patentrezepte haben. Dabei geht es nicht nur um Verteilungskämpfe zwischen den Geschlechtern, in denen alte Ungerechtigkeiten beglichen werden und Frauen neue Positionen erobern, sondern die *historischen Ausprägungen des Mannseins und des Frauseins* selber stehen heute zur Disposition.[6]

Männer und Frauen stehen sich nicht selten als „intimate strangers" gegenüber.[7] Ihre Lebens- und Arbeitswelten ebenso wie ihre individuellen Biographien scheinen häufig immer weniger versöhnbar: Was bedeutet Ausbildung, was bedeuten Arbeit und beruflicher Erfolg, was bedeuten Kinder, was bedeutet Liebe und Partnerschaft im Leben von Frauen und Männern? Wie strukturieren sie den Alltag von Männern und Frauen, welche Chancen eröffnen sie wem, und welche Türen schlagen sie wem und zu welchem Zeitpunkt zu? In welcher Weise tragen Frauen an dem Schicksal einer über 200jährigen Geschlechtergeschichte, die ihnen den vollen Rechtsstatus des bürgerlichen Individuums bis in unsere Tage vorenthält, ihnen den Binnenraum der Familie und des Hauses zugewiesen und sie doch *gleichzeitig* — nach Klassenzugehörigkeit verschieden — den Gesetzen des Arbeitsmarktes unterworfen hat?[8]

Wie sieht die gleiche Situation aus dem Blickwinkel von Männern aus?[9] Inwiefern sind sie die Nutznießer einer Situation, die ihnen qua Geschlecht zahllose Vorrechte über Frauen eingeräumt hat? Oder sind sie in anderer Weise vielleicht auch Opfer des „harmonischen Ungleichgewichts" zwischen den Geschlechtern? Hat Dieter Beckmann recht, wenn er sagt: „die Rolle von Männern in dieser Gesellschaft (ist) auf der Unterwerfung der Frau als Gattung und ihrer Vermeidung als Person" angelegt?[10]

Wenn Frauen heute für die Vereinbarkeit von Beruf und Familie und um ein Leben als selbständige Personen kämpfen, tragen sie ebenso wie Männer, die versuchen, sich auf neue kooperative Formen des Zusammenlebens in der Familie einzustellen oder gar den Versuch des Rollentausches unternehmen und daran nicht selten scheitern, eine 200jährige Last der Geschichte ab.

Der Soziologe Georg Simmel hat zu Beginn dieses Jahrhunderts die Hegelsche Herr- und Knechtdialektik auf das Verhältnis der Geschlechter angewendet:

> Drückt man das geschichtliche Verhältnis der Geschlechter einmal kraß als das des Herrn und des Sklaven aus, so gehört es zu den Privilegien des Herrn, daß er nicht immer daran zu denken braucht, daß er Herr ist, während die Position des Sklaven dafür sorgt, daß er seine Position nie vergißt...[11]

Ein nicht unwesentlicher Teil der Problematik zwischen den Geschlechtern liegt sicher darin, daß die *individuell* wahrgenommenen Realitäten, die aus dem Herrschaftsgefälle zwischen Männern und Frauen *als sozialen Kollektiven* folgen, so schwer versöhnbar sind. Um im Bild zu bleiben: Wer in der Position des Knechtes ist, hat eine andere Sicht der Welt und des sozialen Kosmos als der Herr, der zwar Herrschaft ausübt und Verfügungsgewalt besitzt, der der Knecht unterworfen bleibt, dem aber das Wissen des Knechtes unzugänglich ist und der der daraus resultierenden Macht über ihn, den Herrn, gleichwohl ausgeliefert ist.[12] Während Frauen selten in der Lage waren (und sind), direkte Herrschaft auszuüben, ist die Ausübung von Macht und Herrschaft in der Geschlechterhierarchie bei Männern selbstverständlich. Männern ist häufig der Herrschaftsaspekt im Verhältnis der Geschlechter gar nicht bewußt. Ihnen erscheint als Arbeitsteilung, Last der Verantwortung oder schlicht als Funktionsaufteilung, was Frauen als Dominanz, Herrschaft oder Deprivation im Geschlechterverhältnis erleben. Bereits Simmel beobachtete:

> ... die unendlich häufige Erscheinung, daß Frauen gewisse Urteile, Institutionen, Bestrebungen, Interessen als durchaus und charakteristisch männlich empfinden, die die Männer sozusagen naiv für einfach sachlich halten.[13]

Es gibt für Männer wie Frauen eine Vielfalt von Möglichkeiten, sich zu den Herausforderungen der Gegenwart zu verhalten: Sie probieren Neues aus in Partnerschaften, in Ehe, Familie, öffentlichen Räumen und in der Arbeitswelt — Neues, das oft genug scheitert an der Hartnäckigkeit und Geschichtsmächtigkeit gesellschaftlicher Strukturen. Oder sie klammern sich an alte Gewißheiten, was ihre Rollen als Frauen und Männer angeht, nur um zu entdecken, daß diese Gewißheiten nicht mehr tragen und irgendwann im Lauf des Lebens zerbrechen.[14] Sie denken, eine Änderung des Geschlechterverhältnisses sei möglich, wenn nur genügend guter Wille bei den beteiligten Individuen vorhanden ist. Dabei verkennen Männer wie Frauen nicht selten, daß in der Arbeitswelt, in der „öffentlichen“ wie in der „privaten“ Sphäre Kräfte auf die Menschen einwirken und Probleme *konstellieren*, die nur schwer durch die Individuen überwunden werden können, und daß zudem die historische Formung der männlichen und weiblichen Geschlechtscharaktere zäh ist.

Die Geschlechterschicksale sind auch in der modernen Gesellschaft *zugeschrieben*. Sie sind mit weitreichenden individuellen wie gesellschaftlichen Konsequenzen behaftet. Geschlecht ist ein *soziales Konstrukt*, nicht unhistorisch *„Natur"*. Daraus folgt zum einen, daß (nach wie vor, trotz allen Wandels) männliche und weibliche Lebensentwürfe einer geschlechtsspezifischen Typik gehorchen, und zum anderen, daß auch das Scheitern von Beziehungen zwischen den Geschlechtern systematisch und *beschreibbar* in diese Gesellschaft eingebaut ist.[15] Erst wenn Frauen und Männer verstehen lernen, in welcher Weise individuelle Lebensläufe mit der Geschichte und den Strukturgegebenheiten der Moderne verwoben sind, werden der Blick und die Energie frei für die notwendigen und die wünschbaren Veränderungen im Verhältnis der Geschlechter.

II.

Die Französische Revolution war mit ihrer Parole „Freiheit, Gleichheit, Brüderlichkeit" im Hinblick auf den Geschlechtscharakter ihrer Forderungen erstaunlich offen. Die Debatten der Aufklärungsliteratur über allgemeine Menschen- und Bürgerrechte waren in sich jedoch eigenartig gespalten. Die Mehrzahl der Autoren diskutierte allgemeine Menschen- und Bürgerrechte und setzte voraus, daß der Bürger als über Besitz, Bildung, Rechtsgleichheit und Handlungsautonomie verfügend lediglich als männlich begriffen werden konnte.

Dabei ist das Verhältnis der Geschlechter seit jeher Gegenstand des Nachdenkens gewesen, und der gewiß interessanteste Aspekt der Aufklärungsdebatte über den Universalitätsanspruch der Menschen- und Bürgerrechte ist ihre geschlechtsspezifische Halbierung. Bereits der Frühaufklärer Poulain de la Barre verwies in seiner Schrift *De l'égalité des deux sexes* von 1673[16] auf die Widersprüchlichkeit allgemeiner Emanzipationsforderungen und ihre gleichzeitig vorgenommene Begrenzung auf das männliche Geschlecht – Argumente, die sich in Olympe de Gouges' *Déclaration des droits de la femme et de la citoyenne*, bei Condorcet über Theodor von Hippel, Mary Wollstonecraft, Harriet Taylor und John Stuart Mill, Charles Fourier, August Bebel über den Feminismus des 19. Jahrhunderts bis heute in zahlreichen Varianten fortsetzen.[17]

Die Debatten über und die Kämpfe um die Plazierung von Frauen und damit das Verhältnis der Geschlechter, brachen während der Französischen Revolution mit voller Wucht auf und wurden gewaltsam auf Kosten der Frauen gelöst. Wenn im April 1793 der Konvent Kindern, Irren, Minderjährigen, Frauen und Kriminellen das Bürgerrecht verweigerte, so zeigt dies nicht nur, wessen Rechte gemeint waren, wenn von allgemeinen Rechten der Menschen und Bürger die Rede war,[18] sondern auch, daß das allgemein Menschliche als männlich identifiziert und das davon Abweichende als irr, kriminell, im Falle männlicher Kinder als noch nicht erwachsen oder eben als weiblich identifiziert wurde. Hier sind bereits die Denkmuster vorgegeben, die es Zeitgenossen wie Nachfahren ermöglichten, das Einklagen des universalistischen Anspruches der bürgerlichen Gesellschaft durch Frauen zu kriminalisieren und zu psychiatrisieren. So behaupteten schon Zeitgenossen, daß die Forderung nach konsequenter Übertragung der Menschen- und Bürgerrechte auf die Frauen durch Olympe de Gouges eine Herausforderung der „natürlichen" Geschlechterordnung sei; und noch mehr als 100 Jahre später wurde Olympe de Gouges „paranoia reformatoria", Reformwahnsinn und revolutionäre Hysterie bescheinigt.[19]

Prototypisch haben Jean-Jacques Rousseau und Mary Wollstonecraft die Positionen in der Frage des Geschlechterverhältnisses abgesteckt:[20] Aus Rousseaus Konstrukt der *Komplementarität* und des *Unterschieds* zwischen Männern und Frauen sowie der Sexualisierung dieses Unterschiedes resultiert quasi „naturhaft" die Unterwerfung der Frau durch den Mann: Die Frau sei geschaffen, um dem Mann zu gefallen und von ihm unterworfen zu werden. Diese Geschlechterordnung sei natürlicherweise vorgegeben, und deshalb sei es auch überflüssig, über die Superiorität oder die Gleichheit der Geschlechter überhaupt zu debattieren.[21]

Kant, Fichte, Welcker, Schleiermacher, Hegel und andere setzten die Ausformulierung der bürgerlichen Geschlechtscharaktere fort und lieferten auf diese Weise das Material, mit dem bürgerliche Teilhabe sowie die Formung des bürgerlichen Individuums geschlechtsspezifisch halbiert wurde und sich als fester Bestandteil des bürgerlichen Weltbildes etablierte.[22]

Gegen die postulierte „Natürlichkeit" der Überlegenheit des Mannes und sämtlicher daraus resultierender politischer, wirtschaftlicher und sexueller Rechte sowie der „natürlichen" Bestimmung der Frau zur Ehefrau und Mutter, aus der Rousseau die politische Rechtlosigkeit der Frau und ihre Verdrängung aus Politik und Öffentlichkeit sowie ihre Festlegung auf das Private konstruierte,[23] insistiert Mary Wollstonecraft darauf, daß das Geschlecht gesellschaftlich geformt sei. Sie führt als Argumente all diejenigen Regelungen an, die Frauen *als Frauen* und nicht *als Menschen* ihren Platz in der Gesellschaft anweisen. Daraus folgert sie: die wechselseitige Ergänzung und Zuneigung der Geschlechter kann nicht auf Unterwerfung der Frauen durch die Männer basieren, sondern nur auf intellektueller, rechtlicher und ökonomischer Unabhängigkeit der Frauen, mithin auf der *Gleichheit der Geschlechter.* Obwohl Mary Wollstonecraft konsequent die Gleichheit der Geschlechter einklagte, vor allem gleiche Bildungschancen und gleiche staatsbürgerliche Rechte für Frauen forderte, war es auch ihr nicht möglich, dies anders zu tun, als indem sie Frauen in *Beziehung* zu Männern und in ihrer Familienrolle dachte:

Would men but generously snap our chains, and be content with rational fellowship instead of slavish obedience, they would find us more observant daughters, more affectionate sisters, more faithful wives, more reasonable mothers — in a word, better citizens.[24]

Historisch durchgesetzt hat sich — wie wir wissen — das Rousseausche Geschlechtermodell: ein Modell, das, obwohl es nur auf das Bürgertum anwendbar war und an der großen Masse proletarischer und bäuerlicher Existenzen scheiterte, eine immense normative Ausstrahlungskraft entwickelt hat, während die Entwürfe der Geschlechtergleichheit von Zeitgenossen wie Nachfahren als außerordentlich bedrohlich empfunden und aus diesem Grunde entweder totgeschwiegen, ignoriert, lächerlich gemacht, in jedem Fall jedoch, so gut wie möglich, unsichtbar und wirkungslos gemacht wurden.

Noch stärker als in ihrem *Klassen*charakter brachen die Aporien und Widersprüchlichkeiten der bürgerlichen Gesellschaft seit der Französischen Revolution in ihrem *Geschlechts*charakter auf. Die Konsequenzen sind bis heute spürbar. Claudia Opitz und Ute Frevert haben die Meinung vertreten, daß das Zurückdrängen der Frauenrechte in der Französischen Revolution die Bedingung für die Konsolidierung der revolutionären Errungenschaften der Männer gewesen sei.[25] Joan B. Landes geht einen Schritt weiter. Sie vertritt die These, daß der Antifeminismus der Französischen Revolution keinesfalls unausweichlich gewesen sei. Erst im Verlaufe der Revolution sei es evident geworden, daß die Republik nicht nur *ohne* die Frauen gebaut wurde, sondern explizit *gegen* sie.[26] Die Erfolge der Französischen Revolution für das männliche besitzende Bürgertum hätten erst die erfolgreiche Verdrängung von Frauen aus der Politik und der Sphäre der bürgerlichen Öffentlichkeit ermöglicht. Ohne daß Frauen, deren Beteiligung v.a. in den ersten Jahren der Revolution unentbehrlich gewesen sei, mehr als nur — quasi teilweise — vorübergehend bürgerliche Rechte eingeräumt worden seien, habe die Revolution doch traditionale Schutzräume von Frauen zerstört und habe teilweise zu einer Verschärfung ihrer rechtlichen Lage geführt.[27] Bereits Olympe de Gouges vermerkte, daß die Revolution den Frauen vor allem den Verlust ihrer Rechte im Ançien Régime sowie neue Despoten gebracht habe.[28]

Die Frage der Frauenrechte war fortan in den Revolutionen des 19. und 20. Jahrhunderts ein stets wiederkehrender Streitpunkt. Warum der Ausschluß der Frauen von den Errungenschaften der bürgerlichen Gesellschaft und ihre Plazierung als besonderer „Stand“, in dem das zugeschriebene Merkmal des Geschlechts ihnen die Rechte des bürgerlichen Individuums vorenthielt, statt dessen ihnen als Müttern und Gestalterinnen des heimischen Refugiums kompensatorische Gratifikationen zuteil werden ließ — warum dies die Bedingung der Konsolidierung der revolutionären Erfolge des männlichen Bürgertums gewesen sein soll, habe ich bislang nicht ergründen können. Die angebotenen Thesen zeigen nur, wie erklärungsbedürftig dieses Phänomen noch immer ist. Das Argument der sozialen und politischen Konsolidierung überzeugt mehr, wenn man es unter dem Klassenaspekt und der (wünschbaren oder notwendigen) *Eindämmung der Unterschichten* betrachtet. Warum aber wurden konsequent die Frauen, mithin die Hälfte der Menschheit, von der bürgerlichen Teilhabe ausgeschlossen? Liegen die Gründe in der ökonomischen Struktur der Gesellschaft, oder sollten sie etwa gar in der kollektiven Geschlechterpsychologie — was immer das sein mag — verborgen sein?

Ein Beispiel aus der Revolution von 1848 zeigt, daß die Forderungen von Frauen nach politischer Teilhabe auch im weiteren Verlauf der Geschichte auf Unverständnis und Feindseligkeit stießen. Im Mai 1848 konstituierte sich in Paris ein politischer Frauenclub, in dem in wöchentlichen Treffen die Frage der politischen Beteiligung von Frauen sowie andere „Frauenfragen" diskutiert wurden. Dieser Club zog den Spott von Männern, die sich dieses „Spektakel" ansahen, auf sich. Der Frauenclub wurde zu einer regelrechten Touristenattraktion und seit Juni verstärkt zur Zielscheibe der Attacken von Männern. Nach einer besonders turbulenten Sitzung schrieb Eugénie Niboyet, die die besagte stürmische Sitzung geleitet hatte, in *La Voix des Femmes*:

> Wenn irgendetwas unser Tun rechtfertigt und uns ermutigt, so ist es Ihr Verhalten bei unseren Zusammenkünften, meine Herren. Sie wollen uns nicht zuhören, weil Sie beginnen, uns zu fürchten; Ihnen scheint es leichter, uns abzuwürgen, als uns Gerechtigkeit widerfahren zu lassen. Hinter Ihrem Hohn verbirgt sich Despotismus; hinter Ihren Störungen lauert Feindseligkeit. Sie wissen wohl, daß wir Sie nicht schmälern wollen, gleichwohl haben Sie Angst davor, uns aufsteigen zu sehen.[29]

Vielleicht läßt sich die Frage nach dem *Warum* des Ausschlusses von Frauen aus dem Prozeß der politischen Willensbildung, das Verbot ihrer Clubs, ihre Verbannung aus der Öffentlichkeit, das Vorenthalten ihrer Rechte als bürgerliche Individuen nicht hinreichend erklären. Soviel steht jedoch fest, daß der Ausschluß komplett und konsequent war und bis ins 20. Jahrhundert mit allen dem bürgerlichen Rechtsstaat zur Verfügung stehenden Mitteln aufrechterhalten und verteidigt wurde.[30] Die Teilhabeansprüche von Frauen riefen schärfste Gegen- und Abwehrreaktionen hervor, sei es in Form von Gewalt, „Recht", Spott oder theoretischer Anstrengung und Begründung.[31]

So wie für den industriellen Kapitalismus die Trennung von Kapital und Arbeit, der Besitz bzw. Nicht-Besitz von Produktionsmitteln konstitutiv ist, so wurde für die bürgerliche Gesellschaft die Aufspaltung in angeblich „öffentliche" und angebliche „private" Räume und eine geschlechterständische Zuweisung von Frauen und Männern zu diesen Bereichen kennzeichnend.[32]

Diese Zuschreibungen durchdringen das politische, soziale, wirtschaftliche und kulturelle Gefüge der bürgerlichen Gesellschaften seit der historischen Zäsur der „Sattelzeit", der wirtschaftlichen und politischen Doppelrevolution in Europa. Während die Männer aus den ständigen Abhängigkeiten des Ançien Régime befreit wurden, haben die bürgerlichen Gesetzbücher des 19. Jahrhunderts einen neuen ständischen Status von Frauen über Wahlrecht, Familien- und Eigentumsrechte als männlichen Familienmitgliedern zu- und untergeordnet festgeschrieben. Männer konnten seither im Prinzip freie Individuen, Rechtspersonen, Kontraktpartner, freie Marktsubjekte und Staatsbürger sein. Frauen konnten im 19. Jahrhundert von Töchtern zu Ehefrauen und Müttern avancieren. Sie blieben aber ihr Leben lang durch Männer mediatisiert und erfolgreich aus der bürgerlichen Gesellschaft ausgeschlossen. Dabei verkompliziert die Tatsache, daß das kollektive ständische Geschlechterschicksal von Frauen im 19. wie im 20. Jahrhundert klassenspezifisch ambivalent und unterschieden war und ist, das Bild.

III.

Die sich entfaltende *Industriegesellschaft*, die sich in ihrem Arbeitskräftebedarf wenig um bürgerliche Rollenfestlegungen scherte, unterwarf Männer wie Frauen in gleicher Weise dem erbarmungslosen Prozeß der Herauslösung aus traditionalen Verbänden, der Individuierung, Mobilisierung und Ausbeutung ihrer Arbeitskraft. Die *Rentabilität* und die Verfügbarkeit von Arbeitskräften, *nicht das Geschlecht*, waren das entscheidende Merkmal in der sozialen Ausdifferenzierung in der Folge der Industrialisierung. Die Industriegesellschaft braucht freie Marktsubjekte und freie Kontraktpartner und entfaltet somit langfristig eine Dynamik, die auch Frauen freisetzt — auch gegen eine angeblich „natürliche" Geschlechterordnung, die Frauen den Platz im Haus anweist.

Dabei sind die Auswirkungen der Industrialisierung jedoch für Männer und Frauen sehr verschieden. Nicht, *ob* die Industrialisierung Frauen oder Männer stärker erfaßte, steht zur Debatte; noch gar die Frage, die sich sowieso nur für das Bürgertum in dieser Weise stellte: ob der Platz der Frau an Heim und Herd und bei den Kindern oder in der „rauhen Arbeitswelt" der Männer sei. Das Problem, das sich mit der Heraufkunft des industriellen Kapitalismus stellte, war ein *Struktur*problem: In welcher Weise wirkte sich die Trennung von Arbeitsplatz und Wohnung auf Männer wie Frauen aus, und — daraus folgend — wie sah die Verfügbarkeit von Männern und Frauen auf dem Arbeitsmarkt aus?

Im agrarischen Sektor, der heimindustriellen Arbeit der Protoindustrien ebenso wie in handwerklichen Kleinbetrieben war die Vereinbarkeit von Familie und Erwerbsarbeit für Frauen gewährleistet. In der Industrialisierung war dies nicht mehr der Fall. Rudolf Braun hat eindringlich am Beispiel des Züricher Oberlandes beschrieben, wie Frauen auf die Anforderungen der frühen Industrialisierung reagierten, wie die Unvereinbarkeit von 14-stündiger Industriearbeit und physischer Reproduktion der Familie offenbar wurden und für Frauen unlösbare Konflikte schufen.[33] Für Männer sah die Lage ganz anders aus, was ihre Mobilität und Verfügbarkeit als Verkäufer der Ware Arbeitskraft anbetraf. Die Klassenbildung der Industriegesellschaft war mithin durch die Geschlechtszugehörigkeit überlagert.[34] Langfristig führte das nicht nur zur Entwicklung eines geschlechtssegregierten Arbeitsmarktes und zu einer krassen Unterbewertung weiblicher Arbeit — nicht zuletzt wegen der im Vergleich zu Männern unregelmäßigeren Verfügbarkeit von Frauen im industriellen Produktionsprozeß —, sondern auch zur Verdrängung eines Teils der Frauen vom Arbeitsmarkt.[35]

Die verheerende Dynamik, die der industrielle Kapitalismus nicht zuletzt im Verhältnis der Geschlechter entfaltet hat, wird bis heute durch sozialstaatliche Regulative in der Rentenpolitik, Familienpolitik, Hinterbliebenenregelung, im Scheidungsrecht wie in allgemeinen arbeitsmarktpolitischen Maßnahmen zu konterkarieren versucht.[36]

In dem Maße, wie Erwerbsarbeit Reproduktionsarbeit voraussetzte — und zwar stillschweigend voraussetzte in der Trennung von Arbeitsplatz und dem Ort der familialen Reproduktion —, hatte dieser Tatbestand spezifische Folgen für die Geschlechter: Männer wurden den Gesetzen der Erwerbsarbeit unterworfen: Als disponible Individuen mußten sie auf dem Arbeitsmarkt verfügbar sein. Frauen wurden *in gleicher Weise* den Gesetzen der Erwerbsarbeit unterworfen, wobei weibliche Arbeitskraft geringer bewertet wurde (was sich u.a. in dem bis heute andauernden Lohnungleichgewicht zeigt, aber auch z.B. in solchen Erscheinungen wie der Flucht von Männern aus solchen Berufen, die von Frauen „erobert" worden sind). Indem sie die physische Reproduktion von Menschen voraussetzen, die Bedingungen, unter denen sie zustandekommt: als unbezahlte, von Frauen zu leistende Familienarbeit jedoch aus dem Bereich ihrer Zuständigkeit ausgliedern, hat die Industrialisierung mit ihrer Trennung von Erwerbsarbeit und physischer Reproduktion schwer auflösbare Widersprüche geschaffen, deren Konsequenz in besonderer Weise Frauen zu spüren bekamen (und bekommen). Vielleicht zeigt sich nirgends deutlicher *die zerstörerische Kraft des industriellen Kapitalismus* als darin, daß er — abstrakt (und unhistorisch) zu Ende gedacht — eine erwachsene, voll mobile Gesellschaft von Einzelpersonen voraussetzt, die sich jedoch in einer einzigen Generation aufgebraucht hätte, wenn nicht die glückliche Erfindung der bürgerlichen Geschlechtersegregation dieses „Strukturdefizit" des Industrialismus gemildert hätte.

Genau an dieser Stelle ergänzen sich die bürgerliche Erfindung und Ausschmückung männlicher und weiblicher Geschlechtscharaktere, die Segregation der Geschlechter in der bürgerlichen Gesellschaft und die Erfordernisse der Industriegesellschaft.

Dabei muß die Frage offen bleiben, ob das eine die Voraussetzung des anderen war: also ob die Aufspaltung in „öffentliche" und „private" Räume und die geschlechterständische Anbindung dieser Sphären an männliche bzw. weibliche Lebensbereiche die Herauslösung von Individuen aus agrarischen und handwerklichen bzw. hausindustriellen Produktionsweisen bedingte. Es gibt im Anspruch der bürgerlichen Gesellschaft universalistische Momente (Menschenrechte), die den Geschlechterdualismus überwinden wollten; und die Industrialisierung hat ja keinesfalls vor der im Bürgertum hypostasierten Zuständigkeit von Frauen für Heim und Familie haltgemacht, sondern hat diese schlicht überrollt. Damit wurde die bürgerliche Geschlechtersegregation zu einem Privileg derjenigen, die sie sich leisten konnten; wobei dann die Nachteile der Entrechtung von Frauen und die besonderen Belastungen der Industrialisierung (schlechte Arbeitsbedingungen, niedrige Entlohnung, überlange Arbeitszeiten, Ausbeutung, Erosion von Familienbindungen, Vereinzelung und anderes mehr) bei den Frauen der Unterschichten kumulierten.

Der Klassencharakter wie die Ungleichheit der Geschlechter schränken den Universalitätsanspruch der Französischen Revolution ein. Während jedoch der Klassencharakter evident war und besonders im 19. Jahrhundert von sozialistischen und marxistischen Autoren extensiv diskutiert wurde, gilt gleiches nicht für die Ungleichheit der Geschlechter. Diese wurde erfolgreich und folgenreich unsichtbar gemacht. Ich vertrete die These, daß die *Verdrängung* der höchst unterschiedlichen Geschlechterschicksale sowie die stillschweigende Identifizierung des Universalitätsprinzips in der bürgerlichen Gesellschaft mit dem Männlichen eine der elementaren Grundlagen für das Funktionieren moderner Gesellschaften ist, und daß die kollektiven Verdrängungsprozesse nicht nur Auswirkungen auf die ökonomische, soziale und politische Organisation der Gesellschaft haben, sondern daß sie entscheidend die Wahrnehmung sowie die Organisation unserer Wissenssysteme und Denkstrukturen beeinflussen. Nicht nur die Zunahme von Wissen zeichnet die Entwicklung moderner westlicher Gesellschaften aus, sondern auch die *systematische Produktion von Nichtwissen*.

Die „gesellschaftliche Produktion von Unbewußtheit" nennt der Ethnopsychoanalytiker Mario Erdheim jenen Prozeß einer für die Etablierung von Herrschaft nützlichen, wenn nicht lebenswichtigen kollektiven Verdrängung.[37] Den Mechanismus hat bereits Georg Simmel beschrieben:

Von jeher hat jede auf subjektiver Übergewalt beruhende Herrschaft sich angelegen sein lassen, sich eine objektive Begründung zu geben, das heißt: Macht in Recht zu transformieren. Die Geschichte der Politik, des Priestertums, der Wirtschaftsverfassungen, des Familienrechts ist voll von Beispielen. Insofern der Wille des pater familias, der dem Hause auferlegt ist, als „Autorität" erscheint, ist er nicht mehr willkürlicher Ausnutzer der Macht, sondern der Träger einer objektiven Gesetzlichkeit, die auf das Überpersönlich Allgemeine der Familieninteressen geht. Nach dieser Analogie und oft in eben diesem Zusammenhang entwickelt sich die psychologische Superiorität, die das Herrschaftsverhältnis zwischen Männern und Frauen den männlichen Wesensäußerungen verschafft, sozusagen in eine logische; diese verlangen normative Bedeutung daraufhin, daß sie die sachliche, für alle, ob männliche, ob weibliche Individuen gleichmäßig gültige Wahrheit und Richtigkeit offenbaren.[38]

Das ebenso erfolgreiche wie folgenreiche Subsumieren von Frauen unter das „Allgemein Menschliche", das sich als Konstrukt von Männern für Männer keineswegs leicht zu erkennen gibt, wird erst mühsam in unseren Tagen dechiffriert.[39] Dabei sind die Argumente in der Geschlechterfrage seit über 200 Jahren gedacht, und erst der Frauenbewegung und dem Feminismus unserer Tage bleibt es vorbehalten, die Emanzipationsdebatten in der Frage der Gleichberechtigung der Geschlechter aus dem in der Aufklärung und Gegenaufklärung gesteckten Rahmen herauszulösen.

Insofern als das systematische Nachdenken über die soziale Plazierung von Männern und Frauen in Geschichte und Gegenwart die „gesellschaftliche Produktion von Unbewußtheit" im Verhältnis der Geschlechter aufdeckt und ihren Stellenwert als einer tragenden Säule zur Sicherung von Herrschaft und des Funktionierens dieser Gesellschaft bewußt macht, sprengt Geschlechtergeschichte auch einen Konsens über den *gesellschaftlichen Platz von Wissenschaft.* Die Entwicklung der neuzeitlichen Wissenschaft verläuft über Institutionalisierungsprozesse, in denen der „politisch lizensierte Freiraum (von Wissenschaft) jenseits aller ‚normativen' Reflexion (liegt)".[40] In seiner Untersuchung der Rolle der Geheimbünde in Wissenschaft und Politik schreibt Michael Fischer:

Die gesellschaftliche Integration erreichten die Wissenschaftler um den Preis, daß ihre eigene Sicherung zugleich eine Zusicherung zu sein hat, keinen Anlaß zur Gefährdung der öffentlichen Ordnung, der religiösen Orientierung und der Legitimation von Herrschaft zu geben.[41]

Vergleicht man die Klassenkämpfe des 19. Jahrhunderts mit den Geschlechterkämpfen des 20. Jahrhunderts, so zeigt sich, daß der Geschlechterkonflikt ungleich schwerer zu organisieren ist als der Klassenkonflikt, weil das Geschlecht die Klassenspaltungen sowohl *in sich trägt* als auch gleichzeitig *überlagert.* Auch sind Männer und Frauen durch Intimität, Sexualität, physische Reproduktion, „Kollusion"[42], und nicht zuletzt durch das Phänomen des „willfährigen Sklaven" — um auf das komplexe Phänomen der Herr-Knecht-Dialektik zurückzukom-

men — aneinander gebunden. Es sollte in diesem Beitrag deutlich geworden sein, daß es historisch weder um die „Arbeiter-" noch um die „Frauenfrage" ging und geht, sondern um grundlegende Strukturprobleme moderner Gesellschaften, deren Tragweite nicht dadurch entschärft wird, daß man sie im 19. Jahrhundert als „Arbeiterfrage" und in unserer Zeit als „Frauenfrage" einzugrenzen und abzuspalten versucht.

Eine Frage, die gelegentlich gerne erörtert wird, ob die Emanzipation der Frauen als Konsequenz im Entwurf der bürgerlichen Gesellschaft angelegt sei und mithin das Vorenthalten der vollen staatsbürgerlichen, privatrechtlichen, ökonomischen und sozialen Gleichberechtigung von Frauen bis in unsere Tage hinein lediglich als eine *Verzögerung* der Einlösung der Gleichheitspostulate der Französischen Revolution anzusehen sei (so wie ja auch die staatsbürgerliche Gleichheit erst sukzessiv auf alle Männer und auf andere Gruppen, wie z.B. die Juden, ausgedehnt wurde), ober ob die Geschlechterdifferenz eine *substantiell andere Qualität* hat, nämlich Grundlage und Voraussetzung der modernen Gesellschaft zu sein, so daß folgerichtig die volle Gleichberechtigung der Geschlechter die Grundpfeiler der bürgerlichen Gesellschaft zum Einsturz bringen würde,[43] scheint mir längst entschieden zu sein. Die Konsequenzen für unsere Sicht der Vergangenheit wie unsere Handlungsspielräume in der Zukunft zu bedenken und die Geschlechterfrage aus der „gesellschaftlichen Produktion von Unbewußtheit" herauszulösen, ist zu einer vordringlichen und darüberhinaus spannenden Aufgabe der Gegenwart geworden.

Die Widersprüchlichkeit der bürgerlichen Gesellschaft wie die immanenten Implikationen und Aporien der industriellen Gesellschaft fordern ein Überdenken und eine Neubestimmung der Rolle von Männern sowie den Kampf der Frauen um ihre Gleichstellung ebenso heraus wie das Einlösen des Anspruchs der Geschlechtergerechtigkeit die Fundamente dieser Gesellschaft erschüttert, weil — wie Ulrich Beck treffend bemerkt — „die Gleichstellung von Männern und Frauen nicht in institutionellen Strukturen zu schaffen ist, die die Ungleichstellung von Männern und Frauen voraussetzen".[44]

Mit dieser Problematik werden wir uns auch in Zukunft auseinanderzusetzen haben, und darin liegt der Konflikt im gegenwärtigen Verhältnis der Geschlechter begründet, in dem das Herrschaftsverhältnis zwischen den Geschlechtern sowie eine drückende historische Hypothek das erschweren und oft genug verhindern, was vielleicht *auch* noch möglich ist in den Beziehungen der Geschlechter. Aber damit betreten wir das Feld der Utopie.

Anmerkungen

1 Das Konzept der „harmonischen Ungleichheit" wurde von *Bram van Stolk* und *Cas Wouters* in die Debatte gebracht. Vgl. Vrouwen in tweestrijd, 2. Auflage Deventer 1985. Aufgegriffen hat es *Norbert Elias*, Wandlungen der Machtbalance zwischen den Geschlechtern, in: Kölner Zeitschrift für Soziologie und Sozialpsychologie 38. 1986, S. 425 ff. Frühere Fassungen dieses Aufsatzes konnte ich mit *Marieluise Christadler, Barbara Duden, Volker Berghahn, Frances Gouda, Marion Kaplan, Renate Bridenthal, Karin Hausen* und *Jürgen Reulecke* diskutieren. Aus allen diesen Gesprächen habe ich gelernt. *Bärbel House* danke ich für ihre Nachsicht beim Schreiben der zahlreichen Fassungen des Textes.

2 Oder wie *Ulrich Beck* vor kurzem festgestellt hat: „Viel spricht für die *Prognose eines langen Konflikts*: Das *Gegen*einander der Geschlechter bestimmt die kommenden Jahre." „In *allen* Formen des Zusammenlebens von Frauen und Männern (...) brechen die *Jahrhundertkonflikte* hervor." (Hervorhebungen durch den Autor). Risikogesellschaft. Auf dem Weg in eine andere Moderne, Frankfurt 1986, S. 162 und 175.

3 Im angelsächsischen Sprachraum, in Frankreich und Italien ist die Diskussion über diese Zusammenhänge wesentlich weiter fortgeschritten. Bedingt durch Eigenarten ihrer akademischen Tradition, der Mechanismen ihrer Nachwuchsrekrutierung sowie anderer — hier nicht zu erörternder — Gegebenheiten hinkt die Bundesrepublik in bedauernswerter Weise in der Frage der quantitativen wie der qualitativen Plazierung von Frauen in den Wissenschaften hinter der Entwicklung ihrer v.a. westeuropäischen und us-amerikanischen Nachbarn hinterher — mit kaum zu unterschätzenden Folgen auch für die Inhalte der Wissenschaften, ihre Problemaufrisse, Fragestellungen und Lösungsvorschläge. Sehr aufschlußreich für die Folgen, die die Unterrepräsentation von Frauen in der Institution Wissenschaft für deren Inhalte hat: Karin Hausen u. Helga Nowotny, Hrsg., Wie männlich ist die Wissenschaft? Frankfurt 1986; zur besonders unerfreulichen Situation in der Geschichtswissenschaft vgl. Hans-Jürgen Puhle, Warum gibt es so wenige Historikerinnen? in: Geschichte und Gesellschaft 7. Jg. 1981, S. 364 - 93. Zur inhaltlichen Diskussion über die Frage, welcher Stellenwert dem Geschlecht für die historische Erkenntnis zukommt, vgl.: Karin Hausen, Einleitung, zu: Dies., Hrsg., Frauen suchen ihre Geschichte, 2. Auflage München 1987, S. 9 - 22; dies., Geschichte ohne Frauen — Halbheiten der Geschichtswissenschaft, in: Journal für Geschichte 2. 1980, H 1, S. 44 f. Gisela Bock, Historische Frauenforschung: Fragestellungen und Perspektiven, in: Hausen, Frauen, S. 24 - 62; dies., Geschichte, Frauengeschichte, Geschlechtergeschichte, in: Geschichte und Gesellschaft, Bd. 14. 1988, H. 3, S. 364 - 391; für die Diskussion in Frankreich vgl.: Michelle Perrot, Hrsg., Une histoire des femme est-elle possible? Paris 1984 (auf deutsch seit kurzem verfügbar: Alain Corbin, Arlette Farge, Michelle Perrot, u.a. Geschlecht und Geschichte. Ist eine weibliche Geschichtsschreibung möglich? Frankfurt 1989); für die umfangreiche Diskussion im angelsächsischen Sprachraum seien nur wenige Titel angeführt: Joan W. Scott, Gender and the Politics of History, New York 1988; Judith L. Newton, Mary P. Ryan and Judith R. Walkowitz, Hrsg., Sex and Class in Womens' History, London 1983; Nathalie Z. Davis, Womens' History in Transition: The European Case, in: Feminist Studies III, 1976, S. 83 - 103 (auf deutsch jetzt unter dem Titel: Gesellschaft und Geschlechter. Vorschläge für eine neue Frauengeschichte, in: Dies., Frauen und Gesellschaft am Beginn der Neuzeit, Berlin 1986, S. 117 - 132 u. 161 - 172); Joan Kelly-Gadol, The Social Relations of the Sexes: Methodological Implications of Womens' History, in: Signs, Bd. 1, 1975/76, S. 809 - 823; Gerda Lerner, Priorities and Challenges in Women's History Research, in: Perspectives 26, Nr. 4, 1988, S. 1720; Linda J. Nicholson, Gender and History. The Limits of Social Theory in the Age of the Family, New York 1985;Nancy C.M. Hartsock, Money, Sex and Power. Toward a Feminist Historical Materialism. New York 1983; Bonnie S. Anderson und Judith P. Zinser, A History of their own. Women in Europe, 2 Bde., New York 1988; Jane Flax, Gender as a Problem: In and for Feminist Theory in: Amerikastudien 31. 1986, S. 193 - 213; Alice Kessler-Haris, Women's History, Women's Studies, American Studies: The Cultural Connection, in: ebd., S. 215 - 227.

4 Hans-Joachim Hoffmann-Nowotny, Ehe und Familie in der modernen Gesellschaft, in: Aus Politik und Zeitgeschichte B 13/88, 25. März 1988, S. 6.

5 Einen ausgezeichneten Problemaufriß des Geschlechterverhältnisses in der Gegenwart gibt Ulrich Beck: Ich bin ich: Vom Ohne-, Mit- und Gegeneinander der Geschlechter innerhalb und außerhalb der Familie, in: ders., Risikogesellschaft, S. 161 - 204;

6 Für Frauen wird dies seit Jahren diskutiert; für Männer sehr viel seltener. Vgl. jedoch: Peter

Stearns, Be a Man! Males in Modern Society, New York 1979; Horst Eberhard Richter, Konflikte und Krankheiten der Frau, in: Dieter Claessens und Peter Milhoffer, Hrsg., Familiensoziologie, Frankfurt 1973, S. 291 - 308. Bernd Nitzschke, Männerängste, Männerwünsche, München 1984. Die umfangreiche Diskussion in den Vereinigten Staaten belegt Eugene R. August, Men's Studies. A Selected and Annotated Bibliography, Littleton 1985.

7 So der Titel des lesenswerten Buches von Lillian B. Rubin, Intimate Strangers. Men and Women together, New York 1984.

8 Die rechtlich fixierte Zuständigkeit von Frauen für die Hausarbeit wurde in der Bundesrepublik erst 1977 (!) mit dem neuen Ehe- und Familienrecht abgeschafft. In den Vereinigten Staaten kämpfen Frauen noch immer um das „Equal Rights Amendment", also um die rechtliche Gleichstellung der Geschlechter. Ein weltweiter Fundamentalismus richtet sich frontal gegen Frauenrechte.

9 Richter, S. 297; Beck, S. 185 f. Zu den psychischen Kosten des Mannseins sehr gut:Nitzschke, der sich mit Klaus Theweleits „Männerphantasien" auseinandersetzt. Zur Diskussion in den Vereinigten Staaten: Donald H. Bell, Being a Man: The Paradox of Masculinity, New York 1984 (reprint); Myron Brenton, The American Male, New York 1986; Henrik M. Ruitenbeek, The Male Myth, New York 1967; Joe L. Dubbert, A Man's Place: Masculinity in Transition, Englewood Cliffs 1979; Alan M. Kirsher, Masculinity in an Historical Perspective, Washington, D.C., 1977; Stearns, besonders S. 127 ff.

10 Dieter Beckmann, Geschlechtsrollen und Paardynamik, in: Helge Pross, Hrsg., Familie — wohin? Reinbeck 1979, S. 189.

11 Das Relative und das Absolute im Geschlechter-Problem, in: Georg Simmel, Philosophische Kultur. Über das Abenteuer, die Geschlechter und die Krise der Moderne, Neuauflage Berlin 1986, S. 65.

12 Zu den psychischen Kosten des verhinderten Person-Status von Frauen: Richter; Mitscherlich; Bruno Bettelheim, Growing up Female, in: ders., Surviving and other Essays, New York (1980 (1952), S. 221 - 38. Zum Funktionieren im Alltag vgl. Rubin; zur psychischen Konstellierung der „harmonischen Ungleichheit" in der Paardynamik: Jürg Willi, Die Zweierbeziehung, Reinbeck 1975.

13 Simmel, S. 65.

14 Vgl. hierzu: Willi; Richter; Beckmann.

15 Ihr Scheitern verinnerlichen Menschen jedoch und verlagern so die angebliche „Schuld" in sich selber; vgl. Beck, S. 192 f.

16 Neuausgabe Paris 1984.

17 Hannelore Schröder, Die Frau ist frei geboren. Texte zur Frauenemanzipation, Bd. 1, 1789 - 1870; Bd. 2: 1870 - 1918. München 1979 und 1981; Bell / Offen, Women, the Family, and Freedom Bd. I: 1750 - 1880, Bd. II: 1880 - 1950, Stanford 1983.

18 Vgl. Marieluise Christadler, Der dritte Stand des dritten Standes. Die Frauen in der französischen Revolution, SWF 14.3.1989; Claudia Opitz, „Die vergessenen Töchter der Revolution" — Frauen und Frauenrechte im revolutionären Frankreich 1789 - 1795, in: Helga Grubitzch u.a., Hrsg., Grenzgängerinnen, Düsseldorf 1985, S. 287 - 312; Friederike Hassauer, Gleichberechtigung und Guillotine: Olympe de Gouges und die feministische Menschenrechtserklärung der französischen Revolution, in: Ursula A.J. Becher und Jörn Rüsen, Hrsg., Weiblichkeit in geschichtlicher Perspektive, Frankfurt 1988, S. 259 - 91. Joan W. Scott, French Feminists and the Rights of „Man": Olympe de Gouge's Declarations, in: History Workshop 28. 1989, S. 1 - 21.

19 Vgl. Hassauer, S. 262.

20 Jean Jaques Rousseau, Emile oder über die Erziehung, Paderborn 8. Auflage 1987; Mary Wollstonecraft, Vindication of the Rights of Woman, [1972], reprint Harmondsworth, 1986; vgl. Ingrid v. Rosenberg, Hoffnung und Horror, in diesem Band S. xxx.

21 „Es zeigt sich ... wie töricht es ist, über den Vorrang oder die Gleichberechtigung der Geschlechter zu streiten ... In der Vereinigung der Geschlechter tragen beide gleichmäßig zum gemeinsamen Zweck bei, aber nicht auf die gleiche Weise. Daraus ergibt sich der erste bestimmbare Unterschied in ihren gegenseitigen moralischen Beziehungen. Der eine muß aktiv und stark sein, der andere passiv und schwach: notwendigerweise muß der eine wollen und können; es genügt, wenn der andere wenig Widerstand leistet. Steht dieser Grundsatz fest, so folgt daraus, daß die Frau eigens geschaffen ist, um dem Mann zu gefallen." Rousseau, S. 386.

22 Karin Hausen, Die Polarisierung der „Geschlechtscharaktere" — Eine Spiegelung der Dissoziation von Erwerbs- und Familienleben, in: Werner Conze, Hrsg., Sozialgeschichte der Fami-

lie in der Neuzeit Europas, Stuttgart 1976, S. 363 - 93; Barbara Duden, Das schöne Eigentum. Zur Herausbildung des bürgerlichen Frauenbildes an der Wende vom 18. zum 19. Jahrhundert, in: Kursbuch Bd. 47, 1977, S. 125 - 40; Ute Frevert, Bürgerliche Meisterdenker und das Geschlechterverhältnis. Konzepte, Erfahrungen, Visionen an der Wende vom 18. zum 19. Jahrhundert, in: Dies., Hrsg., Bürgerinnen und Bürger, Göttingen 1988, S. 17 - 48. In allen drei Beiträgen finden sich ausführliche und anschauliche Zitate der Klassiker.

23 Zu den politischen Konsequenzen der Sexualisierung des Geschlechterunterschieds vgl. Isabel V. Hull, „Sexualität" und bürgerliche Gesellschaft, in: Ute Frevert, Hrsg., Bürgerinnen und Bürger, S. 57 - 60; Susan Muller Okin, Women in Western Political Thought, Princeton 1979, S. 99 - 196; Margaret Canovan, Rousseau's Two Concepts of Citizenship, in: Ellen Kennedy and Susan Mendus, Hrsg., Women in Western Political Philosophy, Sussex 1987, S. 78 - 105.

24 Zitiert bei Bell / Offen, S. 63. Ähnlich auch Theodor von Hippel: „Solange die Weiber bloß Privilegia und nicht Rechte haben, solange der Staat sie nur wie parasitische Pflanzen behandelt, die ihr bürgerliches Dasein und ihren Wert nur dem Manne verdanken, mit welchem das Schicksal sie paarte — wird nicht das Weib den großen Beruf der Natur: das Weib ihres Mannes, die Mutter ihrer Kinder und Kraft dieser edlen Bestimmungen ein Mitglied, eine Bürgerin und nicht bloß eine Schutzverwandte des Staates zu sein — nur immer sehr unvollkommen und je länger, desto unvollkommener erfüllen." Über die bürgerliche Verbesserung der Weiber, Berlin 1792, S. 71.

25 Opitz, S. 303; Ute Frevert, Frauen-Geschichte. Zwischen bürgerlicher Verbesserung und Neuer Weiblichkeit, Frankfurt 1986, S. 23.

26 Joan B. Landes, Women and the Public Sphere in the Age of the French Revolution, Ithaca 1988, S. 12 und 93 ff.

27 Opitz, S. 298.

28 Hassauer, S. 260.

29 Zit. in: Bell / Offen, Bd. 1, S. 240 (aus dem Englischen übersetzt von H. Sch.). Marion Kaplan hat mich auf dieses Beispiel aufmerksam gemacht.

30 Ute Gerhard, Verhältnisse und Verhinderungen. Frauenarbeit, Familie und Rechte der Frauen im 19. Jahrhundert, Frankfurt 1978; dies., Die Rechtsstellung der Frau in der bürgerlichen Gesellschaft des 19. Jahrhunderts. Frankreich und Deutschland im Vergleich, in: Jürgen Kocka, Hrsg., Bürgertum im 19. Jahrhundert, Bd. 1, München 1988, S. 439 - 68; Ursula Vogel, Patriarchale Herrschaft, bürgerliches Recht, bürgerliche Utopie. Eigentumsrechte der Frauen in Deutschland und England, in: ebd., S. 406 - 38. Bell / Offen, Bd. 1, S. 228 ff.; 246 ff.

31 Vgl. z.B. die Begründungen, die deutsche Universitätslehrer anführten, um die Frage zu entscheiden, ob Frauen zum akademischen Studium und Beruf zugelassen werden sollten oder nicht: Arthur Kirchhoff, Die akademische Frau. Gutachten hervorragender Universitätsprofessoren, Frauenlehrer und Schriftsteller über die Befähigung der Frau zum wissenschaftlichen Studium und Berufe, Berlin 1897; die Argumentationen wurden eingehend untersucht von Karin Hausen, Warum Männer Frauen zur Wissenschaft nicht zulassen wollten, in: Hausen / Nowotny (vgl. Anm. 2), S. 31 - 40.

32 Von der geschlechterständischen Ordnung der modernen Industriegesellschaft spricht Beck, S. 176 ff; Jürgen Habermas hat sehr genau die Ausbildung des eigenen Raumes „Öffentlichkeit" beschrieben, ohne jedoch die Zuweisung der Geschlechter zu den je eigenen Räumen der Privatheit und der Öffentlichkeit zu erörtern. Vgl. Strukturwandel der Öffentlichkeit, Neuwied, 17. Auflage 1987.

33 Rudolf Braun, Industrialisierung und Volksleben, Zürich 1960; ders., Sozialer und kultureller Wandel in einem ländlichen Industriegebiet im 19. und 20. Jahrhundert, Zürich 1965, siehe auch: Die proto-industrielle Familienwirtschaft, in: Peter Kriedte, Hans Medick, Peter Schlumbohm, Industrialisierung vor der Industrialisierung, Göttingen 1977, S. 90 - 154; Heidi Rosenbaum, Formen der Familie, Frankfurt 1982, bes. S. 189 ff.; Reinhard Sieder, Sozialgeschichte der Familie, Frankfurt 1987, besonders S. 146 ff.

34 Vgl. hierzu Leonore Davidoff, Class and Gender in Victorian England, in: Newton, Ryan, Walkowitz, (vgl. Anm. 3) S. 18 f.

35 Die Grundzüge dieses Prozesses werden beschrieben bei Theresa M. McBride, The Long Road Home: Women's Work and Industrialization, in: Renate Bridenthal und Claudia Koonz, Hrsg., Becoming Visible. Women in European History, 1. Auflage Boston 1977, S. 280 - 95; Rosenbaum, S. 310 ff. und 381 ff.; Sieder, S. 146 ff.

36 Ilona Kickbusch und Barbara Riedmüller, Die armen Frauen. Frauen und Sozialpolitik,

Frankfurt 1984; v.a. Riedmüller, Frauen haben keine Rechte. Zur Stellung der Frau im System sozialer Sicherheit, ebd., S. 46 - 72; Kickbusch, Familie als Beruf – Beruf als Familie, ebd., S. 163 - 78; Sigrid Koeppinghoff, Endstation Sozialhilfe. Defizite der Einkommenssicherung von Frauen im Alter, ebd., S. 252 - 65; für die USA: Mimi Abramovitz, Regulating the Lives of Women, Boston 1988. Susanne Rouette, Zur Geschichte von Sozialpolitik und Sozialstaat in Deutschland, in: Sozialwissenschaftliche Informationen 18. 1989, S. 5 - 11;

37 Mario Erdheim, Die gesellschaftliche Produktion von Unbewußtheit. Eine Einführung in den ethnopsychoanalytischen Prozeß, Frankfurt 2. Auflage 1988.

38 Simmel, S. 65 f.

39 Dale Spender, Men's Studies Modified. The Impact of Feminism in the Academic Disciplines, Oxford 1981; darin vor allem: Jane Lewis, Women Lost and Found: The Impact of Feminism on History, S. 55 - 72; Helen Roberts, Some of the Boys won't Play any more: The Impact of Feminism on sociology, S. 73 - 82; Joni Lovenduski, Toward the Emasculation of Political Science: The Impact of Feminism, S. 83 - 98; Karin Hausen und Helga Nowotny, Vgl. Anm. 2; darin besonders: Cornelia Klinger, Das Bild der Frau in der Philosophie und die Reflektion von Frauen auf die Philosophie, S. 62 - 86; Jutta Limbach, Wie männlich ist die Rechtswissenschaft? S. 87 - 107; Ina Wagner, Das Erfolgsmodell der Naturwissenschaften. Ambivalenzerfahrungen von Frauen, S. 237 - 54; Claudia Honegger, Epilog, S. 293 - 99; Carol Gilligen, Jane Victoria Ward, Jill McLean Taylor, with Betty Bardige, Hrsg., Mapping the Moral Domain. A Contribution of Women's Thinking to Psychological Theory and Education, Cambridge 1989.

40 Michael W. Fischer, Die Aufklärung und ihr Gegenteil. Die Rolle von Geheimbünden in Wissenschaft und Politik, in: Schriften zur Rechtstheorie, Heft 97, Berlin 1982, S. 5 f.

41 Ebd., S. 102 (Zit. bei Erdheim, S. XII).

42 Kollusion bezeichnet den bewußten sowie den unbewußten Anteil, den die Partner an der Aufrechterhaltung des Machtungleichgewichts der Geschlechter haben. Vgl. Willi. Sehr interessant in diesem Zusammenhang ist: Peter L. Berger und Hansfried Kellner, Die Ehe und die Konstruktion der Wirklichkeit. Eine Abhandlung zur Mikrosoziologie des Wissens, in: Soziale Welt Bd. 16, 1965, S. 220 - 235.

43 Vor kurzem erneut von Jürgen Kocka aufgeworfen; vgl. ders., Vorwort, in: Ute Frevert, Hrsg., Bürgerinnen und Bürger, S. 7 - 9 und ders., Einige Ergebnisse, ebd., S. 206 - 209. Vgl. auch: Ute Gerhard, Andere Ergebnisse, ebd., S. 210 - 214. An der Gegenüberstellung dieser beiden Problemaufrisse über das Verhältnis der Geschlechter wird deutlich, wie weit Fragestellungen zur Geschlechtergeschichte abhängig sind vom jeweiligen Standpunkt – ja, wohl auch von den unterschiedlichen Geschlechtererfahrungen des Beobachters und der Beobachterin; wie schwer es überhaupt ist, einen Konsens darüber zu erzielen, worüber gesprochen wird, und wie mühsam die Verständigung gerade an diesem Punkt ist.

44 Beck, S. 181.

Zu den Autorinnen

Christadler, Marieluise
1934 geboren. Studium der Geschichte, Romanistik, Politikwissenschaft. 8 Jahre im Schuldienst. Seit 1977 Hochschullehrerin an der Universität-Gesamthochschule Duisburg im Fach Politische Wissenschaft. Veröffentlichungen vor allem zur historischen und politischen Kultur Frankreichs und komparative Studien zu Deutschland/Frankreich.

Gouda, Frances
Jahrgang 1950, lehrte von 1980 bis 1988 am Wellesley College in Massachusetts, USA. Sie ist die Verfasserin des Buches „The State of Being Poor. Theories of Poverty and Realities of Public Assistance in the Netherlands and France, 1815 - 1855", Cambridge, UP 1990. Sie arbeitet gegenwärtig über die Auswirkungen der holländischen Kolonialherrschaft in Indonesien.

Haas, Renate
1946 geboren. Studium der Anglistik, Altphilologie und Philosophie in Würzburg, Cardiff, Regensburg. 1979 Promotion; 1987 Habilitation. Lehrt seit 1976 an der Universität -GH- Duisburg. Bücher und Aufsätze zur englischen Literatur, Anglistik-Geschichte, Didaktik und Area Studies.

Kucklich, Clarissa Maria
1950 in Simbach/Inn geboren. Nach 10jähriger Berufstätigkeit 1976 Beginn eines Studiums der Sekundarstufe I in den Fächern Evangelische Theologie/Germanistik in Duisburg und Bochum. Erstes Staatsexamen 1981; Dipl.-Päd. 1986, Promotion 1988. Seit 1. Juli 1987 wissenschaftliche Angestellte an der Universität -GH- Duisburg im Fachbereich 2 — Allgemeine Pädagogik — und seit 3.11.1989 Kommissarische Frauenbeauftragte der Universität.

Kuhn, Annette
1934 geboren. Studium: Geschichte, Anglistik, Philosophie. 1966 Berufung zur ordentl. Professorin auf den Lehrstuhl für Geschichte und ihre Didaktik an der Pädagogischen Hochschule Rheinland, Abt. Bonn, heute Pädagogische Fakultät der Universität Bonn. Lehrgebiet: Frauengeschichte. Herausgeberin der Reihe: Frauen in der Geschichte; der Zeitschrift: Geschichtsdidaktik; des Handbuchs der Geschichtsdidaktik.

Meyer-Renschhausen, Elisabeth
Sozialwissenschaftlerin. Lokalstudie zur Geschichte der ersten Frauenbewegung am Beispiel Bremens 1810-1927, „Weibliche Kultur und soziale Arbeit", Köln/Wien 1989). Wissenschaftliche Mitarbeiterin und Lehrbeauftragte an der Freien Universität Berlin und an der Bremer Hochschule für Sozialarbeit und Sozialpädagogik. Engagement in der außerschulischen und schulischen Jugend- und Erwachsenenbildung. Forschung und Veröffentlichungen zur Geschichte verschiedener „sozialer Bewegungen", insbesondere der „Sittlichkeitsbewegung" innerhalb der ersten Frauenbewegung. Seit einiger Zeit beschäftigt mit einer Geschichte des Geschlechterverhältnisses aus der Perspektive der „Küche".

Rosenberg, Ingrid von
Studium der Anglistik, Germanistik, Philosophie und Pädagogik in Hamburg, Bonn, Edinburgh und Berlin, abgeschlossen mit dem 1. Staatsexamen. Später Promotion mit einer Arbeit über den englischen Arbeiterroman der Nachkriegszeit. 1970-1975 wissenschaftliche Assistentin am Englischen Seminar der TU Braunschweig. Seit 1980 wissenschaftliche Mitarbeiterin in der Anglistik an der Universität -GH-Duisburg. Neben der Lehre und wissenschaftlichen Arbeit Übersetzertätigkeit.

Rothe, Valentine
geb. 1934, Studium der Geschichte, Germanistik und Philosophie an den Universitäten Frankfurt, München und Münster. Staatsexamen, Realschullehrerin in Bonn-Bad Godesberg; Promotion Dr. päd. 1977, Habilitation 1985 an der Universität GH Duisburg und Bonn 1990. Seit 1986 Wissenschaftliche Mitarbeiterin am Seminar: Didaktik der Geschichte und Frauengeschichte an der Universität Bonn.
Veröffentlichungen u.a.: Frauen im deutschen Faschismus. Eine Quellensammlung mit fachwissenschaftlichen und fachdidaktischen Kommentaren. 2 Bde., zusammen mit Annette Kuhn, Düsseldorf 1982.
Werteerziehung und Geschichtsdidaktik, Düsseldorf 1987.

Schissler, Hanna
Jahrgang 1946, Wissenschaftliche Mitarbeiterin am Deutschen Historischen Institut in Washington, D.C. Sie hat hauptsächlich auf dem Gebiet der Sozialgeschichte des 18. und 19. Jahrhunderts veröffentlicht (Preußische Agrar- und Finanzgeschichte) und beschäftigt sich seit einiger Zeit mit Problemen des Geschlechterverhältnisses nach 1945 sowie mit den Konsequenzen von „gender studies“ für die Historiographie.

Von derselben Herausgeberin:

Marieluise Christadler
Die geteilte Utopie
Sozialisten in Frankreich und Deutschland

Biografische Vergleiche zur politischen Kultur
Mit einem Vorwort von Alfred Grosser
379 Seiten. Kart. 44,DM.

ISBN: 3-8100-0457-x